企業倫理

精華理論及本土個案分析

吳永猛、陳松柏、林長瑞 合著

五南圖書出版公司 印行

作者序

由於網路世界突飛猛晉，在地球村的時代，天涯若比鄰，人際關係應可更密切。如善門開啓，天時地利人和，一片美境，多燦爛的幸福人生啊！可惜，人類自作孽不可活，因惡門開啓，天災地變，人禍橫流，導致惶惶不可終日。這爲善與作惡的後果。昭然若揭。一切的一切因人類把大自然破壞了，又把人際破壞了。

自古以來敬天法地拜祖先，這是我們的倫理傳統，當下產官學應苦口婆心的加以倡導。知道毛病所在，趕快醫治，使失序的社會早日康復，從我們個人做起，或許也爲大家盡一點心力。

倫理指的是人人應守的規則與秩序。企業倫理乃將倫理應用到企業的表現，換言之，乃指企業應遵守的行爲規範。

或許，在商場上有人會說：在爾虞我詐的商場，只要賺錢，哪有倫理可言。不錯，逞一時之快，或許可得逞一時。再說，社會大眾誰都希望有信用可靠的殷實商戶。質言之，爲企業永續經營，可大可久，務必講求企業倫理。

企業倫理隨時空不同，會產生不同的企業倫理概念，也就是企業倫理將不斷接受社會演變而有所修正。愈是企業先進國家將愈講求企業倫理，以美國爲例，1970年代至今，企業倫理課程已在大學開設並廣爲流傳。我們是一個文化之邦，爲塑造國際形象，更應捷足先登提倡企業倫理，一來希望我們的工商社會井然有序，二來可博取國際讚譽，提高國家競爭力。

我們幾人本著個人所長，分別撰寫各章節，從理論到實務，配合當今的問題完成書稿，感謝五南圖書出版公司印行，更盼望讀者不吝指正爲禱。

　　　　　　　　　　　　　　　　　　吳永猛 謹識

　　　　　　　　　　　　　　　　丙申年（2016）立秋日

作者序

目　錄

目　錄

Chapter 1

緒 論

學習目標

——研讀本章內容之後，學習者應能達成下列目標：

1. 了解企業倫理的涵養。
2. 了解企業倫理的發生。
3. 了解企業倫理的發展。
4. 了解企業倫理的功能。
5. 了解企業倫理守則的重要性。

摘 要

君子愛財取之有「道」，其「道」法自然。往昔農業社會，人與自然界的關係，發展出「天地人」的倫理。

到了19世紀歐洲產業革命成功之後，人們一窩蜂力求現代化。經過半世紀折衝，體會出商場不是唯利是圖、爾虞我詐而已，如要商業永續經營，彼此互惠，大家務必各守本分，講究倫理。

倫理指的是人人應守的規則與秩序。企業倫理乃將倫理應用到企業的表現。換言之，乃指企業應遵守的行為規範。一是企業體內，個人行為的善惡基準；一是企業社會中，彼此往來的道德規範。

企業倫理隨著不同時空，會產生不同的企業倫理概念，因企業倫理將不斷接受社會演變而有所修正。以美國為例，喬治教授將美國企業倫理發展區分為三階段：

1. 1960年代以前：各神學院開設社會倫理講座，發揮說教功能。從宗教力量啟發，潛移默化，對各種經濟活動加以倫理道德說教。

2. 1960年代：因許多社會問題的發生，為應付此一挑戰，學校開出「經濟與社會問題」的課程，得到產官學的共識。

3. 1970年代至今：企業倫理已在各大學開設並廣為流傳。

企業倫理的功能：公司行號為生存到永續經營，不得不講求企業倫理。因守則有它既定的功能，目前臺灣各大公司都訂有公司守則。了解企業倫理的功能，不但對自己有利，更對社會有助益。

01 企業倫理的涵義

　　一般人都會這樣想，經營企業就是為了要賺錢，而賺錢又會加上一勸勉的話說「君子愛財，取之有道」。所以21世紀的今天，經營企業能既賺錢又合乎道德倫理，將是企業管理的一大課題。

　　「風調雨順，國泰民安」，這是往昔農業社會大家祈求的目標。在農業社會裡，農民靠天吃飯。換言之，老天爺的恩澤給予風調雨順，農民們才能有收穫。因而在上的統治者每年要定時祭天祈福，在下的庶民年終也要建醮感恩。只要「五穀豐收」就會「六畜昌盛」，「四時無災」即顯示「八節有慶」；那麼老百姓安居樂業，官府稅源豐盛，天下太平，舉國為之慶幸。在農業社會，因人對大自然的敬畏與謙卑，所以首先重天理，而後再談人倫。亟如中國漢代以來樹立「天地人」三者關係的倫理理念，也是一套農業社會的倫理。傳統儒家講人際關係的五倫，當今臺灣甚至於講六倫，即主張群倫。

　　時至今日，最常見的問候語是「萬事如意，恭喜發財，心想事成」。這顯示工商社會人定勝天，以自我為中心的理念表現。只要社會景氣好，經濟繁榮，大家有錢賺，「安和樂利」即成為商業社會的祈求標的。人人只要朝自己的目標努力，將可心想事成。所以工商社會注重人際關係遠勝於大自然的天地關係。

　　那麼企業如何有效管理又能永續經營，介乎人際關係的好壞，換言之就是企業倫理的好壞。

一、歷史的回顧

　　人類文明發展史上，農業文明有幾千年的歷史，故農業社會的倫理道德是經漫長的歲月醞釀而成的，已有一套根深柢固的價值觀，成為農業社會的為人處事的準則。但當在農業社會裡是以「農」為主，如中國古來「士、農、工、商」等第的觀念，把商列為末流。商人有錢，但在社會地位上，有形無形總被鄙視為「生意人」。因而「商業」不會被好好去當學問研究，遑論會有「企業倫理」之獨門課程。

　　即使到了近世，人類邁入工商社會，是以英國為標竿。因英國大約在西元1760年到1840年之間，產業革命成功，也就是機械代替人工的生產方式成功了，蒸汽機、火車頭相繼發明，使人類文明進入到機械動力的時代。歐洲因此從農業社會邁向工商社會。這在人類文明發明史上是革命性的改變。所以近兩百年來，科技昌明掛帥，各國紛紛效尤。誰不「現代化」或「科技化」，誰就會被看成落伍的象徵。

　　歐美先進國家就等於是現代化、科技化國家的代名詞。因而近代歐洲史上「革命」（revolution）這個字眼被用得最積極，如農業革命、工業革命、商業革命、價格革命等等。經過兩百年積極的研究，確實，不但科技人家領先，連一切人文與社會乃至藝術宗教人家都研究得頭頭是道。所以，「先進國家」正代表著一切研究與作為都成為先進的同位語。

　　舉世進入了21世紀，這紀元是否也是歐洲人的紀元呢？那就要看看「地球村」的成員誰下的功力多，誰的成就大了。

　　今天全世界大家都在競賽提升國家的總體競爭力，但強化競爭體質是有其基本素質要同時達成的，諸如：

　　1. 培養勤儉樸實的風氣；
　　2. 落實守法紀精神；
　　3. 建立負責任有效能的政府；

4. 建設富有文化內涵的高品質社會。

那麼，當今具有一個國家性的地區，同時都具有三大產業，即農業、工業與服務業的存在。而服務業的變化最大，尤其是企業經營、資訊發展實在太快速了。但快是快，如資訊科技何止一日千里的發展，而到頭來還是「人」的腦筋在發展呢！

所以，當今一切的經營發展理念如何？大家才能和平共處將格外重要。以前農業社會，或許雞犬相聞，人老死不相往來，人與人相隔可獨善其身。換言之，一個人的好歹對社會影響不大。但農業社會還是慢慢樹立起一套為人處事的倫理。當今人與人互動頻仍，資訊快速，整個社會乃至世界成為一網絡在轉，人人相處非建立一套倫理不可，每一個人已無法獨善其身，每一個人都要與大家接觸，生活機能如此，要經營行業更要與社會乃至全世界接觸不可。

從歷史上我們知道，19世紀以來英國產業革命成功之後，風光一時，發展出資本主義世界，不可諱言的，在個人利益與社會利益競賽當中，個人利益是得勝了。但後來社會主義誕生，對19世紀末至20世紀初的資本主義弊病做了一些補救，諸如弱者勞方、婦孺童工與工作環境的改善，對失業與不平等的改進，而得到共鳴。因而二次世界大戰之後，就有資本主義的競爭者，不外有法西斯主義、社會主義和共產主義出來。尤其東歐步入共產社會，中國大陸也步其後塵，當初是有原因的。

但經過半世紀的實證，1980年代之後，法西斯主義、社會主義和共產主義的經營成果比不上資本主義的市場經濟。先後東歐變天、蘇聯改體，指的是放棄共產主義，投入民主社會，也就是資本主義式的市場經濟。中國大陸也走改革開放的路線，就是改革經營型態開放外國資金技術進來，運用資本主義的市場功能。大家還是體會到個人「利己心」力量之潛力，「利潤」成為一切發展的原動力。

時到今日，世界沒有什麼劇烈戰爭發生，相對的和平日子裡，大

家想到過太平舒適的富裕生活最重要，因而賺錢最要緊。所以，當今人與人之間、國與國之間，講求的是經濟利益。既然是在商言商，是否爾虞我詐呢？做生意，將本就利，還有什麼商業倫理嗎？企業只要合法就好，還有什麼企業倫理嗎？

但為了顧客滿意、同仁樂意、經營得意，經營者與經營體都要合乎情理。換言之，企業要有一般倫理規範，才能經營得可長可久。在情、理、法之下，企業經營者須有：誠懇、耐力、慎思、果斷的能力，經營體公司要有共同守則。這樣從企業內部員工，到外部顧客、社會、國家乃至國際，營造成一互信圈，彼此才能互利。

現代文明與資本主義自由市場，建立在「信任」上，當「商業之輪」快速轉動，「信任之輪」必須跟上。如近年來，國內外金融機構、會計師與律師事務所，發生監守自盜案，使社會公信力動搖，將導致人人失去信任感，甚至有摧毀現代電子商務之虞。

所以從事企業經營者，也要守本分。企業倫理，可說是企業經營者的倫理道德規範，也是倫理學的一環。為敘述企業倫理涵義，須先引述一般倫理學的概念。

二、倫理學的概念

倫理學，英文稱ethics，乃來自拉丁文的ethica，而拉丁文又溯源自希臘文的ethikos（道德）與ethos（風俗習慣）。ethos在拉丁文譯為moris，就是現代英文的moral（道德）。因而把倫理與道德連在一起，原意指評述人行為之是非、善惡或好歹。

一般倫理哲學，乃是論人性行為之道德的科學。而倫理學是屬於實踐性的學問（a practical science），促使人的行為「止於至善」。

倫理哲學目的在乎人的行為變成有價值、有意義，不浪費生命、不徒勞無功，促使人生能做得盡善盡美。因而做人要遵循規矩，各行各業有行規可循，任何人循規蹈矩，認清自己的行業，竭盡所能去完

成，整個社會將井然有序。

　　倫理學可說是指出管制人的行為，規範各種活動法則的學問。人人接受教育，就是要學好做人，學好各行各業的規律。所以倫理教育要教人做好成為正人君子，學好各行各業的學問，也是要教導其原理原則，促使人人有為有守有修有證。

　　純倫理學的教育，將評論人生的目的、美惡的區分、德目的規範等等。而倫理學應用到各行各業，譬如：醫學倫理、科學倫理、工程倫理、法學倫理、商學倫理等等，第一要務先懂得做好人，成為一正人君子，而不是壞人。先決條件，一個好人會做出利己利人的事；反之，一個壞人會做出損己害人之事，擴大而言之，他在各行各業的表現也復如是。

　　很明顯地，各國的國民基本教育都會有倫理教育，也是說教的教育，教人如何做好人。那麼，企業倫理對企業的經營者，由誰去說教呢？還是要從商學院做起，教導商學院的學生將來如何做好一位守本分的經營者。正如醫學倫理，在醫學院開課，教導如何做好一位守本分的醫師一樣。

三、企業倫理的涵義

　　從上述有了一般倫理概念之後，進而再介紹企業倫理，即更容易理解企業倫理的涵義。企業倫理指的是正確及適當的企業行為。當企業經營者做出違反企業、有損顧客及公共利益之時，這是企業倫理問題的發生。企業倫理最重要在於企業責任，而責任觀念之有無，決定於一個企業經營者對企業倫理的尊重與否。因倫理不涉及嚴格定義的法律，也不同於絕對善惡對錯的道德，但它具有著重規範之意。

　　倫理乃指人人應守的規則與秩序。由於古今中外因時空不同，規範也有異，但各族群、各社會都有它的倫理。把倫理當一門學問來做研究，即形成倫理學。換言之，企業經營的倫理規範把它當做學問來

研究，即形成企業倫理。

　　倫理學之研究，因見仁見智或許有所不同，但目的都一樣，就是教人如何做好人。擴大而言之，當今何止三百六十行，從事各行的人如何做好各行的事，都有各行的職業倫理。故企業倫理也不例外，從事企業經營的人應恪守的規範，當工商業愈發達，愈需要研究企業倫理。

　　綜合以上的說明，我們知道倫理是指人與人之間的行為規範。所謂企業倫理乃是將倫理應用在企業的表現。換言之，企業倫理乃指企業應遵守的行為規範。擴大而言之，可分內部與外部兩大部分。企業內部倫理是指企業文化表現、經營理念、勞資關係、對員工訓練、照顧，促成彼此相互尊重，敬業樂群，共同創造利益分享。企業外部倫理是指企業行為要被社會認可，如對經銷商、供應商、顧客乃至消費大眾應盡責任，遵守信用，品質保證（註1）。簡而言之，一是企業體內，個人行為的善惡基準；一是企業社會中，彼此往來的道德規範。

　　企業倫理的功用，可使企業體生存發展達成永續經營，對社會資源利益共享。企業倫理良好，社會一片祥和，彼此互動分享，取之社會，回饋社會。至於企業倫理如何實踐，乃目前社會最重要課題，應從企業內部自身做起，再擴大到整個社會面得到大家的認同。

四、本書結構

　　本書將就目前研究企業倫理的範疇，擬成章節逐一敘述。茲介紹其架構如圖1-1：

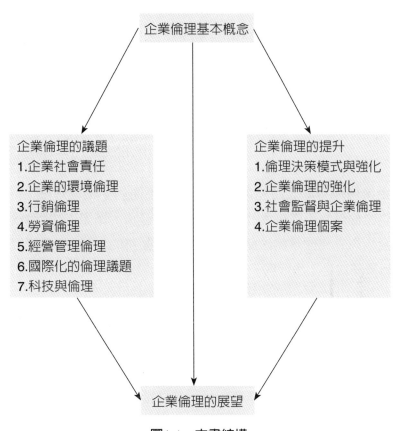

圖1-1　本書結構

02 企業倫理的發生

　　企業倫理會隨著時空的不同，產生不同的企業倫理概念。換言之，企業倫理將不斷接受社會演變而有所修正。例如：往昔藥鋪以販賣燕窩、虎骨與熊掌為珍品，當今在保護動物的規範下，販賣者與購買者皆被認為是不法行為。

一、企業倫理的標準

　　西洋的倫理標準，交給造物主上帝去負責，這構成一套宗教神學倫理，並可溯及到古埃及的審判之神（Ra），祂坐在天秤的一端，定下正義（justice）的絕對標準，另一端是接受審判者，兩端要達成平衡，只有重量絕對一致，沒有討價還價的餘地。

　　東方中華的思維，桿秤是一槓桿作用，要找到支撐點，可藉秤錘的滑動。換言之，我們的倫理觀念，是由人際網絡的關係來制定的。

　　企業倫理，更受每一個體彼此之間的不同，依其期望值而定，乃至不同的社會有不同的企業倫理標準。譬如：甲國認為官商勾結不合企業倫理，但乙國官商勾結習以為常，在此種情況下，甲國商人到乙國投資為經營順利而做了官商勾結，那麼是非標準又如何評估？

　　可見，企業倫理的標準與一般倫理學的標準，在看法上會有所不同。企業倫理有它自己的一套分析法，因企業是以營利為目的的企業體，譬如：一家公司它應對股東負唯一的責任就夠了呢？或是它還要向其他利益相關者負責？其看法就不一致。

二、企業倫理的發生

18世紀末至19世紀初（1760~1840）英國產業革命成功，帶動人類科技文明與產業經營的大變化。從此人類趨向人定勝天、科技萬能的信念。無怪乎英國兄弟之邦的美國，到了19世紀末20世紀初塑造出不少產業大王。世人以為只要努力生產，即無往不利。生產者只要大量生產不怕沒有市場。當然這是長久以來在農業社會之下，農作物無法揠苗助長，生產量總受天然環境所限，以致農作物不怕沒有市場。初期工業生產得天獨厚，故英美資本主義自信滿滿，只要：一、市場功能的發揮，二、自私心的激發，可促使整個社會蒸蒸日上。亞當斯密（Adam Smith, 1723~1790）所認為的社會有一隻看不見的手（an invisible hand）自然會引導全社會的均衡，即經濟社會透過市場功能，可使供需平衡，這是資本主義的基本信念。所以談市場因素的個體經濟學（microeconomics）為當時的主流。

時到20世紀30年代，世界發生經濟大恐慌，產業界體悟到猶如懷孕大腹便便的產品銷不出去的窘境，體會到生產者並不是無往不利的，務必要好好研究整個社會的供需問題與管理問題，以及國民所得問題等等。了解到國民想消費但要有能力去消費的問題。有名的凱因斯（J. M. Keyens, 1883~1946）發表《一般理論》（1936）之後，視為總體經濟學（macroeconomics）應運而生之時，以至於20世紀的第二個25年成為凱因斯經濟成長說的世紀。

從以上簡單的描述，說明企業經營者在早期，只管生產即可致富，後來轉變成要好好經營管理才能得到永續經營。所以美國有名的經營管理之父泰勒（F. W. Taylor）的《計件付酬制度》發表之後，促使工業管理學說的暢行，每一工廠要注重管理。經歲月洗鍊，商場變化，孕育出一套經驗累積。先是商學從經濟學分離出研究軌道；再者是企業管理再從商業母體區分出來；到當今經濟學、商學、管理學等

各自枝繁葉茂，開花結果。企業管理已從工廠機械式管理，走到當今注重人性潛能的引導。

德國在產業發展初期，因產品粗劣，不能與英國當時的產業比美，後來有識之士大力提倡「經濟倫理」（economic ethics），而有今天「德國製」之金字招牌，可知曾經有過一番寒徹骨的檢討，才有後來梅花撲鼻香的日子。日本也學習德國的做法，注重商界經濟倫理的檢討，所以今日「日本製」品牌也蜚聲國際。

三、美國企業倫理的發展

第二次世界大戰之後，美國躍身一變成為世界第一等強國，其對於企業倫理的建立，藉由堪薩斯大學教授喬治（Richard T. De George）的分析，將美國企業倫理（business ethics）發展區分為三階段：

（一）1960年以前的商業活動的倫理，這一階段非常長，受神學與宗教的影響。如1870年天主教教皇關心公正工資與資本主義道德性關係，成為社會倫理基礎，諸如：安定僱用生活的工資與勞工權利、物質價值相對的道德價值、貧窮者的生活改善。因而凡是天主教的大學都設置社會倫理課程。1950年代的教科書，就從德文翻譯《社會倫理學》，同時對當時資本主義加以劇烈批評。各種神學院開設社會倫理講座。因而對各種經濟活動與倫理道德性加以敘述，竭力發揮說教功能，教人要誠實、不要說謊、不欺騙、不可偷竊等。對職業倫理方面，在教科書把經濟倫理列入課程當中，從宗教力量啟發，潛移默化，很成功。宗教有心靈的約束力，這一股力量仍在美國社會延續著。

（二）1960年代，經濟活動反映出許多社會問題的時期：因軍用工業發展，大量生產、大量消耗，造成環境汙染、有毒物質公害、核廢棄物等問題，加上越戰所帶來的人力與財力負擔。1960年代是美國都市荒廢時代、學生反傳統時代，也是反權威時代，相對的也是消費

者運動高張的時代。

為應付此一挑戰，學校開出「經濟與社會問題」有關的課程，由經濟學教師擔任講座，推廣到全美國，凡是有經濟課程關係的學校都加以講授，讓大家了解這一問題，也提出解決這一系列問題的方法。

先從學界教師解說、政府宣導、經營的產業界支持、勞動者、消費者以及一般社會大眾附和，得到產官學的共識。從課程、著作論文，以及綜合上下各界意見，有充分討論之後，最後以立法規範；一來有勸告，二來有法令，雙管齊下加以矯正。

（三）1970年代至今，企業倫理學問建立的時期：勞勒斯教授（John Rawls）著《正義論》（A Theory of Justice），確立經濟問題對哲學關心之道，此書影響很大，可說是商業倫理的先驅。不久又有《生物醫學倫理》（Bio-medical Ethics）的誕生，相繼有：醫學倫理、社會倫理、經濟倫理、工學倫理、職業倫理等應運而生。

美國政府設有專門機構來處理經濟倫理問題，譬如尼克森總統選舉活動時，有關醜聞案、賄賂案都要有清楚交代。從利益團體到市民運動，都有揭發經濟問題的要求。經濟學界先反映出學理的看法，這樣由地方議會、政府機構、學界專家、神職人員、社會學研究者、產業界，乃至新聞媒體隨時報導代表輿論，可說全國上下很熱絡討論倫理性的問題，真理愈辯愈真，是非愈辯愈明，對企業道德責任問題，有不少著作提出，充分討論。因此，經營者、勞動者、股東都有經濟分內責任。對僱用、解僱、差別待遇等問題有了充分討論之後，開拓了美國經濟社會價值觀的領域。

1970年代之後，經濟學教科書已列有章節敘述社會成本、環境汙染、道德理與公平正義的問題。1985年經濟倫理概念確立，涵蓋「商業倫理」，這是美國企業社會要走的路。1988年哈佛大學商學院首次推出「決策及倫理價值」（DMEV）的新課程。到1990年代，美國有

關經濟倫理課程，約有4萬名以上學生同時可修到此類課程，有二十種以上教科書，也出版十幾種資料集，以打字流通的文字資料也有十餘種。

03 企業倫理的功能

　　無論在商場或在我們一般社會裡，大家都覺得企業倫理很重要。同樣任何一個社會，大家都希望人與人和平相處，過著快樂幸福的日子。

　　但偏偏社會人際就不平靜，除了大自然不可抗拒的災害之外，人為的相互弒殺、搶奪、猜忌等鬥爭，終日不得安寧。國與國間，大國吞小國；政黨之間，大黨壓小黨；企業之間，大企業吃小企業；人與人之間，強權欺負弱小。如以動物性以大吃小的生態觀之，人與動物也沒有兩樣。

　　好在，人懂得建立一套「倫理」，讓大家約法三章，有遵循之道，撥亂反正，和睦相處。最重要是從教育著手，教人類如何去獸性存人性，即人人時時刻刻要「修行」，修正自己的行為。從感化、薰陶、教育以軟性的影響；到處罰、校正、監控以硬性的制裁。更期待人人自我提升，以至於「止於至善」，乃至超凡入聖，成為人類文明最後獨特的宗教歸宿，誠如佛家說的「人成即佛成」。

一、個人倫理的功能

　　我們只要學習做人，把人做好，也就是有形的奉公守法，無形的守己安分，大家都如此，呈現出來的社會即是「人間淨土」。正面的鼓勵大家存好心、說好話、做好事、讀好書，相對的人人在各行各業的表現上，一定是好父母、好子女、好官員、好雇主、好勞工……好

好好，各行各業都好，企業倫理一樣也好起來了。

二、社會倫理的功能

在今天工商社會裡，講究企業倫理，不但有助於提升企業的生產力，更有助於企業的永續經營。愈是先進國家愈注重企業倫理，諸如美國企業蓬勃發展，普遍在學校開設「企業倫理」（business ethics）課程，並愈來愈專業，對人力資源的研究不遺餘力，近年來對企業成員注重組織倫理氣候（ethical climate）的研究就是一例（註2）。

關於組織倫理氣候，指的是對組織之有關倫理行為的標準、政策，以及其執行步驟與程序之認知，可營造彼此互信與倫理觀念。並進一步製成倫理氣候量表（Ethical Climate Questionaire，簡稱ECQ）。換言之，以量化來衡量受試者對組織倫理氣候之認知，這或許有助於企業研究發展的參考。為有效地塑造員工的倫理行為，如何在組織內建立共識與互信的倫理氣候，擬出倫理管理策略，也是經營管理的一大課題。

三、企業倫理的功能

無論是企業經營者，或一般社會大眾，都會直接或間接探討到企業倫理的功能，也會想盡各種辦法去發揮其功能。但維持社會秩序，公權力之行使，必憑藉法律，人人遵守法律，如有所觸犯必受懲罰。但法律是明的，再怎樣規範也有盲點。故社會秩序之維繫，要發揮倫理道德無所不在的功力，因倫理具有人類社會自發性規範的力量。

企業倫理是社會倫理之一環。企業倫理有維繫企業社會安定的功用。自古以來各行有行規，企業也有它的行規，務必遵守行規才能在這一行生活下去。當今民主法治的社會，雖然處處講究訂立契約，約法三章。但繁瑣訂立契約成本很高，彼此不遵守時，打起官司費用更不在話下。因此，如企業倫理能發揮作用，彼此自我約束，譬如講

求信用，互信承諾完成一批交易至為方便。否則事先要訂好合同，防患法條繁雜，事後如有一方違背其中任何一條約，打起官司，曠日廢時，既花錢又影響企業正常發展。很明顯地，當今社會處處講法律之下，倫理仍然重要。企業雖然講求唯利是圖，但道中有道，企業倫理仍然具有維繫企業社會安定的功能。

總而言之，企業倫理具有下列幾種功能：

（一）約束的功能

企業將本就利正當經營，要符合社會大眾生利，各必奉公守法，愛惜自己的商譽，自然產生自我約束的功能。

（二）協調的功能

如何達到和氣生財的目的，經營者務須以服務替代領導，自然要扮演好仲介角色，成材也介乎自我的協調功能。

（三）激勵的功能

現代企業文化講求勤奮、探索、追求、冒險、科學與創新等綜合效果，因而隨時要激發一股卓越的功能。

（四）讚賞的功能

因企業體本身處處潔身自愛，講求倫理、好口碑，自然會博得社會大眾的讚賞。生意興隆來自信用，來自大眾的支持。

四、臺灣的實例

當今訂定公司守則，已成為國際風尚。提倡企業倫理也是大家的共識，很明顯可看到由公司制定守則有下列一些功用：

1. 經營目標的宣示；
2. 激勵團隊精神；

3. 可校正行為偏差；

4. 作為評鑑參考。

以目前臺灣幾家著名企業集團經營理念為例，有條列明細，事必躬親；有微言大義，無為而治，茲臚列一二以做參考：

大同公司永續經營六大原則：

1. 性能優越。

2. 品質可靠。

3. 交貨準時。

4. 服務快優。

5. 訪銷盡心。

6. 收支有盈。

配合大同大學的理念「建教合一、研究發展、正誠勤儉、工業報國」，期許流傳千年永垂不朽。

長榮集團以服務業為導向，特別重視：團隊精神、和睦相處、整齊清潔、絕對服務。

宏碁集團重視：開放創新、自我學習。

台塑集團注重：追根究柢、刻苦耐勞。

以上各企業集團一般承襲儒家的倫理觀，以及英美清教徒的信念，釐訂的企業倫理都是從己立立人，己達達人著手，也就是以克勤克儉視為美德。

底下再舉另一以道家無為而治的經營者，其企業倫理在上者是盡量信任下屬，是否下屬真能自愛愛人，發揮自動自發的精神？證明以無為而治的方式也可成功的例子。

奇美公司以老莊式的經營風格，其人性管理的原則，竭力揚善。

1. 公司股東能夠悠閒地生活，是建立在從業員辛勤的工作上，股東應當心存感念。

2. 從業員把畢生青春奉獻給公司，公司有義務改善他們的生活。

3. 從業員持有的股份即使不多，但是，每年分配的盈餘，對於退休的老年生活，也是一個保障。

4. 把將來要留給下一代的一部分財產，分給從業員共享，以換取他們對公司的忠誠，也不失為保障後代財產的明智之舉。

5. 公司的盈餘讓從業員來分享，可使員工懷有與公司共榮共存的心態，收到激勵員工努力工作的效果。

奇美集團在上者領導觀念，以互惠互信的做法，激發員工自動自發的精神，長久以來，證明是成功的。這是人性管理成功的典範。但集團主持人乃至於連「管理」的字眼都要棄掉，說自我行善哪要人管！人人在工作崗位上，都能自我約束，不要人家來管，這個倫理之建立說得容易，實施上較為困難。如果每一個人都能往正面走，自我提升到「聖賢化境」，那也沒有什麼「倫理」問題了。

問題是出在社會如往負面走，人心爾虞我詐，人性的醜陋面橫行，如佛家說的三毒（貪、瞋、癡）抬頭。企業體內部勾心鬥角，老闆壓榨員工，員工欺下瞞上。企業體外部不講信用、劣貨充市、汙染環境、暴力盛行。那麼，在這種負面的社會之下，大家不講求倫理，處處樹以強權暴行，企業將無法生存，更談不到發展。

因此，古今中外先聖先賢苦口婆心，無不教人行善，也就是教導人人懂得遵守行為規範為第一要務，所謂「懂得做人」，就是「懂得倫理」。全世界各大宗教，自始至終就是在勸人為「善」。當今學校教育功能，雖然有各自教育目標，分成各行各業，如：人文、社會、科技、管理、農業、醫學……等等，但到頭來還是注重人品教育。

總而言之，企業倫理課程的開設，最重要是要如何發揮其功能。雖然民主社會大家努力共同制定法律，約法三章使社會有秩序可循，但法律再怎樣訂仍有不周全之處，即得靠倫理來約束。所以在工商社會，如何能使商業繁榮發展，企業倫理是富有正面功能。

至於如何實踐企業倫理，都是每一個社會要努力的方向，其大方

向約略如下：

　　1. 訂定企業倫理規範守則。

　　2. 企業內部做好主管、員工團隊訓練。

　　3. 落實工作之忠誠態度。

　　4. 培養愛心關懷人家。

　　5. 注重環境保護。

　　6. 以服務代替領導。

　　7. 做好品質管理。

　　8. 對社會大眾抱著感恩與回饋的心情。

　　概括而言，每一公司行號想永續經營，對員工的要求，可分對內部守則、對外部守則，以及共同守則，大致內容如下：

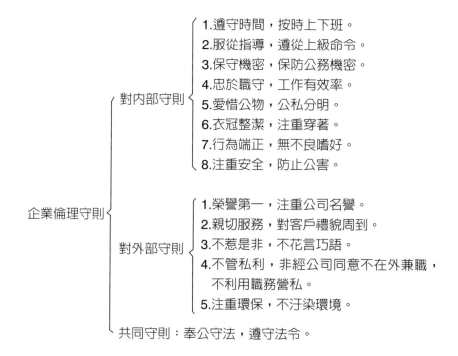

企業倫理守則

對內部守則
1.遵守時間，按時上下班。
2.服從指導，遵從上級命令。
3.保守機密，保防公務機密。
4.忠於職守，工作有效率。
5.愛惜公物，公私分明。
6.衣冠整潔，注重穿著。
7.行為端正，無不良嗜好。
8.注重安全，防止公害。

對外部守則
1.榮譽第一，注重公司名譽。
2.親切服務，對客戶禮貌周到。
3.不惹是非，不花言巧語。
4.不管私利，非經公司同意不在外兼職，不利用職務營私。
5.注重環保，不汙染環境。

共同守則：奉公守法，遵守法令。

企業倫理，在公司以守則作規範。但執行上應增加獎勵規定，減少懲罰規定，使之自動自發，避免一口令一動作，做到人人從內心做起。使個人認為對自己很有利，符合個人功利主義目的；對自己行使義務，使之也對整個社會有助益。終於企業永續經營，取之社會，回饋社會，彼此互惠，使之持續成長。

臺灣的產官學界對推行企業倫理也不遺餘力。如民國79年5月起至民國80年4月止，美國的亞洲協會與中華民國管理學會資助的「台灣企業倫理」研究計畫，製作十捲錄影帶流通。臺灣在大專院校有關企業倫理的教科書出版，並在學校開設企業倫理課程，舉辦學術研討會也都積極在推動。

企業倫理不是紙上談兵，而是要實踐推行。臺灣中小企業比率高達95%，換言之，如何促進中小企業講究企業倫理，使之本土化的企業具有宏觀氣質，走出國際競爭舞臺，樹立「臺灣製」（MIT）的金字招牌。

為求企業的永續經營，近年來臺灣集團企業紛紛建立，把企業管理與企業倫理相互配合，也各顯特色。

臺灣集團企業管理模式，大約可歸納如下：

（一）中央集權式

以台塑集團企業集中管理為代表。法理情、制度化，達到完全控制的目的。規格化運用規定表格，量化處理。董事長事必躬親、日理萬機，大權集中。

（二）下屬授權式

以和信集團企業為代表。充分授權，疑人不用，用人不疑。董事長只作規劃，授權屬下執行。

（三）無為而治式

以奇美集團企業為代表。請求情理法、幸福、平等、感情、激勵，同事猶如兄弟姊妹，發揮人性，無為而無所不為的力量，董事長可逍遙自在。

（四）宗教勸說式

以長榮集團企業為代表。道德倫理勸說，員工向善具宗教敬業精神。董事長是虔誠的一貫道信徒。

（五）行銷管理式

以潤泰集團為代表。如其大潤發量販店，網羅學者專精且行銷經驗豐富人才，全面應用電腦作業管理服務顧客，讓顧客得到最新促銷訊息。董事長懂得善用人才，尊重專業，自己把握時機做慈善，博取大眾美譽。

注 釋

註1：參閱余坤東（民84），企業倫理認知之研究，國立臺灣大學商
學研究所博士論文，頁83。

企業倫理分類之定義彙整：

	勞資倫理	員工福利、員工生活之照顧、勞資關係
內部倫理	工作倫理	服從、守紀、敬業、保密、誠信、廉潔
	經營倫理	遵守競爭規範、重視多數人福利
	客戶倫理	誠信、服務、不圖謀不當的利益
外部倫理	社會倫理	不危害社會、不浪費社會資源
	社會公益	社會慈善及回饋

註2：同註1，頁83，企業倫理氣候定義：「企業倫理氣候是組織成
員，對於組織內的勞資倫理、工作倫理、經營倫理、客戶倫
理、社會公益、社會倫理等正面特性，達成一致性心理認知的
一種現象」。

關鍵詞彙

倫理學　《正義論》　企業倫理　經濟倫理　一隻看不見的手
倫理氣候

自我評量題目

一、提升國家總體競爭力的基本素質有哪些？

二、企業倫理的意義何在？並就內外部加以說明。

三、略述喬治教授（Richard T. De George）將美國企業倫理發展分成
哪三個階段。

Chapter 1
緒　論

四、試說明倫理氣候的涵義及其功用。

五、略述企業倫理的功能。

六、試述公司制定守則的功用。

七、略述實踐企業倫理的方向。

Chapter 2

倫理道德法則

學習目標

──研讀本章內容之後，學習者應能達成下列目標：

1. 了解東方倫理道德價值觀。
2. 了解西方倫理道德價值觀。
3. 了解功利主義者的倫理觀。
4. 了解進化論者的倫理觀。
5. 了解義務論者的倫理觀。
6. 了解實證主義者的倫理觀。
7. 了解公平原則。

摘　要

　　東方的倫理道德價值觀，影響最大的，傳統上是中國的儒家及印度的佛家。

　　儒家修己工夫在於「格物、致知、誠意、正心、修身」即內聖；安人工夫在於「齊家、治國、平天下」即外王。儒家談人際關係有五倫，以「仁」為中心思想。

　　佛家講慈悲智慧，佛教徒修行以「中道」為支撐，重視正知正見，故「八正道」以正見為第一道。佛教發展到了大乘時期，講究「六度」自利利他，即以布施為第一度。

　　西方的倫理道德價值觀，自古至今每一時期有所不同，大致可分下列幾個階段：

　　1. 古希臘的中庸之道。

　　2. 中世紀的基督耶穌博愛教義。

　　3. 近世資本主義，幸福說與功利說。

　　4. 現代資本主義，注重經濟成長與流通革命，提倡社會責任。

　　影響企業倫理的不少立論當中，擇其重要者有下列幾種觀念：1.功利主義者的倫理觀；2.進化論者的倫理觀；3.義務論者的倫理觀；4.實證主義者的倫理觀。

　　正義與公平的關係如何，1970年代以來影響力最大的勞勒斯《正義論》作了很深入的陳述。我國《公平交易法》立法的目的及其規範，使人們在公平原則下，對個人與社會都獲益。

01 東西方的倫理道德價值觀

企業經營是人做出來的，所以企業倫理的規範與做人處事的一般倫理道德法則息息相關。為研究企業倫理，我們有必要事先了解一下東西方的倫理道德價值觀，茲分別介紹如下：

一、東方的倫理道德價值觀

東方倫理道德的範圍甚廣，無法一一介紹，在此僅以中國的為主。而中國也有號稱諸子百家，此地也只能繞著儒釋道三家，尤其是以儒家為代表。

儒家功用在「修己安人」，以達「內聖外王」的境界。修己工夫在於「格物、致知、誠意、正心、修身」即內聖；安人工夫在於「齊家、治國、平天下」即外王。做人的道理，先把自己修身的工夫做好，而後推己及人。

（一）儒家的修身次第

由自己做起，也就是由內而外，其次第是：1.格物、2.致知、3.誠意、4.正心、5.修身、6.齊家、7.治國、8.平天下，如圖2-1。

如何修己安人？歷代儒家先聖先賢，以四書（《大學》、《中庸》、《論語》、《孟子》）為範本。仁義為儒家的出發點，以禮教為安定社會的重心。仁從二人，即倫理關係之始，克己復禮是行為之規範。《論語》之君君、臣臣、父父、子子的人際關係，成為五倫：

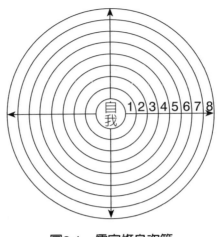

圖2-1　儒家修身次第

「父子有親；君臣有義；夫婦有別；長幼有序；朋友有信」（《孟子‧滕文公上》），乃中國傳統的人際關係的基本原則。

　　孔子是儒家的大成者，《論語》一書是他的言論集，以「仁」爲中心思想，可列示如下：

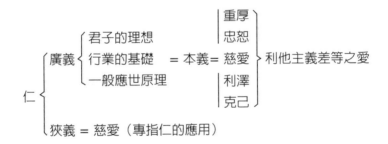

　　中國傳統倫理，以仁爲中心，以孝弟爲本，以忠恕貫之。將君臣、父子、夫婦、兄弟、朋友五倫關係要做到孝弟忠恕誠，另外配上五常即仁義禮智信。中國任何倫理道德的配套，都少不了一個「仁」字，所以「仁」成了所有德目之核心。

　　古人設教已很完備，舊社會大家能以儒家的倫理爲主軸，再配

上道家無爲無所不爲的豁達心胸，已足夠維繫社會和睦安寧。但由於近世紀以來，社會動盪不安，有志之士憂國憂民，呼籲五倫之外再加「群倫」教育。這都是正視當今到了工商社會，對企業倫理務必加以重視的好見解。

（二）佛家的修行次第

佛家講慈悲智慧，佛教徒做修行，不偏不倚，以「中道」為支撐，待人處事而從正見出發，即「八正道」的次第：正見、正思、正語、正業、正命、正精進、正念、正定，換言之，佛教講求「悟」，要有正知正見，以三無漏學的「戒、定、慧」，從正定冥想達成究竟「涅槃」，超越三界「欲界、色界、無色界」，打破空間，到了永恆世界究竟涅槃。所以，這一「悟」，將悟出這一番大道理，了解人生苦與樂的所在。如圖2-2，以茲說明。

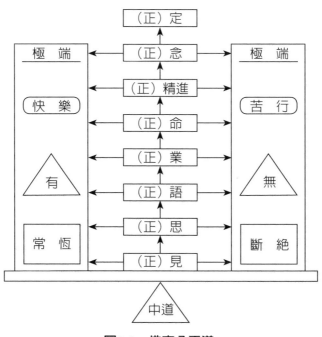

圖2-2 佛家八正道

佛教的創始者，喬答摩‧悉達多（Gotama Siddhartha, 463～383 B.C.），因修行成正果，被尊稱爲佛陀（Buddha），意爲覺者，以實踐智慧之理「法」（dharma），破除迷信，建立慈悲、平等的倫理，營造和平幸福的社會。尤其是要打破當時印度的階級社會，力求眾生平等，人人皆可成佛的理念。

原始佛教以諸行無常爲法理，如何達成解脫、涅槃、寂靜，已成爲佛教的核心。因而佛法有其基本理念：四諦（苦、集、滅、道）、五蘊（色、受、想、行、識）、六入（眼、耳、鼻、舌、身、意）、六境（色、聲、香、味、觸、法）。如何去除煩惱？即去除人的習性三毒（貪、瞋、癡），務必自我約束，持戒（守法）、修定（冥想）以達到開啓智慧的門窗。如何離苦得樂？首先從守戒開始，如基本的五戒（不殺生、不偷盜、不邪淫、不妄語、不飲酒）。

乍看之下佛家很像以自我「修行」爲主，其實如果我們社會人人都能修行，大家都能成佛，那天下即將太平，倫理道德也不成問題了。但佛教爲支應社會變遷的需要，其階段也有些調整，如圖2-3。

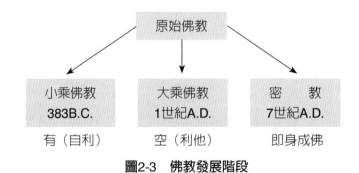

圖2-3　佛教發展階段

到了大乘佛教時代，要面對大眾，修行者注重自利而利他，特別講求「六波羅蜜」（布施、持戒、忍辱、精進、禪定、智慧），簡稱爲六度，成爲大乘佛教最重要的六個德目，第一度就是布施，主張要「捨得」，肯布施出去，而守戒律，能忍辱負重、精進不懈，又靜坐

修禪定，到最後才能得到智慧（空），成正等正覺。所以大乘佛教講求六度次等，有它的道理在，見圖2-4。

圖2-4　大乘佛教六度修行

（三）道家的生生不息

老子說「道生一，一生二，二生三，三生萬物」，即萬物由道而生，而大道無形、無相、無始、無終，又由此「無」而生「有」。

如同圖2-5太極陰陽，外大圓，乃一混沌未開之初始狀態，兩條陰陽魚各有一小圓，即其自身否定因素，其中間圓心，可看成是「道」的核心。

圖2-5　太陽圖

因而太極圖的啓示如下：

1. 萬物是對立而統一；

2. 事物是矛盾而對立；

3. 質量互變；

4. 由「道」的核心，生萬物。

企業能把握此一核心競爭力（core competence），即可生生不息。

二、西方的倫理道德價值觀

西方的倫理道德價值觀，自古至今也有它的變化，茲約略敘述如下：

（一）古希臘

西洋古文明的發祥地以古希臘為代表，古希臘先哲亞里斯多德（Aristotle, 384～322 B.C.）的名著《尼可馬古斯倫理學》（Nikomachus Ethics）對人間幸福的追求、財貨之獲得有他的看法。他認為人們生活有三：其一是真理之求得；其二是名譽之求得；其三是快樂之求得。而以上三者都離不開要有財貨之求得。換言之，經濟生活、財貨之獲得是合乎道德的規範。在他的《政治學》當中，對「經濟」（economy）的語源是oikonomia，乃是oikos（家）＋nomos（秩序）或是「家政」之意，其中除了親子關係、夫妻關係、主僕關係之外，含有財貨獲得在內。

「Oikonomia」成為後世英語「economy」的源頭，對於財貨獲得的看法，認為牧畜是農業獲得術的道德正法；高利貸是商業方面不正之法。一般對生產勞動的奴隸工作加以輕蔑，也認為商業是不道德的行為。亞里斯多德認為消費節制才能追求快樂，而務必守中庸之道；對市民要求其財貨取得及贈與也要守中庸之道。

（二）中世紀

歐洲中世紀是長期過著莊園經濟、自給自足的型態，整個價值觀

以基督耶穌博愛教義為中心，以平等互助為原則。經濟倫理、財貨究竟的所有者是神，人生一切都屬於神所賜。所以，此期並不太重視經濟活動。

中世紀注重身分秩序，上下區別，猶如人類之頭與手足的關係。一切以頭為命令，作為聽命式的社會體系。經濟生活以節儉與慈善的倫理為原則。相對之下，節約的反對語「luxuria」乃生活必需之餘財的意味。此時有「極貧權」（right of extreme necessity），意思是貧民在極度貧困狀態，為維持生命而掠奪他人財貨視為無罪。富者對貧者有慈悲義務，產生「luxuria」之公共性與極貧權的思想。

中世紀教父聖多瑪斯·阿奎那（St. Thomas Aquinas, 1225～1274）有名的利息禁止論，他認為利息是不道德的。換言之，生產應以「流通之正義」，不應以營利為目的。所以中世紀是屬於自給自足的封建社會，農業經濟係以貨易貨為主，商業行為可物物交易，不可有利息，即貨幣也僅僅視為是「貨」之一種。

（三）近世資本主義

經由宗教改革，重視勞動價值，世俗職業勞動乃神之召命。生產面之勤勉與消費面之節儉，成為兩大基本德目，從此，經濟倫理打開一扇門，注重生產勞動，認為職業無貴賤。

最典型的近世資本主義理論基礎，肯定私有財產。最重要的私有財產乃神聖的思想，否定了中世紀慈善與極貧權的思想。認為賴著慈善生活會招致惰民之惡德。私有財產是勤勞的成果，將得神的恩寵。卡里文（Jean Calvin 1509～1569）認為不勞動就不要吃飯，商業應有利息之看法。但此一妥協，宗教改革者對生產勞動只限於農業與工業，而商業仍被排除在外，這可從後來古典學派經濟學說的勞動價值說看出端倪。

但商業勞動，如不賦予財貨價值，即不能激發生產勞動，從這點

考量，商業道德之正直的信用觀被加進來。從此，自律性個人活動之自由放任，確立了資本主義的經濟倫理。

歸納出資本主義的經濟倫理，算是後世被譽爲經濟學之父的亞當斯密（Adam Smith, 1723～1790）。他有兩本大著《道德情操論》（1759）與《富國論》（1776），其倫理基點如下：

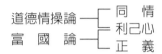

其實亞當斯密綜合了幸福論（eudaemonism），即最大多數、最大幸福爲原則，以及功利論（utilitarianism），即利益是社會共同促進的。因此，他認爲只要每一個人眞正懂得自利，即私利就是公益，社會有一隻看不見的手（an invisible hand）促使整個社會平衡。換言之，資本主義肯定私有財產，自由競爭，透過市場功能達成公平正義。故資本主義的特質，成爲近世西洋人價值判斷的主流。

（四）現代資本主義

近世資本主義倫理缺陷之一，是否定中世紀的慈善道法，自律精神喪失，以至於分配面的倫理欠失。馬克斯（Karl Heinrich Marx, 1818～1883）就想針對產業革命以來所發生的貧富懸殊、不平等，乃至生產手段私有之下，勞動者被榨取的現象提出解救。因而馬克斯主張以社會主義生產手段公有，來達成分配公平化。於是乎，19世紀末到20世紀初，社會主義共產論的興起，就是爲了要校正資本主義之缺失。

影響現代資本主義最重要的人——凱因斯（John Maynard Keynes, 1883～1946），他主張：1.否定自由放任；2.達成充分就業；3.政府介入經濟行動；4.提升國民的有效需求；5.必要時融資乃至財政政策之配

合。他的主張還有被認爲是「凱因斯革命」的最重要一點，就是否定節儉的美德，認爲應大量生產、大量消費。

現代資本主義注重經濟成長與流通革命。所以現代經濟倫理對企業經營強調組織忠誠，取締不實廣告、不正交易、產業公害。因而提倡社會責任（social responsibility）及企業倫理（business ethics）。最早提出社會責任論的福特（Henry Ford, 1863～1947），主張企業經營，公司經營是受託責任，應負起勞動者、消費者、地域住民、政府等社會全體的付託責任。企業倫理應負起過度競爭所帶來的醜聞，力求改善，因而政府成立公平交易委員會來取締不法。現代經濟政策四大目標：進步、安定、正義、自由，已有倫理的理念。

在研究方法上，通常分為規範倫理學（normative ethics）與實證倫理學（positive ethics）二法。前者是從主觀的價值判斷（value judgement），以是非善惡為標準，屬於「應如何」的探討。在規範倫理學當中可分為目的論（teleological theory）、義務論（deontological theory）、德行倫理論（virtue ethics）；後者是從客觀存在作為實證的呈現，以科學方法來探討「是什麼？」。

因影響當今企業倫理的立論基礎牽涉範圍頗廣，茲擇要敘述於下：

一、功利主義者的倫理觀

功利主義者（utilitarian）這個概念，邊沁在1781年最早使用。即對「產生利益、愉快、善、幸福，以及害、苦、惡、不幸發生之防範的屬性」，功利行為的傾向性，即功利是幸福（免除快樂及痛苦）的手段有用性的意思。至於邊沁所公式化的「最大多數的最大幸福」（the greatest happiness of the greatest number），早在希臘時代，斯多亞學派（the Stoic school）已提出，18世紀法國唯物論者也有同樣的概念。對最大幸福原理之發揮，是後繼者米勒（J. S. Mill）加以闡揚之後，才逐漸成為一般化。

（一）功利主義的特徵

1. 一般幸福（general happiness）的目的，綜合利己主義與利他主義，成爲一種快樂主義。

2. 一般幸福是指多數性的範圍，設定最大多數的最大幸福。

3. 功利根據道德之善，即求幸福手段之有用性，也是一種實用主義（instrumentalism）。

4. 一般幸福方法論的基礎，沿用聯想心理學的方法。

5. 政治經濟的實踐運動，及其密切關連性，是從啓蒙社會改革運動及產業革命的一種理論表現。

（二）功利主義的代表者

邊沁（Jeremy Bentham, 1748～1832）接受18世紀個人主義的社會觀，認爲快樂論的目的在於最大多數的最大幸福。對經濟學、法律學、政治學的領域，應用功利原理。對制裁理論有四種：

1. 自然方面，猶如放蕩導致生病的例子。

2. 政治方面以法律的賞罰。

3. 道德方面以公共讚賞及批評。

4. 宗教方面以希望及恐懼的效果。

其中以宗教爲最後的制裁，也是最重要的。

快樂的計算，以直觀行爲的道德性，行爲結果以科學化去計算。必要以科學方法去研究：

1. 強度與持續性；

2. 確實性；

3. 接近性；

4. 多產性；

5. 純粹性；

6. 範圍關係者的數目；

7. 一個行為扮演的愉快總量，可了解到全體的計算數。

從以上這些現實的科學方法，可達成經驗功利者的主張，所以邊沁也被認為是經驗功利主義者。

二、進化論者的倫理觀

廣義的進化（evolution）理論，自古以來就有各種不同見解，主要有古代亞里斯多德的目的論的進化理論、近代黑格爾（George Wilhelm Friedrich Hegel, 1770～1831）辯證法的發展理論，以及達爾文生物學的進化論。

（一）進化論的特徵

認為世界一連串的生成過程、自然現象與精神現象，都是同一法則，沒有一成不變的。近世以來最為大家引用的，算是較為狹義的達爾文進化論。

（二）進化論的代表者

達爾文（Charles Darwin, 1809～1882）的《物種起源》（1859），倡導物競天擇，自然淘汰的進化論。科學與道德之間沒有區別，同樣也合乎倫理學的原則。他的《人類的由來及性選擇》（1871），從道德以及一般生物的發展史看來，人的進化過程也一樣。對自然淘汰的社會本能是正常的，這也是道德的起源，而道德是社會本能知性加工出來的。

三、義務論者的倫理觀

義務語意的來源出自斯多亞學派（the Stoic school），以為善不可不為，惡不可不絕，這「不可不」的觀念，在倫理學上稱之為義務。

義務有廣狹二義：

· 廣義之義務：凡人之行爲務必一致遵行者，如法律、習俗等。

· 狹義之義務：凡對他人評估當爲與不當爲者，如力行契約、守時等。

義務之要求，凡無拘束力，無功利條件，純爲道德而行道德，即自律行爲，是道德行爲，也是義務行爲。義務之要求因個人以及各行各業不同，義務行爲也有所不同。如爲人師當盡師道之責；醫生當負救人生命之責；勞工當盡雇主交予工作完工之責；商人應盡商業上應守之道德……等等。

我們爲求社會安寧、安和樂利，以及各人正當之發展，維持全體之秩序，合乎義務行爲。故個人努力以謀社會之安寧及幸福，亦爲應盡之義務。

倫理學有關義務論，談「該不該」的問題，以純善、惻隱之心爲出發點，也就是道德價值中善的拿捏。所以，如何做人、事情應如何處理，將討論到人倫與習俗的規範。

所以，狹義的道德將是義務論之善的問題。實現義務的價值論，自己道德的拿捏，自律與他律，乃至於自然意志，或內心有所求，甚至外力加上強制行善等問題，在評價上都不一樣。

道德思想約可分三大體系：

1. 理性主義（rationalism）：認爲人生各種慾望，應在一個系統的觀念之下而努力，以理性爲道德規範。其代表者爲康德。

2. 自然主義（naturalism）：認爲人生追求幸福，求慾望之滿足，著重感情，行爲向善有德可得快樂。其代表者爲邊沁。

3. 完全主義（perfectionism）：綜合了前二者之見解，認爲人格價值之實現爲道德之理想。其代表者爲黑格爾。

以上三者爲道德意識之不同，義務行使也不同。義務之意識爲當爲之意識，義務要求爲理性意識。受主觀要求之意欲即爲私慾；受客觀要求之意欲即爲義務，此爲康德之見解。康德之所重，爲義務而義

務，而非泛論一般之有德與不德。

（一）義務論的特徵

義務論關心理性問題：

1. 得知什麼？
2. 應該如何？
3. 希望怎樣？

義務的課題是什麼？這牽涉到道德原則的自律和他律問題。義務是強制的自然意志。這意志是超越而權威的。道德是神與社會所賦予，非他律性。換言之，道德要求是自然的意志，以自己所站的立場，也是義務問題。康德認爲現象自然界法則是依理性實踐，那麼自己義務也以理性意志去解答自己規定的課題。

義務行爲是怎樣判斷？這是依一般價值的認識論問題，作爲道德客觀性判斷。亞當斯密認爲道德基礎出自同情。同情是給他人的同意，乃出自善的行爲。重視道德感情，以直覺主義立場去對道德認識，換言之，道德判斷乃以情緒主義的立場去判斷。

多樣性義務，從道德原理如何歸納？其內容還是以善作爲道德價值。即如何將個別義務，以善歸納導出。對人本質追求，乃快樂、幸福的期望，以及利他的本能，這是道德原理所在。無論就利己主義，或利他主義，到頭來都以最高善的幸福主義爲依歸。從人的歷史發展過程，以合理主義形而上學的道德論爲主。康德認爲義務意識探求，仍出自道德價值行爲。

（二）義務論的代表者

康德（Imanuel Kant, 1724～1804）是道德哲學的學者，他是義務論最具代表者，他的道德三命題：

1. 有道德價值的行爲必須是因義務而爲。
2. 一個因義務而爲的行爲，其道德價值不在於由此行爲所達成之

目的，而在於決定此行為的準則。

　　3. 義務是尊敬法則的必然行為。

　　康德認為善意志（good will）乃一個人為了實踐他的道德義務而行動的意志。當一人做一件事時，他認為該件事是應盡的義務，即使沒有報酬，他也應該去做，因這是善意志。

四、實證主義的價值觀

　　實證主義（positivism）主張什麼事情都要拿出證據來，在當今處處講求科學證明的認知之下，實證程度之有無成為公信力強弱的準則。

　　實證的用意：

　　1. 現實對空想。

　　2. 有用對無用。

　　3. 確實對不確定。

　　4. 正確對曖昧。

　　5. 組織對否定。

　　6. 關係對絕對。

（一）實證主義者的特徵

　　1. 反宗教性：認為人定勝天。自從產業革命、法國大革命之後，個人自主性增加，認為個人本位之下，只要自我努力都可達成自己的任務。換言之，不必像農業社會時代靠天吃飯，祈求神的保佑。因而產生反宗教性，慢慢把教堂淪落成觀光地點。

　　2. 崇拜科技：信賴自然科學，認為科學是萬能的。人的作為能得到科學的證明才能算數。一切要拿出證明來，只有靠實證方法。

　　3. 快樂主義：朝向功利想法，以個人享樂為主，認為現世間強調個人幸福。實證主義的價值觀促使個人快樂。

（二）實證主義的代表者

1. 法國的代表者

(1)實證主義的開拓者

• 孔德（Auguste Comte, 1798～1857）

他是典型的實證道德哲學者，是實證主義最大的代表者。他的三階段規律主張人類智慧的發展從神學階段，經過形而上學階段，到現代實證階段。在神學階段，世界和人類的命運以上帝和神靈來解釋。在過渡性的形而上學階段，用本質、最後原因和其他抽象觀念來解釋。在現代實證階段，因人們意識到的有限知識來解釋。孔德的全部研究，著重把人類德性和道德進步當作知識的中心課題。

• 李特勒（Emile Littré, 1828～1881）

他是孔德的後繼者，把孔德的人類歷史發展三階段規律說，再加上四階段，即技術階段。

• 臺內（Hippolyte Taine, 1828～1893）

他是從事環境說的創始人，他認為支配歷史的源動力是種族、環境與場合三者。

• 雷南（Joseph Ernet Renan, 1823～1892）

他認為宗教是從科學假設出來的，神與魂宛如現實生活，即把神現實化。

2. 德國的代表者

(1)實證主義的開拓者

• 弗爾巴哈（Ludwig Feuerbach, 1804～1872）

他是實證主義人類學的開拓者，猶如法國的孔德，他認為人是世間真正存在者，神乃人本質以外什麼也沒有。他認為感性可以生產來轉化。

(2)進化論的實證者

• 海克勒（Ernst Heinrich Haeckel, 1834～1919）

他認為道德不是精神科學的問題，而是自然科學的問題，道德根源猶如動物的社會本能。

• 溫特（Wilhelm Wundt, 1832～1920）

他認為倫理學是理想主義的意志說。民族精神所包括的語言、神話、習慣等，這些課題可從民族心理學的規範下，站在實證主義的觀點去作研究。道德沒有絕對永久的，而是客觀進化的法則。道德是人的最終理想不斷修正與接近。

(3)生之哲學的實證者

• 弗羅德（Sigmund Freud, 1856～1939）

他認為人的生活是兩種衝動的鬥爭與妥協。一是性衝動（含自己保存衝動），二是死衝動（包括破壞、攻擊衝動）。

(4)新實證主義者

• 拉斯（Ernst Laas, 1837～1885）

他認為實證主義有三大特徵：一元論、力動論、感覺論。倫理學是相對主義，不矛盾，如客觀的道德目標一般。諸如強調勞動所得之確立、社會和平、國家秩序、文化進步等。

3. 英美的代表者

(1)功利主義的實證主義者

• 邊沁（Jeremy Bentham, 1748～1832）

他是以經驗為主的功利主義者，從個人主義以大家快樂幸福為依歸，其行為可實證計算出來的。

• 米勒（John Stuart Mill, 1806～1873）

他綜合了邊沁的快樂主義與德國的理想主義，從人性之本性與利他的傾向，認為可以良心去作為功利主義的道德理想。

(2)進化論的實證主義者

• 斯賓賽（Herbert Spencer, 1820～1908）

他認為進化法則支配宇宙的過程，作了綜合體系的描述。道德現象也一樣，與世界現象相同。行為善惡與進化高低之差別有關。

03 公平原則

在一般社會往來，尤其是公共事務上，都會聽到「公平、公開、公正」，「為正義伸張」之類的話，乃至於振振有詞，自身會以公正人士的代言人自居。而在企業倫理裏如何做到公平原則，這是猶待研討的課題。本節將就一般公平原則，並以實例《公平交易法》做一說明。

勞勒斯（J. Rawls）所說「正義即公平」（justice as fairness），指的是在正義原則之下，一個公平的程序，也就是建構一個決定正義原則的公平程序。但嚴格看來，正義與公平不能畫成等號。譬如說，為公平起見，你打我一拳，我也還你一拳，以示公平，「以牙還牙」可說是公平行為，但並不等於正義。因正義建立在社會成員大家都會接受的原則上。合理的正義原則界定社會成員之間的權利和義務關係。簡而言之，因正義是要得到社會上希望經由一公平程序來決定正義原則，正義原則就是這個公平程序，所以勞氏說正義即公平。

勞勒斯重視正義原則之公開性，因正義原則不但大家同意，同時大家也接受。什麼是社會正義，簡而言之，即在一個良序社會（well-ordered society）之中，大家接受的德行規範。勞勒斯推論：愈接近良序的社會，自由的優先性愈得到肯定。因個人追求名利相當弱，只要求自己過得自在，不會對別人的財富產生嫉妒，就不會影響自由的優先性。這是他對歐美先進國家觀察所得的結論。

但面對當今眼前一些低度發展國家，當經濟開始發展，反而大家

向「錢」看，甚至於大玩金錢遊戲，競逐名利，而正義往往被擺在一邊。由此可見經濟落後國家對公平正義反而要積極加強倡導。

一、勞勒斯的正義原則

勞勒斯的正義二原則如下（註1）：

（一）每一個人所擁有的最大的基本自由權利，都和他人相等。

（二）社會和經濟上不平等的制度設計，必須滿足兩個條件：

1. 預期對每一個人都有利

2. 地位和職務對所有人都公開

勞氏認為立約者是在一個特殊的情境下去選擇正義，這個情境他稱為「原初立場」（the original position）。又「無知之幕」（the veil of ignorance）是勞氏對原初立場的一種說明，要取消某些特殊偶然性可能造成的影響，無知之幕是假設立約者在原初立場中，不知道自己的地位、身分、能力，以及價值觀等，只知道社會是處於正義的情境之中。因社會上每一個人為自己的利益，想盡方法朝著自己最有利的主張，以至於社會公平性令人置疑。為決定正義原則，勞氏有創意的設計出「原初立場」與「無知之幕」。將原初立場引進基本善這個概念，用基本善解釋人們的期望，並建一公開認知的客觀量表作量化分析。

勞氏強調原初立場以無知之幕的方式決定正義原則，才能使我們的正義感到不被扭曲。假設立約者處於無知之幕的後面，使他們無法知道不同可能選擇對自己的影響。無知之幕指的是假設立約者在原初立場中不知道某些特殊事實，使正義原則是在公平的原初處境中協調出來的。譬如：甲要對乙與丙作仲裁，最好甲對乙與丙都沒有親戚或利害關係，那麼甲才能在原初立場——無知之幕——作出純正公平的仲裁。可見社會如何建立起這一公平程序至為重要，因而可減少紛爭。

二、一般正義的分類

一般正義又可分兩大類：

（一）交易正義：指個人彼此間的給付，及其對待給付的義務，力求均衡與相互尊重，故又稱平均正義。

（二）社會正義：指社會與成員間的正義。如人民對社團的正義稱為法律，促使人民守法，增進共同福利。如社團對人民的正義稱為分配正義，將社團公共權利與義務分配給人民，使人民共同分享與公平負擔。

正義的對象，就是尊重他人的權利。如交易正義就是尊重他人的權利，應遵守信用，公平交易，而不違約、不欺詐。侵犯他人的權利，是違反正義。所以，權利是合法取得，只許自我擁有，不許他人侵犯。至於「分配正義」觀念有二：一是社會主義的「各盡所能，各取所需」，一是資本主義的「各盡所能，各取所值」，乃代表兩種不同的倫理觀念，即各有千秋。

因此，當今自由民主社會肯定自由競爭市場功能，為公平起見，政府不應該去干涉，諸如價格設限、利率限制、最低工資保障等。因一有干預將導致資源錯誤配置，供需失調，弊多於利。

為企業公平競爭，各國會訂定《公平交易法》，防止獨占的弊病，這也是企業倫理在公平原則理念的一個實踐。

三、我國《公平交易法》的實例

我國《公平交易法》於民國80年2月4日公布，81年2月4日正式生效施行，同年6月24日發布《公平法施行細則》。

《公平交易法》第一條標示立法目的：

（一）為維護交易秩序與消費者利益；

（二）確保公平競爭；

（三）促進經濟之安定與繁榮。

為達成上述立法目的，就規範出其對象與行為。尤其是行為規範以列舉式的訂定，茲將其限制競爭行為與不公平競爭行為，列示如下（註2）：

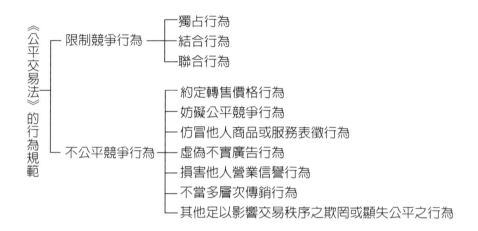

《公平交易法》所規範的內容分為兩大部分：一為對事業獨占、結合、聯合行為之規範；另一為對不公平競爭行為之規範。並列出所包括的內容，最後定出罰則。

由上可知，以法律條文規範的行為，大家必要遵守，並約法三章，如違背者要受處罰。所以企業行為的交易事項為公平交易，定下準則，以法律呈現，則列為法律問題。但法律是明文規定，再怎樣列舉，也無法把人的一切行為全體囊括，必有漏洞之處，為彌補法律之不逮，將借助於道德倫理的功能。

1987年，ISO系列品質管理與品質保證國際標準公布，使品質理論進入系統管理時代。我國廠商為了要取信於人，也紛紛取得ISO9000的認證。這又是為公平競爭訴諸大眾的一種手法。

本來第二次世界大戰期間，美國軍事單位對軍需管理設立一套代號與標準，迨大戰結束之後，英國把它引用到企業管理方面，之後慢

慢從歐盟而演變成國際組織的標準認證（International Organization for Standardization，簡稱ISO），總部設在日內瓦。

　　ISO 9000的品保制度國際標準仿效英國品保制度標準BS5750。至1994年搞定ISO9000系列包括：ISO9000、9001、9002、9003及9004等五部分，其特色為：

1. 包容性；
2. 自主性；
3. 完整性；
4. 客觀性；
5. 預防性。

　　我國是一自由民主的社會，講究公平、公開、公正。所以只要有利於企業倫理實踐的認證，不論古今中外的方法，大家都會引用。

注　釋

註1：Rawls, John (1971), A Theory of Justice, p.60. 以及林火旺（民
　　86），倫理學，國立空中大學印行，頁272。

註2：參閱行政院公平交易委員會（民86），簡介《公平交易法》。

關鍵詞彙

內聖外王　五倫　八正道　六度　理性主義　自然主義　完全主義
正義即公平　規範倫理學　實證倫理學　幸福說　功利說　Oikonomia

自我評量題目

一、試述儒家如何「修己安人」？

二、略述佛教發展階段。

三、試述亞里斯多德對人們生活目的有何看法。

四、試述亞當斯密的倫理觀點。

五、試述凱因斯對經濟思想的主張。

六、略述功利主義的特徵。

七、道德思想約可分哪三大體系？

八、試述康德的道德三命題內容。

九、略述實證主義者的倫理觀特徵。

十、試述勞勒斯的正義二原則內容。

十一、試述我國《公平交易法》的立法目的。

Chapter 3

企業的社會責任

學習目標

——研讀本章內容之後，學習者應能達成下列目標：

1. 學習企業的責任範圍種類。
2. 了解社會責任的意義與類別。
3. 探討企業是否應盡社會責任。
4. 認識企業要盡哪些社會責任。
5. 說明企業盡社會責任有何益處。

摘　要

　　與企業的經營管理活動息息相關的環境群體，不再侷限於股東與供應商、消費者，而已擴及到其他單位，諸如金融機構、政府單位、社區、同業公會、工會等等。

　　企業的責任包括法律責任、經濟責任、倫理責任、自發責任等四種。前兩種屬於內在的社會責任、強制性的責任，是一種利己的行為；後兩者屬於外在的社會責任、志願性的責任，是一種利他的行為。社會責任的本質，有三種特性：1.由他律性→自律性→必然性；2.責任對象的擴大；3.社會責任由「消極性的禁止」，趨向「積極性的鼓勵」。

　　企業應否盡社會責任的爭辯，只是目標與手段的差異，以及先後順序的不同而已。換言之，社會責任是在經濟責任之後，以經濟責任為手段，替公司創造經濟利潤，創造就業機會，增加員工待遇福利，當經濟責任達成後，無形中也達到了社會責任。同理，企業究應以追求利潤為主？或以服務顧客為主？企業以服務顧客為顯性目標，無形中也達成了追求利潤的隱性目標。

　　企業盡社會責任固然是一種利他的行為，但企業在無形中也會獲得一些益處，包括：1.創造一個好的社區環境，再從外在環境中取得較好的資源投入企業的生產活動；2.可為該企業塑造一個好的公眾形象；3.取得企業組織的正當性。

01 社會責任的意義與分類

一、企業與環境概念的演變

企業的經營是一種自供應商購料投入生產活動，將之加工轉換成為產品或勞務，以提供服務給客戶或消費者的一種過程。在早期的社會，不同團體之間的互動並不是那麼頻繁時，企業的經營管理活動，最主要的關係群體是出資的股東、上游的供應商與下游的消費者。

但漸漸地，社會中不同群體之間的互動性愈來愈頻繁，與企業的經營管理活動息息相關的環境群體，不再侷限於股東與供應商、消費者，而是擴及到其他單位，諸如金融機構、政府單位、社區、同業公會、工會等單位，也與之有不同程度的間接關係，如圖3-1所示。

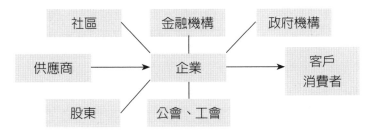

圖3-1　企業與環境關係圖

這些不同的群體對於企業經營各有不同的投入、貢獻以及期待：股東提供資金給企業，期待每年有合理的利潤分配；供應商提供企業生產所需的各項原材料，期待企業支付合理的購貨價格；消費者購買

企業的最後產品或服務，期待企業提供物美價廉的產品或服務；員工投入自己的青春時間、專業知識或勞力，期待企業有高薪高福利的措施；工會由勞工組成，背負著員工的期望，希望能與企業協商達成一個讓員工滿意的工作契約與條件；同業公會由同業廠商組成，為同業廠商做各項服務，向政府爭取對本產業有利的條件，也期望公會的各會員廠商能對公會盡應盡的義務；金融機構提供企業經營所需的各項營運資金融通與借貸，期望企業能如期償付貸款的本息；政府部門塑造了一個有利企業的投資環境，提供給企業各項輔導措施，也期待著企業能創造更多的就業機會，按期繳納各項稅捐；社區提供各種文化教育、交通運輸、休閒育樂、文康活動給企業員工眷屬及相關人士，也期待企業能為社區做一些應有基本的回饋。

因此，企業的經營管理活動所面臨的環境概念，已從單純狹義的投入轉換與產出範圍，擴及到廣義的環境範圍，這些不同的環境群體對企業各有不同的期望，企業的經營必須設法滿足所有相關環境群體的期望，並在這種多重目標間取得一個均衡。

以一家股票上市公司的營造廠為例，企業經營者所面對之相關環境群體整理如下：

在政府機構方面，主要為營建署、政府發包單位（國道工程局、住都局等）、稅務單位、縣市政府、環保單位、勞動部、證管會等等，所要處理的問題有：

1. 政府機關對企業之政策及法律規定。

2. 公共工程發包單位對業務條件設限，押標金及工程預付款制度。

3. 環保單位對營造產業日益嚴格之要求。

4. 勞動部對營造業僱用外勞及原住民之政策。

在供應商方面，主要為各協力廠商，所要處理的問題有：

1. 營造廠勞務及材料取得之發包控制與管理。

2. 對勞務及材料品質管理及控制。

在客戶及消費者方面，主要有兩個市場，一為政府發包單位，二為私人企業之業主（工廠、學校、建設公司等等），所要處理的問題有：

1. 業務之取得及業主之認同。

2. 對施工品質要求日益嚴格。

3. 客戶因經營不善無法付款，致使帳款無法收回。

4. 處理消費者之抱怨，或糾紛狀況。

在社區方面，主要有工地臨屋及周遭環境。所要處理的問題有：

1. 日益高漲之環保要求。

2. 臨屋損害處理。

在金融機構方面，主要是資金往來之銀行，所要處理的問題有：

1. 融資需求，銀行背書保證。

2. 借款額度之開發（工程投標之需要）。

在股東方面，所要處理的問題是：達成每股盈餘的獲利目標，維持合理的股價。

二、企業的責任範圍

一家公司企業是由股東出資，並經商業主管機關核准設立。在核准的公司執照與營利事業登記中，明訂了公司的營業範圍，在股東會中也明訂了公司章程，並透過股東所持有的股份多寡，選出董監事，董事會中再選出董事長擔任公司的負責人，同時聘任總經理及各項經理人，以負責公司的經營責任。

企業一經設立，有其應盡責任，企業的責任可分為以下幾種：

（一）法律責任（legal responsibilities）

企業要盡的法律責任，最主要是《公司法》、《證券交易法》

（對於上市公司）、《勞基法》、《公平交易法》、《稅法》、《民法》、《刑法》及相關法律上所規範約束條文，企業若違反了相關法律，負責人將會遭受到民刑事的訴訟。

（二）經濟責任（economic responsibilities）

企業要盡的經濟責任是要創造營業收入與經濟利潤，企業有了營業收入與利潤後，才能支付供應商的貨款、金融機構的貸款本息、員工的薪水、政府的稅捐、股東的股息……等等，這些不同的群體以及其家庭眷屬，都是要依靠企業的經濟責任來維生的。

（三）倫理責任（ethical responsibilities）

社會期望企業負責的部分，但尚未能以法律來規範的責任。例如：社會期待企業能給殘障人士工作機會、能照顧弱勢團體……等等。

（四）自發責任（discretionary responsibilities）

是一種非法律要求及社會期待的，而是出自企業主動志願承擔的自發性責任。例如：企業主動協助員工自我成長、給員工認股權……等等。

法律與經濟責任是一種「利己」的行為，倫理與自發責任則是一種「利他」的行為。

三、社會責任的緣起

在農業社會步入工業社會的初期，工商企業對社會的影響力大幅增加，企業成為主導經濟發展的主要力量，社會大眾也都肯定企業對豐富人民的物質生活與改善生活環境有重大的貢獻。

但在自由經濟制度之下，工商企業的過度蓬勃發展過程中，相對的也給社會帶來一些「負面」的效應，舉凡工業區的空氣汙染、自然

生態的破壞、不良商品帶給消費者的傷害、官商勾結以及層出不窮的經濟犯罪，在在使得民眾對於工商企業做法行為逐漸產生不滿與不信任。

當企業的規模日益擴大，影響力與日俱增，而企業脫軌的活動卻日益增加，資本主又可以很輕易的在股票公開市場上，透過拋售股票，離開企業。他們和企業固定資產的關聯事實上非常鬆散，使得社會對企業的信心降低，而社會對生活品質也日益重視，對企業的要求自然而然的與日俱增。

於是乎，各種民間社會運動團體，諸如：消費者運動、環保運動……等等，應運而生，民眾也要求政府扮演更積極的角色來督促企業界多盡點社會責任與多照顧社會公益。

四、社會責任的意義

在最早期時，企業的所有權與經營管理權合而為一時，「企業主」被視為是社會中的「財富主」，所謂企業的社會責任，也都認定是出自於企業主個人的社會公理正義、同理心、同情心，由企業主個人來捐款樂捐，以救助弱勢團體。換言之，企業的社會責任是由企業主個人來執行。但當企業規模逐漸大型化，所有權與經營權逐漸分離後，社會對企業的社會責任有期待，不再只是企業主個人的責任，而是整體企業的責任。

社會責任的本質，有以下幾種特性：

（一）由他律性→自律性→必然性

企業要盡社會責任，最初絕不是企業本身主動做出來的，而是企業感受到外在環境壓力下，所不得不做出來的一種「他律性」行為，然後再漸漸地形成出自於企業本身的一種「自律性」與「自發性」行為，最後再變成一種「必然性」的行為。

（二）責任對象的擴大

最初，企業經營者只要能滿足股東的需求即可，此爲企業的經濟責任；但是，當企業的所有相關環境系絡團體（context group），對該企業皆有所期待，而企業必須要滿足這些所有相關團體的期望，在這些多重目標間取得均衡時，就是企業要盡的社會責任。

（三）社會責任由「消極性的禁止」，趨向「積極性的鼓勵」

企業的社會責任有兩種範疇，一爲「消極性的禁止」，指的是「企業不得爲……」的規定，例如：企業不得做不實的廣告，企業不得做假帳……等等，消極性禁止的重點是在防弊；另一種爲「積極性的鼓勵」，指的是「企業應所應爲……」的規範性鼓勵，例如：企業應重視員工的在職進修、企業應贊助社會公益活動……等等，積極性鼓勵的重點是在興利。

五、社會責任的分類

表3-1中列舉了四位不同學者對於社會責任範圍的分類比較：

（一）Carroll（1981）：提出經濟責任、法律責任、倫理責任與自發責任。

（二）Steiner（1980）：內在的社會責任針對的是內部員工，合法和公正的辦理員工甄選、訓練、升遷及解僱；外在的社會責任針對的是公司以外的人士，例如：僱用殘障失業者。

（三）Frederick（1983）：強制性的責任，指的是政府法令規定的責任，例如：汙染防治；志願性的責任，指的是出自企業主動提出者，例如：慈善捐款。

（四）Sethi（1975）：提出一個三級式的概念，將企業對社會需要作反應的行爲分成三類。企業對市場力量和法律約束作反應的行爲稱爲社會義務（social obligation）；與盛行的社會規範、價值和期望相

合的企業行為稱為社會責任（social responsibility）；企業對變遷的社
會需要作長期性準備的行為稱為社會回應（social responsiveness）。

表3-1　社會責任範圍的分類比較表

Carroll（1981）	Steiner（1980）	Frederick（1983）	Sethi（1975）
經濟責任	內在的 社會責任	強制性責任	社會義務
法律責任			
倫理責任	外在的 社會責任	志願性責任	社會責任
自發責任			社會回應

企業應否盡社會責任

一、企業應盡社會責任與否的辯論

企業除了應盡的經濟與法律責任外，是否也要盡社會責任？關於此議題，有兩派不同的意見，曾經引起廣泛性的討論與辯論，以下分別就兩方面的意見陳述。

（一）認為企業不必盡社會責任

此為古典自由市場經濟學派的主要主張，以傅利曼（Milton Friedman）為代表。認為企業的主要責任是「經濟責任」，因為企業是由股東出資形成，也就是說，企業是股東的財產，股東是企業的「所有權者」。企業中的經理人，包括董事長、總經理、部門經理等，是接受所有權者（股東）的委託，來代管經營該企業，被委託者（代理人）受人之託，其職責應是替委託者（主理人）創造最好的利潤績效，也就是要創造股東的最大財富（註：有關代理理論另於第七章第二節說明）。

所以說，企業的經理人經營企業的最重要目標應是「創造股東的最大財富」，而不是將股東的財富拿去散財做社會責任。

（二）認為企業應盡社會責任

此學派認為企業不應是唯利是圖，應對社會負起更多的責任。因為企業的經營活動是在社會環境之下進行的，企業的經營利潤很多是

「取之於社會」的，例如：

1. 企業經營的很多投入要素係取之於社會

例如：企業所需的各項技術與經營管理人才，是由國家的教育制度培養出來的，所需要投入的各項原材料也是由社會其他部門單位所提供的。所以說，企業的經營過程中，是取之於社會，因此企業也應將其用之於社會，善盡社會責任。

2. 由於社會的繁榮才帶動了企業產品與市場的需求

整個經濟社會的繁榮是由全體老百姓共同勤奮努力累積形成的，企業的很多利潤也是來自於「社會繁榮」的景象所致，尤其是地價的上漲，乃歸因於整體社會的繁榮供需所產生的現象。國內有很多經營數十年的企業，雖然在本業上是虧損累累，最後仍靠調整不動產的現值，重新估價後，彌補了累積虧損。這些不動產重估所帶來的利潤，除了企業當初的投資決策外，更重要是來自於社會的繁榮帶來了企業的財富，因此，企業要盡社會責任。

3. 企業經營活動的部分成本，係由社會來負擔，形成「社會成本」

企業在經營過程中，相對也帶來一些無形的成本，這些無形的成本並沒有由該企業來負擔，而是轉嫁到整體社會來承擔。例如：工廠生產過程中排放出廢氣與廢水，造成了空氣與水源的汙染，這些汙染是由全體國民平均承擔。因此，企業既然轉嫁了一些社會成本由社會來負擔，也應同時盡社會責任。

二、目標與手段（means and ends）的差異

上述兩種不同學派，對於企業應否盡社會責任的觀點或許不同，但如果將其細究起來，只是經濟責任與社會責任的優先順序有別，其間所用的目標與手段的先後不同而已。

企業經營應有兩種不同的責任，主要責任是經濟責任，次要責任才是社會責任，社會責任是經濟責任之後。古典自由市場經濟學派談

的雖然只是以經濟責任為主，事實上其社會責任是透過經濟責任的達成來實現的。企業畢竟是個營利事業，唯有不斷創造經營利潤才能讓企業永續經營，不能創造利潤的企業將造成企業的失血，長年虧損的企業將造成失血過多，導致衰亡的命運。

因此，企業如果不重視經濟責任，就沒有能力來履行社會責任，此兩種責任的履行有其先後優先順序的不同。古典自由市場經濟學派認為，企業只要做好最基本、最優先的經濟責任即可；而事實上，當企業做好了基本的經濟責任，創造了利潤，對國家繳稅、創造了就業機會、增加國民生產毛額、增加員工的薪資福利……等等，不也就等於盡到了社會責任嗎？

因此，古典自由市場經濟學派的社會責任，是透過經濟責任的達成來完成的，也就是以經濟責任為達成社會責任的手段。而主張要盡社會責任的學派，則認為要直接把社會責任當成目標。

三、企業是否應以「追求利潤」為目的

對於企業是否應盡社會責任的辯論，就如同企業的經營目標是要以「追求利潤」為主？或是以「服務顧客」為主？

主張企業應以追求利潤為主的觀點，就如同上述主張企業應以經濟責任為主的觀點，認為企業是個營利事業，沒有利潤就沒有生命，就無法存活，因此應以追求利潤為主。

主張企業應以服務顧客為主的觀點，認為企業不應「唯利是圖」，言不及利。應重視顧客的利益，因為顧客才是公司的血液生命，沒有了顧客，公司就沒有了生命。

對於企業目標究竟應以追求利潤或是服務顧客為主？這兩種不同目標之區別，事實上是「一體兩面」的。追求利潤是「目的」，服務顧客是「手段」；若把目的與手段都當做目標的話，那麼，服務顧客是「顯性目標」，追求利潤是「隱性目標」。換言之，追求利潤固然

是企業的基本經濟目的，賺錢並不是罪過，這是無可懷疑的，不過，企業追求利潤必須透過服務顧客，讓顧客的需求得到滿足，顧客才會繼續不斷的來購買消費企業的產品或服務，如此，企業才能從顧客的滿足中順便獲取應得的合理利潤，所以說，追求利潤是「目的」，服務顧客是「手段」。

在目標手段鏈（means-ends-chains）中，目標與手段只是先後順序的不同，本時期的目標會形成下一時期的手段，因此，如果把服務顧客與追求利潤都當作是目標的話，那麼，服務顧客是「顯性目標」，追求利潤都是「隱性目標」。換句話說，企業張揚在外的顯性目標是服務顧客，企業只要用心把顧客服務好，就可達成隱性目標了。

03 企業如何盡社會責任

　　企業應否盡社會責任，儘管有上節兩派不同的辯論意見，而經過分析後，事實上兩派不同意見只是推理邏輯方式的不同而已，最後都直接或間接的盡到社會責任。

一、何以企業要盡社會責任？

　　何以企業必須盡社會責任，有以下幾項理由：

（一）企業應盡社會責任的外在壓力與日俱增

　　企業要盡的法律責任於法律上有所規範約束，經濟責任則出自於企業自利的行為，至於社會責任則屬於社會大眾對於企業的倫理規範，雖無法律上的強制規定，但來自外在的輿論壓力卻是與日俱增。

　　「企業體」或「企業主」，基本上在社會階層結構中，是屬於「優勢的一群」，相對而言，廣大的社會大眾是屬於「弱勢的一群」，在社會公理與正義的原則下，「濟弱扶貧」一直是人民普遍接受的規範，也是時勢潮流所趨，任何企業無法免除置身事外。

　　企業既然擁有社會上強大的資源支配權力，取之於社會，自也應當用之於社會，回饋於社會，權力與責任是相對應的。

（二）企業也是社會上的「企業公民」，應盡社會責任

　　社會上的「公民」，指的是年滿20歲，持有身分證的個人，在這社會上，皆可享受公民應有的權利與義務。同理，一家公司企業，

也是經過主管機關核准，持有公司執照與營利事業登記證（就如同個人的身分證一樣）的法人，公司法人與自然人，都應是社會上的「公民」，既然是社會上的公民，就應盡相對的權利與義務。

（三）不良的社會環境將對企業有不利的影響

整個企業的經營系統是依存在外在的環境之下生存的，當外在環境不良時，將會對企業的經營有不利的影響。例如：社區髒亂、沒有好的休閒娛樂空間、沒有好的學校……等等，將影響求職者來該企業謀職的意願，進一步影響到企業的人才招募，因此，企業若能盡社會責任，營造好的社區環境，在因果關係上，也會對該企業產生好的效果。

二、企業盡社會責任的益處

企業在完成了經濟責任後所盡的社會責任，固然是出自一種利他的回饋行動，但這種利他的行動事實上對該企業也會有相對的益處，略舉如下：

（一）創造一個好的社區環境，再從外在環境中取得較好的資源投入企業的生產活動

企業的投入產出經營活動過程中，首先是要取之於外在環境的原物料、人力與資金來源，將之轉換產出為最終成品與服務，由外在市場環境來消費。當企業善盡社會責任，創造了一個好的外在社區環境時，將有助於企業再從外在環境中取得較好的資源投入企業的生產活動，如此形成一個因果循環。

（二）可為該企業塑造一個好的公眾形象

企業參與贊助各項社會公益活動，表面上看來，企業要多支出一些成本費用，但在無形上卻可為企業帶來一些無形的效益，例如：提

升企業的公眾形象、在該項公益活動中，媒體將會普遍報導該事件，無形中也爲該企業做了些廣告，同時，也會讓該企業員工感受到該企業是一家重視社會福利公益的公司，是一家正派經營的公司，是一家有發展潛力值得投入的公司。例如：7-Eleven贊助了多次的「飢餓三十」援助非洲地區、「把愛找回來」、「給雛菊新生命」等公益活動，無形中提升了該企業的公眾形象。

（三）取得企業組織的正當性（legitimacy）（翁望回，1986）

企業若要生存於外在的社會生態環境中，必須取得企業「組織的正當性」。而組織的活動與社會的期望相吻合時，組織的正當性就存在；反之，當社會的規範和價值改變時，組織就必須跟著調整它的活動，否則正當性就難以維持。換言之，當社會期望該企業能承擔某種程度的社會責任時，該企業就必須要能做到某種程度的社會責任，並讓社會大眾感受到，如此該企業才能取得在社會中生存的正當性。

因此，當社會已普遍期望企業能負起社會責任時，企業就不得不善盡社會責任，以取得在社會立足的正當性。

三、企業要盡哪些社會責任

企業要盡社會責任，已是一個顯而易見、不爭的事實，那麼，企業要盡哪些社會責任呢？此部分可從實證層面分析，在不同的國家地區、不同的時間，社會期望企業要盡哪些社會責任會有所不同，以下僅略舉代表性的幾種：

（一）多做社會公益活動

此爲最傳統的企業社會責任範圍。企業以其較個人雄厚有力的資源，可以做較多的社會公益活動。例如：

・樂捐義賣善心活動、捐助各類社會福利慈善機構。

‧捐獻成立各項獎助學金、贊助學術研究活動、捐款給學校興建
大樓建築物、認養維護市內的人行地下穿越道。

（二）做好環境保護與生態維護的工作

在第四章環境倫理中敘述。

（三）保障消費者的權益

在第五章行銷倫理中敘述。

（四）保障投資大眾的利益

當企業的資本形成來自社會大眾時，企業應善盡其保護投資大
眾利益的責任，使投資大眾獲得合理的投資報酬率。尤其是對於一家
大型資本化的上市公司，股東人數高達數萬人，影響到的是數萬個家
庭，如此，一旦公司經營不善或發生不可抗力原因，使得企業發生虧
損或危機時，影響到的不只是一家企業的問題，而是整個社會的問
題。因此，企業經營者若能善盡保護投資大眾的利益，就是盡到社會
責任。

（五）加強人力資源開發

人才是社會進化的原動力，也是社會上共同的資產。一個人在某
一家企業任職服務，該企業應提供該員工一個安全衛生的工作環境，
一個有希望的職業前程升遷路線，以及各項進修機會。讓企業的每位
員工皆能有所發揮自己的長才，如此，一方面固能為該企業有所奉
獻，另一方面，更重要的是，為社會培育造就更多的人才。

案例：台南企業（股）公司

台南企業成立於民國50年，創辦人為楊崑茂先生，總公司在臺
南，主要經營成衣製造外銷業務，為國際性專業服裝製造公司，生產
工廠在臺灣有三個，在國外印尼、大陸、柬埔寨等地設有十個生產

廠，員工人數五千多人，資本額12億元，營業額40多億元，除了委託製造加工業務以外，也經營自創品牌Tony Wear，此品牌目前為中國大陸男裝第三大品牌，於民國88年掛牌上櫃，成為臺灣第一家成衣上櫃的公司，目前為上市公司。

　　負責人楊青峰董事長表示，企業要不要盡社會責任？這只是一個社會責任與經濟責任之先後順序不同而已。台南企業重視員工福利，勞資和諧，產品品質獲得客戶的肯定，每年獲利正常，對股東、員工都有很好的交代，做到了企業最基本的經濟責任。至於社會責任方面，雖然沒有刻意去要求要做到什麼情況，但也略盡企業公民的責任，例如：台南企業與臺南市慈光殘障協會合辦「成衣縫紉班」，殘障者直接到工廠受訓，完成訓練後到工廠任職就業；台南企業幫助弱勢團體就業，回饋社會的義行，獲得臺南市長與行政院長的嘉勉。另外，楊董事長本著鼓勵積極贊助教育事業，捐款贊助臺南市長榮中學與長榮管理學院，擔任兩校的董事，並兼任臺南市救國團副主任委員，積極贊助各項社會公益。

關鍵詞彙

法律責任　經濟責任　倫理責任　自發責任　社會成本　社會責任
目標與手段鏈　企業公民　組織的正當性

自我評量題目

一、企業的責任範圍有哪四種？並舉例說明之。

二、說明社會責任有哪些特性？

三、對於企業應否盡社會責任有哪兩派不同的立場？其主張有何異同？你認為企業應否盡社會責任？

四、你認為現階段臺灣的企業，最需要盡的是哪些社會責任？

五、何謂「組織的正當性」？其與企業盡社會責任有何相關？

六、企業盡社會責任是否純為「利他」的行為？對該企業有無益處？

七、請訪問一家企業個案，了解該企業盡了哪些具體的社會責任？

參考書目

翁望回（1986），企業社會責任與企業正當性之研究，明德基金會生活素質研究中心，臺北。

李政義（1990），企業社會責任論，巨流圖書公司，臺北。

黃俊英（1992），企業與社會，中華民國管理科學學會。

蕭新煌等（1992），企業倫理的重建，中華民國管理科學學會。

大統橄欖油不純案

　　2012年10月彰化縣衛生局接到民眾檢舉大統長基公司油品有問題，彰化縣衛生局取樣化驗後發現異常情形，前往大統長基公司廠區的初次稽查，卻查不出問題，2013年7月即向彰化地檢署尋求協助（註1）。彰化地檢署懷疑大統長基公司違反《食品衛生管理法》以及《刑法》詐欺，10月16日檢察官會同彰化縣衛生局等單位發動搜索，約談高姓負責人。彰化縣衛生局長葉彥伯說，檢方在現場查獲4桶總計120公斤的添加物，這些添加物為綠色膏狀物質，業者雖辯稱是葉綠素，卻提不出證明；而衛生局人員也針對食品廠內有問題的產品封存（註2）。

　　調查結果發現除橄欖油外，包括葡萄籽油、花生油及胡麻油等都有混充情形。檢調查出，大統長基公司除了在橄欖油及葡萄籽油相關產品加入較廉價的食用油，像是棉籽油、葵花籽油等，為了讓混合過的食用油顏色接近，業者還加入了僅能在口香糖使用的銅葉綠素進行調色。除了葡萄籽油及橄欖油外，檢方及衛生單位還查出大統長基公司的花生油、胡麻油等都有使用廉價食用油混充的情形（註3）。

　　10月18日檢調搜查調查發現，所生產的橄欖油、葡萄籽油等多種油品疑有不純，並加入「銅葉綠素」調色成純橄欖油等油品色澤，衛生單位已封存大批問題油品。中國醫藥大學附設醫院毒物科

暨毒藥物諮詢檢驗中心主任洪東榮指出，銅葉綠素不能添加到食用油內，因為食用油每天都會吃到，尤其食用油在高溫烹調過程中，會釋出銅及氧化，人體吸收過量，會傷肝腎或造成貧血，長期食用會危害健康（註4）。

　　10月20日彰化縣衛生局與檢方在查緝大統黑心油事件中，從大統老董高振利手寫的配方表中發現，包括橄欖柚等多種主力油品調配混摻的低成本油中，幾乎都以棉籽油為主。因此懷疑大統公司是向中國大量進口低價及恐有危害人體健康的棉籽油，透過檢方追查後，果然查扣到大統透過貿易商向中國進口棉籽油的進貨、報關單據，其中最近的一次就是在10月16日，也就是大統公司遭大規模搜索的當天。檢方指出，目前該批棉籽油總計約1,013公噸，由於才剛到港，因此都還存放在臺中港貨櫃倉庫（註5）。

　　10月21日立法院社會福利及衛生環境委員會邀集衛生福利部、環保署、農委會、經濟部標檢局、司法院等單位進行食品安全等事件專案報告，多名立委質詢時，追問問題食用油品相關事項。衛生福利部表示：去年至今共進口報驗7,619公噸粗製棉籽油，近4成流向大統，另6成流向富味鄉公司（註5）。

　　大統公司沙茶醬遭爆料材料出包，彰化縣府衛生局10月25日派員前往工廠稽查，發現材料沒有效日期，業者無法交代貨源，勒令停產。縣衛生局人員進行抽驗、封存，並勒令停止生產，封存沙茶醬等4種品項（註7）。

　　10月25日彰化地檢署以大統公司負責人高振利涉嫌在橄欖油等48種油品內摻棉籽油、銅葉綠素販售，偽摻油品長達7年，惡性重大，不法所得高達新臺幣18億餘元，將高振利以違反《食品衛生管理法》、詐欺罪嫌等起訴，並請求從重量刑。18億元犯罪所得聲請

法院宣告沒收。同案被告大統公司調配室課長溫瑞彬、員工周昆明等二人，檢察官認為是受高振利的指示配調油品，為求生計，迫於無奈犯行，動機尚可憫恕，且配合全案偵查，因此建議法院從輕量刑（註7）。

10月26日衛福部、法務部等單位開會研商追繳違反《食品衛生管理法》之不法所得，初步結果富味鄉裁罰金額可達新臺幣4.6億元，大統長基18.5億元，可能還會再提高（註9）。

11月13日大統油品案首度開庭，遭檢方起訴的大統長基食品廠負責人高振利、調配科科長溫瑞彬、調配員周昆明等3名被告都出庭應訊。審判長吳俊螢首先詢問3人是否認罪，溫、周2人都認罪，但高振利只承認部分添加銅葉綠素，對於其他罪名則不認罪。法官最後裁定高振利以1,200萬元交保，限制住居，禁止出境出海（註10）。

12月16日大統長基公司黑心混油案一審宣判，大統董事長高振利被重判16年有期徒刑，調配室科長溫瑞彬及員工周昆明都被判刑2年10月，其中有1年的刑期可易科罰金，另外，溫、周二人也都被依宣告緩刑5年；至於大統長基公司也被判罰5千萬元罰金（註11）。

彰化地檢署收到彰化地方法院判決大統混油、詐欺案的判決文，認為高振利於偵訊中無視證據明確，仍矢口否認犯行，犯後態度不佳，犯罪危害社會程度極高，顯非一般犯行可比擬，認為法官判刑不符社會正義期待，在2014年01月14日提起上訴（註12）。

二審智慧財產法院在3月9日首度開庭審理大統油品不純案，在押的公司負責人高振利被提訊時，透過律師喊冤表示一審判刑16年太重，堅稱未觸犯詐欺罪及違反《食品衛生管理法》，僅坦承販賣虛偽標記商品，還反咬檢方恐嚇，請求法官從輕量刑（註13）。

4月3日臺灣消費者保護協會代替3千7百多名消費者，到彰化地方法院提起團體訴訟，對大統長基公司及負責人高振利求償約3.4億元。彰化地院發言人余仕明庭長說，案子已受理、分案審理（註14）。

　　大統長基公司油品不純案，彰化縣衛生局對該公司開立18.5億元罰鍰，遭衛生福利部訴願委員會撤銷。衛福部7月10日證實此消息，指彰化地方法院一審已判大統負責人高振利有期徒刑16年、罰金5千萬元，基於「一罪不兩罰」原則，因而撤銷行政罰鍰（註15）。

　　7月24日智財法院宣判：考量大統長基董事長高振利坦承部分犯行，已與部分盤商和解，賠償部分損害，才撤銷一審彰化地院依詐欺取財等罪判處16年徒刑、公司罰金5千萬元，改判12年徒刑、公司罰金3,800萬元確定。現被收押臺北看守所的高振利將入獄服刑。另調配室課長溫瑞彬（53歲）、調配員周昆明（37歲）共2年3月徒刑，其中9月可易科罰金，均緩刑5年也確定。至於大統賣油給台糖、福懋油脂等公司，詐欺取財的民事求償部分，則判決高振利等3人均連帶賠償台糖661萬餘元，賠償福懋3,830萬餘元；此部分均可上訴（註16）。

註　釋

註1：邱文秀、洪璧珍，衛生局：檢驗報告難判定不實，2013年10月22日，中國時報，取自網址：http://www.chinatimes.com/newspapers/20131022000375-260102

註2：吳哲豪，橄欖油疑不純，扣千瓶大統油品，2013年10月16日，中央通訊社，取自網址：http://www.cna.com.tw/news/firstnews/201310160054-1.aspx

註3：吳哲豪，混充廉價油，大統花生油在列，2013年10月17日，中央通訊社，取自網址：http://www.cna.com.tw/News/firstnews/201310170080-1.aspx

註4：郝雪卿、陳淑芬，學者：銅葉綠素不能添入食用油，2013年10月18日，中央通訊社，取自網址：http://www.cna.com.tw/news/firstnews/201310180025-1.aspx

註5：鄧惠珍、詹智淵，臺灣的太貴，大統從中國進口低價棉籽油混充，2013年10月20日，蘋果日報，，取自網址：http://www.appledaily.com.tw/realtimenews/article/new/20131020/277932/

註6：龍瑞雲，衛福部：6成棉籽油流向富味鄉，2013年10月21日，中央通訊社，取自網址：http://www.cna.com.tw/News/FirstNews/201310210014-1.aspx

註7：陳淑芬，大統沙茶醬爆出包，遭勒令停產，2013年10月25日，中央通訊社，取自網址：http://www.cna.com.tw/news/firstnews/201310250062-1.aspx

註8：陳淑芬，大統高振利，依詐欺等罪起訴，2013年10月25日，中央通訊社，取自網址：http://www.cna.com.tw/News/FirstNews/201310250051-1.aspx

註9：龍瑞雲，追大統富味鄉不法所得逾23億，2013年10月26日，中央通訊社，取自網址：http://www.cna.com.tw/news/firstnews/201310260037-1.aspx

註10：吳哲豪，1200萬交保，高振利快閃，2013年11月13日，中央通訊社，取自網址：http://www.cna.com.tw/news/firstnews/201311130035-1.aspx

註11：孫英哲、鄧惠珍，高振利重判16年，大統罰5千萬，2013年12

月16日，蘋果日報，取自網址：http://www.appledaily.com.tw/realtimenews/article/local/20131216/309781/

註12：詹智淵，高振利判16年太輕，彰化地檢要上訴，2014年01月14日，蘋果日報，取自網址：http://www.appledaily.com.tw/realtimenews/article/local/20140114/326105

註13：孫友廉，大統案求輕判，高振利反咬檢恐嚇，2014年03月11日，蘋果日報，取自網址：http://www.appledaily.com.tw/appledaily/article/headline/20140311/35692090/

註14：孫英哲，大統黑心油，3千人求償3.4億，2014年04月04日，蘋果日報，取自網址：http://www.appledaily.com.tw/appledaily/article/headline/20140404/35744951/

註15：邱俊吉，大統黑心油18.5億罰款，不用繳了！2014年07月10日，蘋果日報，取自網址：http://www.appledaily.com.tw/realtimenews/article/life/20140710/430895/

註16：孫友廉、游仁汶，黑心油害台，高振利判囚12年定讞，2014年07月24日，蘋果日報，取自網址：http://www.appledaily.com.tw/realtimenews/article/local/20140724/438638/

富味鄉油品中攙加「棉籽油」案

2013年10月16日大統長基公司生產的特級橄欖油遭檢舉不純，彰化地檢署今天會同彰化縣衛生局搜索，衛生局當場封存特級橄欖油等產品總計1,251瓶、2,490公升。彰化縣衛生局表示，取樣報告顯示，業者號稱產品為100%特級橄欖油，成分卻不是純的橄欖油，可能攙了其他的食用油（註1）。10月18日大統橄欖油被檢驗出含有銅葉綠素，毒物與食安專家表示，銅葉綠素雖是食用色素，但不能添

加在食油品內，長期食用會傷肝腎（註2）。

　　大統長基公司劣油案形成食用油危機，引起政府重視，10月21日立法院社會福利及衛生環境委員會邀集衛生福利部、環保署、農委會、經濟部標檢局、司法院等單位進行食品安全等事件專案報告，多名立委質詢時，追問問題食用油品相關事項。衛福部次長許銘能表示：進口棉籽油在國內有2家進口商，去年至今共進口報驗7,619公噸粗製棉籽油，近4成流向大統，另6成流向富味鄉公司（註3）。

　　10月23日富味鄉公司負責人陳文南向新北市衛生局坦承內銷系列產品中，有24項油品中攙加「棉籽油」，另有1件「調和花生油」產品添加花生香料未標示，10月23日衛生局對富味鄉公司裁罰800萬元。新北地檢署偵辦富味鄉公司涉嫌違反《食品衛生管理法》。公司負責人陳文南以標示不實罪及詐欺取財罪被移送。10月23日檢方在偵訊後，諭令陳文南以新臺幣250萬元交保（註4）。陳文南交保後向社會大眾道歉，但對先前公司幹部公然說謊否認內銷，他仍輕描淡寫說是內部同仁統整資料有誤，「是嚴重疏失而非惡意」。

　　10月24日彰化縣衛生局公布，大統沙拉油和調和油含棉籽油比率為4.3%到13%，富味鄉油品含棉籽油比率高達18.5%到28.7%，含量比大統高，亦即富味鄉比大統「混」得更兇（註5）！

　　10月25日衛生單位發現富味鄉公司進口的棉籽油，2年來有2,577公噸混入24項內銷油品中，已製成逾6千公噸產品流向下游共1,034家，遍及全臺20縣市盤商及餐廳小吃（註6）。

　　10月25日彰化縣衛生局查出富味鄉「高級黑麻油」、「特級黑麻油」、「頂級黑麻油」3個品項，標示為純黑麻油，卻攙入0.5%至37%不等的黃麻油混充，送食藥署檢驗（註7）。

10月26日衛福部、法務部等單位研商追繳違反《食品衛生管理法》之不法所得會議結束，會議初步結果富味鄉裁罰金額可達新臺幣4.6億元，大統長基18.5億元，可能還會再提高（註8）。

2014年9月30日一審彰化地院宣判，雖判處陳文南、陳瑞禮兄弟各1年4月徒刑，但緩刑2年，各罰2,500萬元，檢察官認為判決太輕，不服而上訴二審智財法院。

2015年6月30日二審智財法院宣判為：對於富味鄉公司違反《食品衛生管理法》第15條第7款的製造、販賣攙偽食品罪部分，一審雖判決科罰500萬元，但二審認為，富味鄉並未觸犯而改為不罰。而同案被告研發中心經理林瑞聰、資材課課長劉騏瑋、調油技術人員陳國華、洪銘昌，智財法院也駁回檢方上訴，仍認為林等4人均聽命行事，未參與商品行銷而不知情，維持無罪確定。

另有關富味鄉疑似使用棉籽油假冒大豆油，添加在24項調和芝麻香油系列產品，疑違反《食品衛生管理法》攙偽及《刑法》詐欺罪，經彰檢調查，認為調和系列油品符合安全、衛生規範，並無詐欺犯意，及故意虛偽標示的欺騙意圖，僅屬標示不清，已在2013年6月6日予以不起訴處分。

對於富味鄉食品公司販售純黑芝麻油，卻混攙低廉的黃麻油、特黑油，涉嫌觸犯《刑法》詐欺罪、販賣虛偽標記商品罪部分，一審判處富味鄉前董事長陳文南、前技術總監陳瑞禮兄弟各1年4月徒刑，緩刑2年，須繳交國庫2,500萬元。智財法院二審同日宣判，加重判處陳文南、陳瑞禮各1年10月，但可用66萬元易科罰金，緩刑4年，仍需繳交國庫2,500萬元定讞（註9）。

註 釋

註1：吳哲豪，橄欖油疑不純，扣千瓶大統油品，2013年10月16日，中央通訊社，取自網址：http://www.cna.com.tw/news/firstnews/201310160054-1.aspx

註2：郝雪卿、陳淑芬，學者：銅葉綠素不能添入食用油，2013年10月18日，中央通訊社，取自網址：http://www.cna.com.tw/news/firstnews/201310180025-1.aspx

註3：龍瑞雲，衛福部：6成棉籽油流向富味鄉，2013年10月21日，中央通訊社，取自網址：http://www.cna.com.tw/News/FirstNews/201310210014-1.aspx

註4：王朝鈺，富味鄉負責人，250萬交保，2013年10月24日，中央通訊社，取自網址：http://www.cna.com.tw/News/FirstNews/201310240037-1.aspx

註5：富味鄉，比大統黑心，2013年10月25日，蘋果日報，取自網址：http://www.appledaily.com.tw/appledaily/article/headline/20131025/35390320/%E5%AF%8C%E5%91%B3%E9%84%89%E6%AF%94%E5%A4%A7%E7%B5%B1%E9%BB%91%E5%BF%83

註6：富味鄉，24產品摻棉籽油，2013年10月25日，蘋果日報，取自網址：http://www.appledaily.com.tw/appledaily/article/headline/20131025/35390324/%E5%AF%8C%E5%91%B3%E9%84%8924%E7%94%A2%E5%93%81%E6%91%BB%E6%A3%89%E7%B1%BD%E6%B2%B9

註7：陳淑芬，富味鄉不實，再追3款黑麻油，2013年10月25日，中央通訊社，取自網址：http://www.cna.com.tw/News/FirstNews/201310250032-1.aspx

註8：龍瑞雲，追大統富味鄉不法所得逾23億，2013年10月26
　　　日，中央通訊社，取自網址：http://www.cna.com.tw/news/
　　　firstnews/201310260037-1.aspx

註9：孫友廉，富味鄉賣混油，前董座兄弟判1年10月確定，2015年
　　　06月30日，蘋果日報，取自網址：http://www.appledaily.com.tw/
　　　realtimenews/article/new/20150630/638049/

毒豆乾個案

　　2014年12月5日香港食物安全中心以書面公布，指自臺灣進口的德昌食品黑胡椒豆乾中，驗出禁用染色料二甲基黃，呼籲消費者停止食用，問題產品則下架。二甲基黃可能讓實驗動物罹癌。食品藥物管理署（以下簡稱食藥署）代署長姜郁美指出，臺灣並未核准二甲基黃添加在食品中，違者可依《食品安全衛生管理法》第15條開罰6萬至5,000萬元，且產品必須立即下架銷毀，國外退運的「問題豆乾」也不准進口，須銷毀（註1）。

　　國人食用量甚大的日常食品「豆乾」，竟然會發生業者將禁用且可能讓實驗動物罹癌的染色料二甲基黃用於生產豆乾，引起衛生福利部的重視，為了保障國人的食品安全，食藥署及各縣市衛生局立即進行稽查業者的違法使用情形。

　　12月7日臺中市衛生局會同食藥署中區管理中心人員前往德昌食品公司進行稽查，與香港同批號的「黑胡椒豆干」所使用食品原料及添加物13件、成品1件送食藥署檢驗，結果預計1週後公布（註2）。

　　12月10日食藥署往上游追查發現，德昌所用來做豆乾的油皮來

自彰化縣久元企業社。同日彰化縣衛生局前往久元企業社採取乳化劑與豆乾原料油皮以最速件化驗，果然驗出致癌物二甲基黃，共封存155公斤含二甲基黃的乳化劑與1,300公斤油皮。即通報彰化地檢署偵辦，查到乳化劑來自南市安平區的芊鑫實業社（註3）。

12月10日臺中市衛生局隨機抽驗市場五件豆乾產品，有3件檢出二甲基黃，包括品香世家黑胡椒豆乾〔雲林縣黃大目食料品（股）公司〕、大溪豆乾—大沙茶（新北市寶鴻企業有限公司）、裕香豆乾—辣味口味（彰化縣裕香食品股份有限公司），已通知所轄縣市後續追蹤（註4）。

12月13日彰化地檢署檢察官吳怡盈聲請搜索票獲准後，同日與南檢會同彰化縣衛生局、臺南市衛生局、臺中市衛生局、法務部調查局彰化縣調查站、彰化縣員林警分局等單位，分別前往臺南市安平區、彰化縣二林鎮及臺中市沙鹿區等地搜索。檢方認為2人供詞避重就輕，是卸責之詞，訊後將2人依違反《食品安全衛生管理法》及《刑法》之詐欺取財罪，且有勾串共犯及證人之虞，向彰化地院聲請羈押禁見獲准，並進一步擴大偵辦（註5）。

12月16日臺中市衛生局公布德昌產品檢驗結果，發現是使用摻有二甲基黃的「油片」肇禍，除了黑胡椒口味，新增四種口味，包括素食香菇、魯肉風味、牛肉風味和沙茶口味豆乾都有使用到，現場封存近2萬8千包、共近4,000公斤，並要求業者立刻下架回收。臺中市有2家盤商松順行、宏奇商行也向臺南芊鑫購買豆製品乳化劑，臺中市衛生局在12月16日前往稽查，封存松順行現場存貨11箱（20公斤裝），宏奇則無存貨，持續追查下游流向（註4）。

12月16日食藥署代署長姜郁美表示，經查德昌豆乾的半成品「油皮」係向彰化縣久元企業社購買，久元企業社使用黃豆、沙拉

油、硫酸鈣、芊鑫豆製品乳化劑製造，除供應下游「德昌食品有限公司」外，尚提供「天素食品有限公司」、「得意中華食品有限公司」、「裕香食品股份有限公司」。

同日食藥署代署長姜郁美再說明，芊鑫直至12月12日下午3點才通報臺南市政府衛生局坦承使用「油脂黃粉」，經食藥署檢驗「油脂黃粉」、「芊鑫豆製品乳化劑」均檢出含有二甲基黃。此「油脂黃粉」是由臺南市「榮美有限公司」向臺北市「敦輝實業股份有限公司」購買。臺南市政府衛生局已要求芊鑫實業社停止作業及販賣，並命其通知下游11家廠商在12月17日午夜12點前，停止使用「芊鑫豆製品乳化劑」相關產品（註6）。

12月16日德昌食品總經理楊長杰下午3點半在公司召開記者會，表示這次遭驗出「二甲基黃」產品，都是向上游廠商久元企業社外購生胚豆乾，12月15日晚上接到衛生局告知3項產品有問題，已通知量販店、超市、經銷商在今天完成下架（註7）。

12月17日彰化檢方偵辦豆乾含二甲基黃案，首度提訊在押的盧天榮、盧嘉芊父子，兩人均否認檢方的指控，還辯稱是上游化工廠就已添加，訊後均還押看守所。檢方表示，盧嘉芊以及盧天榮父子都具有化工背景，而盧天榮從事相關食品添加物工作的時間較久，且芊鑫實業社屬於家庭式的工廠，由盧天榮父子經營，兒子主要負責行政上的工作，二甲基黃應是出自父親的主意（註8）。

12月17日衛福部公告各縣市衛生局已回報清單，共23家下游廠商、生產出73項豆製品，除了豆干、豆皮、素肉片（素豆干），甚至連油豆腐、板豆腐都染「毒」。食藥署今公布新增廠商名單，都在臺中市，包括唯新、天素、太珍香、三嘉馨、一品香、久品香、大由、四乘六、長松、久大、日紳、王光弘、裕德行（營業登記為

禾達昇行）等13家（註9）。

12月17日食藥署發布新聞：食藥署及各縣市衛生局追查下游產品流向及下架情形，依據各縣市衛生局回報結果，截至2014年12月17日上午10時止，總計出動54人次，稽查155家次（含販售商、經銷商、大賣場、超市、便利商店、食品製造加工業），將使用二甲基黃之問題產品下架、回收2,311公斤。另外臺南市衛生局回報芊鑫實業社下游業者更新為禾成行、林三奇、方大、國哲行、松順行、陳宛蔚、國全行、瑋順行、正欣食品行、萬信公司、宏奇行及永順行等12家公司行號（註10）。

12月19日彰化衛生局食品衛生科科長林毓芬表示，維力從今年3月至7月向裕香買進滷製油皮，大部分泡麵已被消費者吃下肚，衛生局現場封存炸醬麵1,334包與炸醬麵半成品油包3千多公斤外，並要求業者下架回收。另裕香的產品還賣到雙北、桃園、臺中、臺南及高雄等16個縣市共67家業者，也通知各地衛生局督導下架回收（註11）。

12月30日彰化地檢署將本案偵辦終結，對芊鑫實業社負責人盧天榮及其兒子盧嘉芊因違法《食品安全衛生管理法》予以起訴，父子兩人均否認犯行，分別被具體求刑20年、18年。從案發至今到起訴僅短短17天。檢方調查發現，芊鑫2008年底至2014年12月為止，在生產乳化劑的過程中，加入違法的油溶性二甲基黃、二乙基黃，及無食品添加物許可證的硫酸和S2界面活性劑，非法獲利所得共2,520萬元（註12）。

2015年7月30日彰化地院審理本案終結宣判，芊鑫實業社父子檔涉案人分別違反《食品安全衛生管理法》和詐欺取財罪，兒子盧嘉芊被判9年有期徒刑，父親盧天榮7年有期徒刑，兩人各被科以1,500

萬罰金（註13）。

註　釋

註1：謝文華、黃邦平、俞泊霖，又爆食安問題，德昌豆乾含禁用染料被港下架，2014年12月7日，自由時報，取自網址：http://news.ltn.com.tw/news/life/paper/836861

註2：蘇金鳳，德昌食品「黑胡椒豆干」送驗，一週後公布，2014年12月7日，自由時報，取自網址：http://news.ltn.com.tw/news/life/breakingnews/1175927

註3：吳為恭，德昌豆乾含違法染劑，原料油皮來自久元企業社，2014年12月16日，自由時報，取自網址：http://news.ltn.com.tw/news/life/breakingnews/1182650

註4：蔡淑媛，使用二甲基黃油 德昌5種口味豆乾全下架，2014年12月16日，自由時報，取自網址：http://news.ltn.com.tw/news/life/breakingnews/1182898

註5：湯世名、吳為恭，彰檢查芊鑫實業社，業者早被收押今才曝光，自由時報，取自網址：http://news.ltn.com.tw/news/society/breakingnews/1182782

註6：謝文華，德昌黃大目等4家豆乾驗出恐致癌二甲基黃，2014年12月16日，自由時報，取自網址：http://news.ltn.com.tw/news/life/breakingnews/1182633

註7：俞泊霖，豆乾驗出二甲基黃，德昌發聲明致歉，2014年12月16日，自由時報，取自網址：http://news.ltn.com.tw/news/life/breakingnews/1182930

註8：顏宏駿、湯世名，查乳化劑加二甲基黃 盧天榮父子提訊後還

押，2014年12月17日，自由時報，取自網址：http://news.ltn.com.tw/news/society/breakingnews/1183828

註9：謝文華，毒豆干事件延燒 油豆腐板豆腐都中招，2014年12月18日，自由時報，取自網址：http://news.ltn.com.tw/news/life/breakingnews/1184452

註10：食品藥物管理署，「違法使用二甲基黃事件」豆乾案查處說明，103年衛生福利部新聞，取自網址：http://www.mohw.gov.tw/news/498347777

註11：詹智淵、孫英哲，維力炸醬麵染毒下架，2014年12月19日，蘋果日報，取自網址：http://www.appledaily.com.tw/appledaily/article/headline/20141219/36276324/

註12：顏宏駿，毒豆干案爆發17天 彰檢火速偵結起訴，2014年12月30日，自由時報，取自網址：http://news.ltn.com.tw/news/society/breakingnews/1193187

註13：顏宏駿，毒豆干案宣判 芊鑫兒子9年父7年，2015年7月30日，自由時報，取自網址：http://news.ltn.com.tw/news/life/breakingnews/1395732

黑心海帶個案

2015年3月，食藥署清查全臺化工行產品流向，意外發現高雄和臺中的海帶業者，向屏東化工行購買工業級「碳酸氫銨」來洗滌、浸泡海帶，若長期食用將導致慢性中毒，致使造血功能異常，為重大食安問題，食藥署即將相關資料通知當地衛生局進行調查（註1）。

3月18日高雄地檢署指揮鳳山警分局偵查隊會同高雄市衛生局稽查人員，查獲潘姓夫婦在鳳山區住處以工業用「碳酸氫銨」浸泡海帶出售，偵訊後認定兩人涉嫌在海帶製作過程中添加未經許可之工業級添加物，已違反《食品安全衛生管理法》。調查發現，潘姓夫婦在鳳山區及大樹區從事海帶加工及販售長達10年，兩人先將海帶原料物浸泡在添加工業級「銨明礬」（硫酸鋁銨）等溶液中至變硬後，撈起再泡進添加工業級「碳酸氫銨」及重鹼之溶液中，加速軟化海帶產品，變軟後裝箱販售，各項海帶產品（海帶結、海帶捲、海絨等）流入高雄市左營區、鳳山區、大社區之傳統市場等共49個攤商（註2）。

潘姓食品業者把工業用的「碳酸氫胺」加入海帶產品，潘姓業者每月出貨量高達36公噸，10年來至少已有4,000噸黑心海帶流入市面，恐被消費者吃下肚。雄檢表示，工業用的「碳酸氫胺」通常是用來洗滌、軟化皮革用，但潘姓業者為了節省成本，竟把「碳酸氫胺」泡水加入海帶產品內，民眾吃下肚後，不但恐造成肝、腎負擔，甚至會造成新陳代謝變差，對人體健康有極大的影響。

雄檢在高雄鳳山查獲的黑心海帶業者並非單一個案，檢方比對化工材料行出貨名單，發現臺中、屏東兩地都有海帶業者也是使用同一種工業用的「碳酸氫胺」製作海帶產品，目前雄檢已通報臺中、屏東兩地衛生單位進行稽查（註3）。

3月24日臺中市衛生局調查黑心海帶案，臺中市豐原區昇樺商行向屏東達鑫化工購買工業用「碳酸氫銨」與「碳酸氫鈉（小蘇打）」2,250公斤，兩年半來製作海帶產品近13萬公斤，全被吃下肚，違法使用工業添加物將依《食品安全衛生管理法》處以7年以下有期徒刑，得併科8,000萬元以下罰金，已移送地檢署調查（註4）。

3月25日食藥署南區管理中心代理主任劉芳銘表示，臺中昇華商行2012年9月至2014年到1月間，共買2,250公斤碳酸氫銨及碳酸氫鈉，用於海帶浸泡，海帶產品販售臺中、豐原的東興市場、上景興市場、十甲市場及豐原果菜市場等，經達鑫2月3日告知不得使用，才停止使用。

　　屏東縣古姓業者自去年1月到11月購入碳酸氫銨4,700公斤，業者坦承用於泡製海帶，共製成約5,640公斤海帶販售至傳統市場；代主任劉芳銘說，因海帶產品保存期限僅2、3天，業者的黑心海帶已全數銷售，現場無相關產品，「沒產品還是要罰！」屏東縣衛生局已將古姓業者移送檢調。

　　林口長庚醫院臨床毒物科主任顏宗海表示，食用級跟工業級最大差別在於製程衛生管控、內容物不純，擔心工業級添加物遭鉛、銅、砷等重金屬汙染，恐導致神經毒性、傷肝傷腎，甚至有致癌疑慮（註5）。

　　7月15日中檢查出臺中市昇樺商行古昇翰從2012年9月至2015年1月止，購入這些化工原料浸泡，以不中斷日產200公斤計算，民眾已吃下約18萬公斤，獲利約360萬元，中檢依違反《食品安全衛生管理法》起訴。檢察官查出業者日產最高約200公斤，每日營業額最高約4,000元，粗估已生產18萬公斤，讓民眾吃下肚，獲利最高約360萬元（註6）。

　　高雄地檢署在9月1日偵結經營海帶食品加工的潘桂連、陳來滿夫妻涉嫌違法加入工業級添加物長達13年，數量高達300多萬公斤，依違反《食品安全衛生管理法》起訴，因已有無數人吃下肚，檢方以被告貪圖不法利益，視國人健康如無物，特向法官求處重刑。檢方和衛生局估計，黑心海帶每日銷量約1,000台斤，直到2015年3月18

日查獲，不料，19日2人交保後又將部分產品賣出，不法所得約8千8
百多萬至1億5千5百多萬元（註7）。

註 釋

註1：許淑惠，13萬公斤黑心海帶全下肚，1業者起訴，2015年07
月15日，蘋果日報，取自網址：http://www.appledaily.com.tw/
realtimenews/article/new/20150715/648229/

註2：曹明正，高雄查獲黑心海帶 竟含工業用碳酸氫銨，2015年3月
23日，中國時報，取自網址：http://www.chinatimes.com/realtim
enews/20150323003485-260405

註3：黃佳琳，雄檢破獲黑心海帶、4000噸毒海帶已入肚，2015年
3月23日，自由時報，取自網址：http://news.ltn.com.tw/news/
society/breakingnews/1265633

註4：蔡淑媛，台中也查獲黑心海帶，13萬公斤全都吃下肚，2015年
3月24日，自由時報，取自網址：http://news.ltn.com.tw/news/
life/breakingnews/1266794

註5：林宜慧、林欣儀、林志成，黑心海帶擴及台中屏東賣光光，
2015年3月25日，中國時報，取自網址：http://www.chinatimes.
com/newspapers/20150325000354-260102

註6：楊政郡，賣18萬公斤黑心海帶 昇樺古姓業者起訴，2015年7月
15日，自由時報，取自網址：http://news.ltn.com.tw/news/life/
breakingnews/1379880

註7：黃良傑，高雄黑心海帶商 檢方起訴並求處重刑，2015年9月1
日，自由時報，取自網址：http://news.ltn.com.tw/news/society/
breakingnews/1430407

Chapter **4**

環境倫理

學習目標

——研讀本章內容之後，學習者應能達成下列目標：

1. 了解環境保護對人類經濟活動的影響。
2. 了解企業環境倫理的意涵。
3. 了解企業如何因應環保的潮流。
4. 了解企業對環境保護應有的態度。
5. 了解企業應該如何推動落實其環保倫理。
6. 了解環境倫理的根本哲學，人類與大自然的關係。

摘　要

由於近年來生活環境的急遽惡化，使得環保議題成為全球關注的問題。雖然環境的破壞，不全然是因企業的活動所造成，但由於企業擁有資源、資金，以及相關的技術，且隨著國際社會、政府、一般社會大眾對於環境保護的期許，環境保護已經成為企業最重要的社會責任之一。

在一片環境保護的聲浪中，企業亦展開了一系列自發性的綠色管理活動，包括：綠色經營策略、環保的企業倫理、以及綠色相關事業的拓展等。

雖然在眾多壓力下，促使企業必須回應社會大眾環保的要求，但企業建立自己的環保倫理，應該才是落實環境保護工作的根本。從道德的觀點來看，企業不論是基於自利或是利人的動機，環保都是符合道德標準，也符合企業長期利益的行為。因此，現代的企業必須揚棄過去對於環境漠不關心的態度，以較積極的行動，落實環境保護、永續經營的理念，才能贏得企業存在的正當性。另一方面，環境倫理是動態的，當人類對於大自然的善意仍然不足時，環境的反撲會促使人類採行更高標準的環境倫理，而此一趨勢應該是可以預期。

01 環境倫理的意涵

一、前言

　　近年來，世界上的天災不斷，包括2016年夏天，世界各地紛紛傳出創紀錄的高溫，雖然科學的昌明及生產技術的進步，但是在不同的地區裡，人類生命財產依然飽受大自然的威脅，這些現象的發生，雖然各有其不同的原因，但是卻也反映出人類與大自然的對立與衝突。

　　隨著人類由農業文明步入工業文明，拜各種科技之賜，人類能力獲得了前所未有的膨脹，能力的累積，不僅在科技發展上一日千里，在經濟活動上也透過企業組織、資本與技術的結合，更創造了前所未有的物質生活條件。但是對於從未擁有如此巨大能力的人類，心態上也從農業社會中「敬天」、「畏天」之對於大自然的謙卑，轉變成「人定勝天」的自信與自大，激化了人類與其生存環境的衝突。一百多年來，科技文明短暫控制、壓抑了自然界的法則，創造了豐富的物質，然而環境的破壞，卻也使得人類付出生活條件比從前更為艱困的代價。

　　更嚴重的是，人類與其環境是互動的，對於大自然的侵擾，終將引發大自然反撲。另一方面，隨著人類對於科技能力掌控的逐漸成熟，加強了人類對大自然環境責任的認知。從1970年起，環保意識逐漸萌芽並且掀起了一波波環保浪潮，各種訴求的環保團體（如：溫室效應、保護臭氧層、空氣汙染、水汙染、固體廢棄物汙染、化學殺蟲

劑汙染、噪音汙染、反核能、酸雨、野生動物之保護、雨林之濫墾、水資源枯竭等）應運而生，不僅喚起了全球人民對於環保議題的重視，也經由各團體間的彼此串聯與運作，在社會、政治，乃至於國際經濟活動上，形成了各種自律與規範，在「我們只有一個地球」的共識下，其影響力遍及全地球村的每一個角落，隨著生活環境的惡化、天災人禍的不斷，此一環保浪潮的正當性與共識亦將有增無減。

二、企業環境倫理的意涵

　　企業組織是21世紀人類經濟活動的核心，經由企業組織結合了資金、技術、人力，以追求利潤為目標的運作方式，不僅有效提高生產效率，滿足人類物質的需求，更加速了資本的累積與技術的提升。但由於企業擁有龐大的資源，以及其追求利潤的運作機制，在這兩者的結合互動中，基本上並未納入對其生存環境的關懷。然而，在滿足需求、創造利潤的過程中，企業有效率的運作，卻又是對於生態環境最大的戕害來源。以對森林資源的破壞為例，在農業社會時代裡，以個人有限的體力、簡單的伐木工具以及運輸設備，對於森林資源破壞的程度，仍在自然界可自行復育的範圍內，但是企業組織結合了資本與技術，在自動化機具大量使用下，即對森林資源造成了極嚴重的破壞，在過度開發下，目前全球的森林面積，正以每秒鐘一個足球場的速度消失當中（註1），可以看出經濟發展對於自然界危害的程度。

　　隨著環保意識的覺醒，在社會對環保議題的關切提高，政府部門乃至於國際社會開始以各種規範手段，干預經濟活動對於自然生態的破壞之際，身為社會一分子的企業組織，對於環保議題似仍以消極的心態來回應，但隨著這些利益關係群體環保意識高漲，在群體活動環環相扣的系絡下，今後企業將很難忽略此一日益壯大的聲浪，而置身於環保活動之外。也因此，如何在原有的企業運作機制中，加入對於環境保護的關懷；如何省思企業與環境的關係，將是現代企業經營管

理上的重要議題。然而，由於企業營利的特質，與股東、社會大眾、員工、經濟發展等議題的息息相關，在多重不同利益的衝突下，企業應該建立何種環境保護的思維與價值體系，重新界定企業與環境的關係，則是企業環保倫理的主要內涵。

三、環境保護對企業經營的衝擊

在自由經濟體系中，以市場供需法則決定經濟活動內容以及資源的分配，在此一機制下，企業之目的在於滿足個人的需求，追求利潤最大化與財富累積，但也因個人物質需求的無窮，往往形成資源的過度開採或濫用。隨著環保意識的興起，此一「追求利潤最大化」之傳統運作模式，也招致相當大的質疑。環保議題對企業的影響日益深遠，其壓力主要來自於以下四個來源：

（一）社會大眾對企業社會責任的要求提高

首先，隨著物質生活的改善，對於企業的期望，已經逐漸從創造就業機會、帶動經濟成長等消極性的層面，轉變成善盡社會責任、改善生活品質等積極性的層面。過去為了經濟發展，創造就業機會而默許、甚至於鼓勵企業漠視環保責任的思維已經有所改變，在現今一般社會大眾的觀點中，已經無法容忍企業追求利潤最大化，或以經濟發展為由，而任意逃避其對於環境保護的責任。

社會大眾對於環境議題的重視，除了反映在各種型態之環保聯盟（或政黨）的成立外（例如：臺灣綠黨、台灣環境保護聯盟、主婦聯盟、臺灣綠色和平組織、新環境基金會，以及其他地方性或以特定議題為訴求的聯盟等），對於企業的商業活動，也抱持積極的監督干預態度，先不論這些聯盟或活動的訴求內容是否合理，在傳播媒體的推波助瀾下，對於企業的經營已經造成一定程度的壓力。另外，社會大眾環保意識的覺醒，亦反映於消費行為方面，包括：反對過度包裝產

品、反對使用不符環保標準的質材，以及再生產品的選購等，使得綠色行銷（green marketing）成為企業熱門的議題。

（二）政府對於環境保護的積極規範

就國家政府的立場來看，經濟發展固然重要，但經濟活動外的其他議題（生活品質、環境保護等）亦有其必要性，在資源有限的情形下，經濟活動亦必須與其他衝突議題（汙染、資源過度開發、生態保育等）取得一個可以接受的平衡點。過去四十多年來，隨著經濟的起飛，臺灣逐漸脫離物資缺乏、生活貧困的年代，而走上平均年所得兩萬美元以上的富裕國家之列，但是相對的，我們亦付出了相當大的代價，包括：河川、土地、空氣的汙染，土地資源的過度開發、生活品質（噪音、交通、疾病等）的下降等。雖然，現今的臺灣在物質生活上已達前所未有的富裕，但自問生活環境卻較過去艱困。

臺灣地小人稠，為了物質生活的維持與提升，經濟活動就必須維持持續成長，但這亦使得環境負荷相對加重。在另一方面，21世紀我國人口呈現高齡化現象，在人口結構中，集中於都會地區及地方城鎮之人口，仍有持續增加之趨勢，隨著國民所得提高與工作條件的改善，家庭之消費型態亦有所改變，國民對休閒活動的需求亦將增加，這些都將使得全民對於物質以外的生活環境更加注重，經濟活動與環境保護的衝突亦更加明顯。而這些衝突都使得政府必須提出明確的環境保護計畫，對於經濟活動的內容、產業結構的調整（促進產業升級、產業結構朝向低耗能、高科技或高附加價值發展之傾向）、自然生態的保育等議題，作更明確的目標與手段宣示。

事實上，由環保署所草擬的《國家環境保護計畫》草案，已經送行政院核定推動實施，該計畫希望達到以下之總目標：

1. 防制公害，增進國民健康；營造寧適有內涵之環境，提升生活環境品質；

2. 保育環境資源，追求永續發展；

3. 積極參與全球環境保護事務及配合執行。

根據該計畫的內容，各期程目標為：

近程：建立安全與健康之生活環境；

中程：建立寧適和諧有內涵之環境；

長程：建立高品質安和樂利之環境。

在計畫中對於環境汙染、環境品質、環境管理等重大議題，都分別建立了不同的階段性目標，經由命令管制工具（訂定標準、核發許可證、偵測汙染源遵守規定之情況、對違規汙染源採取適當之懲處行動）、環保經濟工具（收費／稅、押金、可交易之許可證與配額、財務誘因、企業責任、公共投資及環保標章等）、社會工具（教育、溝通宣導等）等手段，來規範經濟活動對於環境的過度侵擾。從這些措施也可以看出，政府對於經濟活動對環境影響的立場，已經從過去的消極放任，轉而主動積極，這些措施勢必對於企業的營運活動造成相當影響。

（三）國際社會對環保的自律與規範

1. 國際規範對我國的衝擊

除了政府對於環境保護的態度轉趨積極外，基於同一地球村的理念，有些環保議題並非單一國度或地區的問題，而是屬於全球性的議題。其中，在二氧化碳排放所造成的溫室效應、臭氧層的破壞，廢氣排放所造成的酸雨，以及熱帶雨林的過度砍伐等問題上，全球居民可說已經形成「命運共同體」，也因此自1970年代以後，一些涵蓋各種議題跨國性之自律或強制性的公約也紛紛簽訂，其中較重要的包括：

(1)《華盛頓公約》：保育瀕臨絕種野生動植物的國際貿易公約，管制約3萬9千種瀕臨絕種之野生動植物的國際貿易。

(2)《蒙特婁議定書》：規範含破壞臭氧層化學物質的生產及消

費。

(3)《巴賽爾公約》：管制有害廢棄物越境移轉及處理，規定自1997年之後，經濟合作發展組織（OECD）國家回收用途有害廢棄物出口至非OECD國家，而有害廢棄物質之移轉將依「事前告知後同意程序」進行。

(4)《威靈頓公約》：限制在南太平洋區域內使用流刺網捕魚。

(5)《氣候變化綱要公約》（即《京都議定書》）：防止溫室效應造成全球暖化現象持續惡化。

(6)《生物多樣化公約》：保育及保護生物的多樣性、永續利用各種生物種類及公平分享使用基因資源的利益。

(7)《奧斯陸議定書》：減少硫化物排放，防制酸雨的形成。

(8)《國際熱帶原木協定》：主要目的在保育各類森林資源的過度砍伐。

(9)自發性的環境管理方案（如：ISO 14000環境管理系統認證、船舶航運的ISM規範等）。

(10)《約翰尼斯堡永續發展宣言》：針對水資源、能源、健康、消滅貧窮、農業資源、生物多樣性、如何於全球化趨勢下推動永續發展等議題，提出原則性的建議與共識。

此外，經由環境保護所引發出來的各種社經發展、貿易等議題，亦都在各國際組織（聯合國、WTO等）廣泛的討論中。綜合環保、貿易以及政治等方面的議題，以貿易為手段，規範貿易出口國或單一廠商須符合一定的環保標準。目前較主要綠色貿易機制，包括國際環境管理標準規範（ISO 14000）、環保標章制度（ecolabel）、政府綠色採購法案（green procurement）、溫室氣體管制規定等綠色貿易機制構想亦逐漸浮現。目前雖然國際貿易日趨自由化，但另一方面在相關環保協議尚未議定之際，大多數先進國家或區域性經濟體（如歐盟、北美自由貿易區等），都默許因環境保護所形成之非技術性貿易障礙，在

貿易自由化的過程中，綠色貿易最有可能成為各國管控經貿活動之門檻。

由於環境保護問題會跨越國境互相影響，本質上環保原就無法以國界為區分，雖然由於世界各國在經濟發展程度不同、社會經濟文化型態上的差異、政治立場上的分歧，而使得環保議題的共識不易完全形成或落實。但是身為地球村的一員，雖然因政治因素無法正式參加國際環保協定與組織，但是從國家長遠發展的角度來看，亦無法抱持得過且過、置身事外的心態，除了必須主動遵守國際共通之規範外，亦須積極參與各項國際活動，以廣泛蒐集資訊、發展相關技術。尤其近年來，環保與國際貿易的關聯日益密切，這一趨勢對於高度依賴外貿的我國而言，採行自我孤立的策略，不僅在客觀條件上不可能，從經濟發展的觀點，也不符合我們的利益。

2. 國際規範對企業的衝擊

由於環保與政治、貿易等議題的糾纏，對於個別的企業而言，未能符合國際環保標準或是違反環保規約，即可能導致經濟上的立即損失。例如：過去犀牛角及其他保育類野生動物的販售，不僅造成部分海外環保聯盟對於臺灣出口商品發動抵制，也使得我國國際形象受到一定程度的損害。

在我國目前的產業結構下，現有的國際規約確實對於企業造成一定程度的衝擊，例如，ISO 14000標準的推動，其目的是希望全世界各貿易國，經由建立相同的環保、環境管理等標準，進而建立公平的競爭環境，但對我國的部分廠商而言，必然形成相當大的壓力。同樣的，《京都議定書》中對於各國二氧化碳排放量的成長設限乃至於減量，不論其是否公平合理，在綠色貿易機制下，對我國的鋼鐵、水泥等產業，也都帶來相當程度的影響。

（四）企業經營者的自覺

　　除了來自於外部的壓力之外，部分企業經營者從倫理道德、社會責任的觀點出發，在破除了獲利與環保衝突的迷思後，亦主動帶領企業投入環保活動。消極方面，包括對於汙染防制設備的投資、高汙染生產設備的汰換；更積極者甚至於形成環保中衛體系，以自身為核心，推動協力廠商對於環境保護的重視，這些業界自發性的活動，對於產業環保氣候的形成，同業的環保規範，亦都有相當程度的影響，而事實上這也正是企業倫理中最重要的一環。

　　在現今環保意識高漲的環境中，不論是國家或是單一企業，都很難抵擋這一股浪潮。無可諱言，在眾多的企業倫理議題中，環保議題可以說是實踐成本最高、爭議最大，卻也最無法落實的議題。在全民認定環保是最重要之企業責任的前提下（註2），企業經營者不論其意願與動機，都無法自外於此一潮流中。然而，在短期利益與環境保護嚴重衝突的情況下，21世紀的企業經營者，究竟應該以何種心態面對環保議題？應該建立何種環境倫理道德觀？將是企業與環境能否互利共生、永續發展的關鍵。

02 企業所面臨的環境議題

一、全球性的環保議題

　　隨著全球人口的增加，經濟活動的規模也隨之擴張，而經濟活動的增長，除了形成對於自然資源的加速耗用之外，工業活動所產生的廢棄物排放，造成了對於環境的汙染，以及加重環境的負擔。根據專家學者的估計，地球環境所能夠承載人口的最高極限為100億，隨著人口增加所必須從事的經濟活動，將快速破壞生態環境，影響食物供應及嚴重影響汙染生活環境，而若以目前全球人口增加的速度來預估，此一極限在下一世紀即將到來。為了避免此一極限的發生，就環境保護的立場來看，人類在環保活動上，至少有兩個重要議題：環境汙染的控制，以及自然資源耗用的減量，惟目前這兩個議題不僅未見改善，而且仍都在持續惡化之中。

（一）環境汙染

1.臭氧層的破壞

　　臭氧層存在於離地約20～30公里的大氣中，由於其具有吸收太陽光中大部分的紫外線，以屏蔽地球表面生物不受紫外線侵害的功能，對於人類生存環境極為重要。自1970年代以來，科學家的觀測發現，位於南北兩極上空的臭氧層有出現破洞現象，剛開始之時，此一破洞時有時無，然而近來發現破壞現象日益明顯，而且已有擴大的趨勢。由於臭氧層屏障人類的重要功能，此一保護層減弱，將無法遏阻紫外

線對生物的傷害。其中，根據環保署的資料（註3），較直接而明顯的傷害包括：

(1)強烈的紫外線會破壞葉綠素、妨礙植物成長，甚至造成遺傳因子突變，果實產量驟減，植物受損，農作物減產。

(2)海中的生物及蝦、蟹無法抵擋強烈的紫外線而死亡，魚類會因缺少這些賴以為生的食物而無法生存，生態系統的平衡將因而破壞。

(3)哺乳類動物在強烈紫外線照射過度下，造成皮膚癌及白內障的罹患率增加，以及免疫系統受抑制。

(4)臭氧層遭破壞會使氣候變暖，加強溫室效應，間接促使海平面上升。

臭氧層危機最大的原因在於，冷氣、冰箱等家電用品、電子零件、清潔用噴霧劑、汽車冷媒、塑膠發泡劑等工業，大量使用氟氯碳化物（簡稱CFCs），導致天空中的CFCs等物質增加，經陽光分解而放出氯氣，與平流層中的臭氧產生化學反應，進而破壞高空中的臭氧。

由於CFCs等物質排出後，留在大氣層的時間極長（約可達75至130年），因此，其後遺症也將延續影響人類二至三個世代。雖然目前已經有《蒙特婁議定書》，對於含破壞臭氧層化學物質的生產及消費進行規範，CFCs等物質的排放量仍以5%至10%的年成長率在增加之中，據估計已經造成2.5%臭氧的破壞，此一速度超乎原先的預估。

2. 酸雨的問題

酸雨的形成導因於人類大量使用煤、石油等化石燃料，燃燒後產生的硫氧化物（SOx）或氮氧化物（NOx），在大氣中經過複雜的化學反應，形成硫酸或硝酸氣懸膠，當其為雨水或雪水所吸收時，由於硫化物的分解，造成雨水的酸鹼值呈酸性反應，降到地面成為酸雨。一般雨水原本即呈微酸性，但是酸雨其酸性則達一般雨水的10倍以上。根據環保署的宣導資料，酸雨對生態的危害包括：

(1)酸雨會使存在於土壤、岩石中的金屬元素溶解，流入河川或湖

泊，使得魚類大量死亡，並使水生植物及引水灌溉的農作物，累積有毒金屬，將會經過食物鏈進入人體，影響人類的健康。

(2)酸雨會影響農林作物葉部的新陳代謝，同時土壤中的金屬元素因被酸雨溶出，造成礦物質大量流失，植物無法獲得充足的養分而枯萎死亡。

(3)湖泊酸化後，可能使生態系改變，甚至湖中生物死亡，生態機能因而無法進行，最後變成死湖。

目前為止，關於酸雨的資料為數不多，但可以確知的是，由於上述廢氣的排放進入空氣時，會因風向、氣流而移動，因此酸雨本身並無國界之分，往往是某一地區所排放的廢氣，卻在另一個地區形成酸雨。這一現象隨著各國政府對於廢氣排放標準的嚴格化，工廠煙囪愈建愈高（將廢氣排入較高的區域），而使得酸雨跨國界的問題更形複雜。

3. 溫室效應

溫室效應主要是全球氣候出現暖化的現象，造成溫室效應的主要原因，乃是由於人類因發電、工業生產、交通運輸而大量使用石油、煤碳等能源，這些能源的使用，進一步造成二氧化碳、氧化亞氮、甲烷、氫氟氯碳化物、全氟氯碳化物、六氟化硫等氣體的排放，這些氣體停留於大氣中，不會擋住太陽照進來的可見光，但卻會吸收由地表散發出的紅外線，而使得地表如同蓋了一層棉被一樣，熱氣不易散發，產生所謂的溫室效應。

溫室效應目前已經對於地球造成了極為明顯的影響，地球表面在過去100年，平均溫度亦上升了0.3至0.6度，預估到二十一世紀中，溫度更將上升1.5至4.5度，而過去的一萬年中，地球的平均溫度也只不過上升攝氏兩度而已（註4）。

溫室效應不僅對於全球的氣候穩定造成影響，更對生活環境形成衝擊。據估計，地表平均溫度每上升攝氏一度，由於兩極冰山的融

化，將使海平面升高25公分，海水上升改變動植物棲息地，生態環境將因而改變，甚而影響人類的社會經濟結構。而且全球地表氣溫的改變也不一致，其中高緯度地區、陸地的溫室效應較為顯著，這些將使得全球的氣候呈現不穩定，乾旱、洪水、暴風雨等災害可能更為頻繁，同時農業生產週期也會因而改變。

更值得注意的是，造成溫室效應的氣體，在大氣中自然消耗的速度極為緩慢，其中二氧化碳需時50至200年，全氟氯碳化物更需要5萬年才會自然消散。亦即，即使人類可以從今天開始就控制溫室效應氣體的排放而不再成長，大氣中溫室氣體的含量仍需數十至數百年，才能夠達到新的平衡。

就最新的統計資料來看（註5），全球二氧化碳排放量由1971年143億公噸，再到2015年321億公頓，成長速度雖有放緩的趨勢，但不同地區則互見消長，隨著《京都議定書》以及2015年巴黎氣候會議成功召開，各地區二氧化碳減量目標的確立，排放量應能夠逐年趨緩。

（二）自然資源耗用

隨著經濟活動的擴充，人類賴以居住、為生的自然資源，亦因經濟活動而過度耗用。廣義說來，前面章節所提的環境汙染議題，本質上也是一種資源的耗用（耗用了乾淨的土地、河川、空氣等環境資源），汙染與耗用最大的差異在於，汙染在大多數情況下是「可以還原的」，亦即空氣、河流、土壤等環境的汙染，基本上可以利用科技或自然界的自淨作用，而得以還原。但是，耗用在本質上是指對於稀有、有限資源的使用，使用完了即不再存在，而沒有還原的可能。由於人類的經濟活動，有意無意間造成了自然資源的耗用，其中物種（包含動物與植物）的滅絕、能源及礦藏的耗用，都已經造成相當嚴重的問題。

1. 物種的消失

在過去自然生態是一個相當穩定的系統，包括人類之生態中的各類物種，形成奧妙的共生體系，彼此共依共存。然而，隨著人類對於此一生態體系的破壞，造成了生態中物種的滅絕，物種滅絕的原因，一方面是由於人類對於物質需求的商業因素，對於物種的濫捕超過其自然復育能力，所造成的物種滅絕；另一方面，則是由於人類的經濟活動，破壞了自然生態，而使得物種無法生存或繁衍，因而導致滅絕。前者諸如基於商業活動的需要，對於各種保育類動物過度捕殺，而造成物種滅絕；後者則是由於經濟活動對於林木的砍伐，河川、空氣的汙染而造成。在過去300年間，由於人類的砍伐使得林木的面積由100萬年前的150億英畝，減少到目前只剩下不到100億英畝，而且目前仍以每年5至10億餘棵的木材砍伐量持續進行中。若此一趨勢持續下去，在本世紀以前地球的森林面積將減少40%，而由於森林砍伐所造成的生態環境變化，預計將造成50至200萬種動植物瀕臨滅絕，此一數目約為地球上物種數的15%至20%。

2. 能源的耗用

根據相關的統計資料，人類對於能源的耗用，仍然呈現幾何級數的速度在成長，而此一成長趨勢迄今仍無減緩的現象。若此一趨勢持續，則預測地球上的能源將很快被耗盡，其中煤礦約在100年內耗盡，石油50年內耗盡，而天然氣以目前的耗用速度則僅能維持30年。

雖然，有部分研究指出，隨著各種能源的耗盡，一方面能源的開採成本提高，另一方面，能源的供需發生變化，因而造成能源價格的上升。而透過市場機能，價格上漲會抑制需求，所以幾何級數型態的能源耗用速度終將減緩，所有能源也不會如預期的在短短100年內完全耗盡，但基於對下一代的責任，能源的節約仍是一個重要的議題。

二、企業對環保議題的回應

在1970年代之前，環保問題只受到少數生物學家的關注，但是由於生存環境的急遽惡化，在1990年代，環保已經是全球人類共同關切的議題。由於企業控制了大多數人類的技能、原料、財務和技術等資源，因此企業界必須實踐所謂的「綠色企業──永續經營」觀念，使人類的生活環境永遠適合人類的生存。而有關企業對於環境保護的回應，主要是落實在一系列的「綠色」活動上，說明如下：

（一）綠色行動與綠色策略

積極宣導當前企業所面對的環境問題，如臭氧層的破壞、地球的溫室效應、汙染、土壤侵蝕、森林砍伐等，並且以實際的行動來因應這些環境問題，一些企業更積極制定所謂綠色策略，包括發展無害於環境的產品和服務，並且實際上做到節約不浪費及防治汙染，甚至於將解決環保問題的方案視為新的市場機會，而開發新產品與服務。這些行動的基本精神，在於自發性地建立適合企業本身的環境管理系統，以生命週期的觀點，從設計、製造、行銷到廢棄物處理，都必須考慮到對環境的衝擊，而此一理念也正是ISO 14000認證的基本精神。在過去，類似ISO 14000認證精神的環保行動，或可視為企業自發性的行為，但當環保成為爭取國際訂單的重要手段時，企業對於綠色行動或綠色管理的投入，將較過去更為積極。

（二）綠色企業的責任界定

在初步了解綠色企業與環境的關係後，接著要界定的是綠色企業的責任，及其解決環保問題的作法。一般綠色企業應做的環境保護工作可以包括：

1. 使用可再生的材料；
2. 採用無害於環境和生態的技術；

3. 重視完整的系統設計及減少浪費；

4. 產品強調耐用、易修復、可再生利用；

5. 善用毋需耗費大量能源及材料，且能提高生活品質的服務；

6. 不論製程、生產及管理上都必須徹底杜絕汙染；

7. 產品的設計、製造、使用、回收也應考慮減少浪費與可再生利用；

8. 超越公眾意見和法令規定執行環保的工作；

9. 從內而外的全面追求環保品質；

10. 關心社區的福祉。

（三）綠色企業的新事業領域

近年來，綠色企業亦積極開拓環保議題相關的新事業領域，其中較重要的有：1.環境研究，例如歐洲的DTI公司即以環境研究調查為其重要事業（占公司營業收入的50%），並且出版了一系列的環境研究報告；2.汙染控制；3.能源保護，即針對一般或特定產業，分析企業應如何妥善運用和管理能源，例如：企業採用有效的燒煤方法（更好的燃燒設計或以煤原料製成液體燃料），可以減少空氣汙染；4.廢料管理與再生，著力於廢料管理的市場開發，及企業減少廢料和重新設計產品以增加再生用途的方法；5.災害廢料，著力於危害人體健康的各種災害廢料、政府法令在於評估和控制廢料危險性的缺失，以及企業應如何建立正確的評估和控制災害廢料的方法。

03 現代企業的環境倫理觀

一、傳統企業對於環境保護的觀點

環保議題已經成為社會大眾最重視的企業責任。若進一步探究，近年來企業經營與環境保護之所以糾結不清的原因，主要乃是因為過去的經營者對於環境保護議題過於忽略所致，而在過去企業經營者的心態中，以下幾點是阻礙其重視環境議題的主因：

（一）環境資源是自由財的觀點

在過去的時空背景下，空氣、河川、野生動物，乃至於其他相關的環境，由於其不屬於個人的私有財產，而是大家共同擁有的資源，因此對於這些資源的耗用，對於環境的汙染，並不被認為侵害其他人的權利，在使用公共財不必付費的情況下，造成企業對於環保議題的忽略。

（二）環境資源是無限資產的觀點

另一種觀點則是認為，由於空氣、海洋、河川幾乎都是取之不盡、用之不竭的公共資源，個別企業對於環境破壞的影響有限。例如：和整個太平洋、大西洋、長江、黃河的浩大相比，一家企業所傾倒其中的廢水則顯得微不足道，對於戕害環境的感覺也不十分強烈。但是隨著個別企業家數的增加，個別的活動已經對於整體環境造成影響。

（三）創造利潤最大化為企業使命的觀點

在企業社會責任的探討中，頗為著名的論點，是由傅利曼（Friedman）所提出的企業經濟責任的論點。傅利曼認為，基於企業所擁有的資源型態及相對優勢，企業最重要且唯一的目的，即在於為股東創造利潤，若企業能夠為股東創造利潤，即已經善盡了其社會責任。至於其他的社會責任（包括環保），由於企業所擁有的資源以創造利潤為主，挪作其他用途並不符合資源的使用效率。關於傅利曼的論點，在後續的章節將有進一步的評析，惟在此一觀點下，企業對於環保則可以抱持較為消極的態度。

基於以上的觀點，傳統企業對於環保議題較不重視，但隨著本章第一節所述之主客觀條件的變化，不論企業經營者的意願為何，在國際社會、政府、消費大眾等各方壓力下，環境保護已經成為企業經營不可忽略的議題，身為現代的企業經營者，究竟應該抱持何種倫理價值觀來評斷及推動環境保護，則是本節所要討論的議題。

二、環境倫理觀

在前述的背景下，不論是政府、企業、社會大眾，都面臨了環保與經濟兩難的困境。在政府方面，一方面要促進經濟發展，以維持國家的富裕，另一方面也要顧及生活品質、有限資源的保護；在企業方面，環境保護短期而言，對於企業一定有其衝擊，如何追求永續經營與環境保護，也是經營上的兩難；在一般的群眾方面，由於有富裕生活的要求與需要，透過市場機能的運作，卻也成為企業戕害環境的幫兇，環保議識抬頭，也使一般大眾在物質生活與環境保護兩者間，有一衡平的抉擇。然而，在經濟與環保的兩難中，對於這些不同議題的衝突，其道德價值的判斷標準為何？以下即從兩種不同的倫理價值觀來作探討。

（一）權利論的觀點

1. 基本主張

權利論的觀點認為，人（或企業）與環境之間的互動，必須要考慮在此一互動過程中，對於任何人或物種之權利的傷害，以此作為評斷對或錯、該或不該的依據。就權利論者的立場來看，人類是自然界的生態體系的一環，經由生物鏈的環環相扣，形成了共同的命運。如今人類對於環境的破壞，無形中也是破壞了此一環環相扣的依存關係，所以終究會損及人類自身的權利，就此一自利的立場來看，人類應該與環境保持一較為和諧的關係。

此一觀點主要是從人類自身的權利出發，認為環境保護基本上是在維護人類自己的權利，但是從更高的道德標準來看，難道不會危及人類權利的生物就可以撲殺？難道其他物種就沒有其自己的權利？從這種廣義的權利觀來看，人類對於環境的保護，已經不是出於自身權利的考量，而是對於其他物種權利的尊重，此一態度的延伸甚至可以擴及非動物類的植物、河川、湖泊、大海等。對企業而言，此一觀點或許牽涉太廣，但就權利論者的立場，最基礎的要求，則是對於同樣是人類的權利，即「可生活之環境權利」（the right to a livable environment）的尊重。

由於持權利論者堅持人類具有「可生活之環境權利」，在落實的方式上，甚至於主張此一權利應該經由立法而非企業的道德自律來確保，並且認為此一權利的保障，其重要性更凌駕於私有財產的保障之上。亦即，企業或個人，不可以主張對於土地、河川、甚至於資源具有所有權，而有侵擾環境、破壞他人擁有「可生活之環境」的權利。所以在此一觀點下，對於環境保護議題即成為應不應該做的問題，而無程度上的妥協。

2. 可能的問題

在道德層次上，權利論的主張確有其立場，但不論何種價值道德觀，從抽象的觀念到具體的行動之間，在執行上往往有其困難。就權利論的主張而言，由於對「可生活之環境」的定義不同，對於如何確定「要」與「不要」之間的分際並不明確。以近年頗受爭議的石化業為例，就企業的立場，「可生活之環境」的意義可能是所排放的廢氣不會危害到當地居民的健康，但對於當地居民而言，僅僅不危害健康可能仍然不夠，更要進一步要求無色、無味的空氣品質等。由於權利論者主張「可生活之環境」的權利，凌駕私人的財產權，對於「可生活之環境」的認定結果，對企業的意涵不是允許設廠就是關廠，兩者的差異極大，但認定的標準又極不明確，真正在落實上也較有爭議。

另外，追求百分之百完美的所須負擔的成本效益，也是頗具爭議的問題。例如，一個企業將所排放廢水中98%雜質過濾的成本假設為一百萬元，但若要百分之百過濾雜質，其成本可能將暴增為一千萬元，就權利論者的觀點，若百分之百才是「可生活之環境」，則一千萬是必要的花費。

最後，權利論觀點的落實，可能要付出其他額外的代價。過去美國在部分議題的立法上，由於採行權利論的觀點，結果造成工廠無法生存而關門，以及工作機會的喪失。也由於此一觀點在落實上的爭議，另一種從實用主義的立場出發，強調污染者付費（而非完全禁止污染行為）的觀點，亦漸引起重視。

（二）實用主義的觀點

1. 基本主張

從實用主義的觀點來看，污染問題的造成，要歸咎於市場機能無法完全發揮。其認為，在企業生產某種財貨時，其成本的計算只包含了材料、人工、費用等相關的項目，但是卻並未將其從事生產時，所

造成的汙染成本計算進來，由於其汙染行爲的後果是由社會大眾共同承擔，因此，企業必須支付此一部分的社會成本。由於市場機能中未能反映此一社會成本，所以使得企業所生產之財貨的價格被低估，而數量上高估。若將社會成本計入，價格自然提高，需求也會降低，汙染自然減少。基本上實用主義者的主張，是以最多數人的利益爲研判對或錯的依歸，在環保議題上，實用主義的主張符合了：汙染環境的成本應由汙染者以及汙染受惠者（即消費者）承擔；控制汙染的好處由社會大眾獲得；在此一作法下，具有最大的效益。所以環境汙染的問題，可以從經濟的手段獲得解決。此一觀點，基本上可以說是把環保的責任，推給市場機能以及消費者的抉擇（消費者承擔成本轉嫁，以及自行決定是否願意出高價鼓勵企業汙染環境），在道德上有其可議之處，即使先不考慮道德議題，其在落實上仍然有其困難之處。

2. 可能的問題

在落實上，汙染者（受益者）付費的觀點雖然符合大多數人的利益，但在企業的成本結構中，究竟應該包括多少汙染成本，則不容易決定。其次，在汙染者付費的觀念下，企業既然已經爲其汙染付出一定的代價，若未建立良好的道德規範，可能會減少企業投資於防汙設備的誘因。而且，由於不同地區的汙染成本不同，造成企業商品的成本結構以及不同消費者所負擔的價格不同，無形中也造成了市場分配的問題。最後，汙染者付費從某個觀點而言，也沒有考慮到社會上貧富階層的消費權利問題，當因汙染者付費，造成產品的價格提高，有能力消費者多爲富人，若該產品爲民生必需品，消費者無法決定不購買，則汙染成本無形中將增加窮人的負擔，也是一種分配的不公平。

（三）經濟發展與環保的取捨

經濟活動不僅造成環境汙染，更必須耗用天然資源。在本質上，汙染效應雖然會因汙染物的本質，而延續數十年或者數百年，但仍屬

「現在」的問題。相對的，自然資源一旦耗用，將永遠無法恢復，其問題本質則是屬「未來」。因此，即使在技術上能夠有效解決環境汙染問題，環保與經濟發展之間仍然有一定程度的衝突。

　　就自然資源耗用的立場來看，這一代所採行的高度經濟發展策略，由於過度耗用自然資源，必然將造成下一代可用資源的貧乏，亦即這一代的繁榮是以下一代的不足為代價，所以經濟開發上就要注意下一代權利的保障。那麼究竟我們對於下一代要盡到何種責任呢？為了目前尚不存在的人之權利，道德上我們在經濟發展上又要如何設限？一種較為普遍的觀點認為，上一代交給我們什麼樣的環境，我們最少也要交給下一代一個水準相近的環境，若從此一準則來看，恐怕目前我們所作的仍然不夠多。而到目前為止，這種永續生存的觀念，仍僅能依賴企業與一般社會大眾的自律與自省，而無法經由外力來規範。以美國為例，美國是當今世界上最富裕的國家，其人口只占約全球人口的6%，但是其能源消耗卻占了總消耗量的35%，相對的占全球人口50%的開發中國家，其能源消耗總共只占了8%。這種分配不公平的現象不僅存在於國家之間，在國家內部的貧富階層亦然，因此富裕者的自律，對於物質需求的簡單化，才能夠在經濟發展與環境保護之間，取得一個較佳的平衡點。

（四）更高標準的環境倫理

1. 人類與自然關係的省思

　　西元2002年，一種人類未曾遭遇、傳染性又極強的病毒SARS肆虐全球，亞太地區的中國、新加坡、香港、臺灣尤其遭受嚴重的影響，在面對比起人類渺小的SARS病毒，人類似乎顯得束手無策，整個事件雖未結束，卻也讓人類重新省思與大自然及其他物種的關係。事實上，人類也是地球上眾多物種中的一種，就整個地球的生態來說，物種平衡發展應該是一種重要的倫理，如果其中有某個物種以較快速的

進化程度，使得此一平衡發展的**趨勢產生偏差**，就如同人類目前在地球上的發展一般，當偏差程度的擴大，矯正此一偏差的制約力量也終將出現。對人類而言，憑藉著高度的科學文明，宰制整個地球，自詡為萬物之靈，強調人定勝天，可是從SARS的出現可以看出，人類的科學有其極限，面對大自然平衡發展的制約力量，即使在短時間內可以與其抗衡，長期而言，大自然仍將討回公道。

在地球上，人類已經成為最浪費資源的物種，發展上人類則是採取與大自然敵對的態度，過去人類很少思考到對於大自然的責任，上一節中曾提出從對下一代的責任，引申出對於大自然的基本態度，認為基於對下一代的責任，保留好山好水應該是這一代人應該做到的。起碼從傳承的角度來看，應該留給下一代一個與現在一模一樣的自然環境，對下一代才算公平。事實上，上述的論點仍然是從人類本位的角度出發，對大自然而言，一草一木、川源河流本身就具有它的價值，不管人類喜不喜歡、對下一代有沒有幫助，這些事物與人類一樣，原本就是大自然的一部分，人類的喜好並不能夠決定它們的存在去留，所以對大自然的尊重，基本上不是基於對下一代的責任，而是身為這個生態一分子，必須遵守的基本規範。

2. 人類與其他物種的關係

延伸前面的概念，如果從更高層的環境倫理來看，物種在自然界中的生存權，不應該從是否符合人類的利益來判定，這種生存權與人類一樣，是與生俱來的，無法以外力加以剝奪，所以，任何物種不管是對人類有利或是有害，人類都無權加以傷害。雖然有人主張，其他物種的靈性不如人類，有些物種沒有太強烈的自我知覺，沒有欲求、信仰，但是從最基本的生理層面來說，生命剝奪都將引發痛苦、恐懼，人類雖然進化為高等生命，卻沒有權力將這種感受加諸於其他的物種身上。

商業活動的發達，引發另一種人類與其他物種關係的問題。目

前，人類一大部分食用的肉類，都是人工飼育的，但爲了商業上的考量，飼育與宰殺這些生命，都存在相當不人道的問題，包括生活空間不足，以及一些生理上的加害，以便於加速飼養生命的成長或繁殖等等。整個飼育活動，沒有其他目的，僅僅是從商業的角度出發，提供人類的食物與創造經濟價值，若從此一角度來看，此一作爲似乎比殺害野生動物來得更野蠻，畢竟野生動物的殺害，可以解釋說是在弱肉強食的鐵律下不可避免的後果，但從商業的利益爲出發點，以殺害爲最終目的的飼育，似乎更凸顯人類的不正當性。

在商業活動蓬勃發展的現在，以人類目前的生活水準，似乎不容易接受上述近似於宗教規範的環境倫理，但人類與大自然的關係發展是動態的，近年來人類已經被迫針對環境的反撲，採取某種程度的「自利型」倫理行爲，包括對於瀕臨絕種物種的保護、限制有害物質的產生與排放、控管有限資源的使用等等，但以成效來看，距離令人滿意仍有程度上的差距，顯見目前的狀況仍不是人類與大自然力量的平衡點，所以環境倫理不斷的更新進化，以達成人類長期的自利，仍是未來必然的趨勢。

三、企業的自律與檢討

從以上的討論中可以發現，不論是基於何種環保的倫理理念，若經由外力干預方式來落實（法律規範、規費或稅捐等），在落實的成效上以及其他層面上，仍都有其不周延之處，因此，最根本的解決辦法，就在於企業經營者的自省與自律，而目前極爲流行的綠色行銷，即是此一理念的表現，但我們仍應從更嚴謹的道德立場，來檢討此一風潮。

（一）企業對環境議題的態度

若企業對於環境保護的道德價值觀，是以傅利曼的經濟利益論或

實用主義論爲依歸，則企業對於環保議題就不存在任何義務。因爲在市場機能的運作下，企業只要遵循政府所訂定的環保規章，對於汙染付出一定的費用即可，成本的提高將轉嫁到消費者身上，消費者的接受與否，決定了環境汙染行爲的正當性，所以大部分環保的責任在消費者而非企業，企業只是依循市場供需在運作而已。若從此一論點，則企業對於環境唯一的責任，恐怕只在於不利用資源去關說，以政治運作封殺環保相關的立法即可。

不可諱言，現今的環境保護，不僅只是企業的責任，更是消費者與國家政府的責任。但是在這三者之間，企業則應該承擔最大部分的責任，其原因除了前面所提到的，外力（政府或法律）的規範，對於環保問題的解決有其不足外，以下幾點也是企業應該承擔較多責任的原因。

1. 企業以獲利爲主要目標固毋庸置疑，但企業之所以能夠存在與獲利，主要是由於其存在對社會有正面的助益，獲利則是社會對企業之貢獻的回饋。一個以危害社會爲手段，賺取利潤的企業，既無法對社會有所助益（或是弊多於利），已經失去了其存在的立場，長期而言，終將因失去其社會價值而消失。環保議題既然已經是社會的重要利益之一，企業就不能以消極的態度面對之，企業在此一議題上，不應該扮演（環保）問題的製造者，而是要主動積極的扮演問題解決者的角色，如此才符合企業存在的基本原則。

2. 由於企業的規模龐大，掌握了相當豐富的資源與技術，也是最具備解決環保問題能力的機構，與其被動的等待環保立法的規範，毋寧主動的利用既有資源來解決環保問題，帶動風潮，對社會與企業本身都有好處。

3. 由於多數消費者（或一般社會大眾）對於環保議題的認知與了解，往往受到其所接觸之資訊的影響。消費者的需求，往往也是企業所創造出來的，所以企業可以經由各種行銷的手段，改變消費者的態

度。因此，在環保議題上，消費者的立場實際上是相當被動的。由於消費者的選擇，往往被商業活動左右，一個負責的企業，不應將環保的責任轉嫁到消費者的選擇上，消費者的需求也不應該無止境地被滿足，在這議題上，廠商要主動負起教育消費者的責任，而非被動的配合滿足消費者的需要。

（二）企業環保倫理的落實與檢討

建立了上述的環保倫理觀，自主性的環保活動應該是企業經營的一部分。在落實方面，多數企業都會以「綠色行銷」或「綠色管理」的觀念，作為最高的指導原則。雖然綠色行銷一詞已經流傳許久，但綠色行銷本身在執行上就存在某些倫理上的爭議，值得進一步釐清。

1. 綠色行銷不應該是一個行銷上的口號

許多企業雖然都打出綠色行銷、綠色產品的訴求，但綠色行銷應該是一種企業深切自律的環保活動，而不是吸引消費者的行銷手法。較常見的情況是，企業所謂的綠色行銷只是局部性環保的噱頭，其產品中只有某一部分符合了環保的規範，其他部分卻不符相關規範。例如：宣稱產品的原料與包裝符合可回收的環保規範，但卻故意忽略產品製造過程中的汙染問題。諸如此類的綠色行銷，事實上並不符合企業的社會責任，往往只是一種競爭或行銷的手段。

2. 不能以消費者抉擇作為不環保的理由

在綠色行銷的過程中，企業對於消費者的責任，尤高於一般的行銷活動。企業不能以消費者的抉擇、消費需求的滿足，作為逃避環保的藉口。綠色行銷企業應該要了解，消費者的選擇機會其實是企業創造出來的，若企業生產符合環保規範的產品，事實上消費者無從選擇。同時，綠色企業在面對消費者需求的滿足之際，更應該負責任的檢討此一需求是否被過度的滿足，而不只是被動的供應產品而已。

3. 更高的環保道德標準

多數企業目前都已經體認到環保的重要，在當前的背景下，綠色行銷可說是創造消費者以及企業雙贏的手段，然而在心態上，負責任的企業，仍然要在「綠色」與「行銷」之間作一衡量取捨。亦即，在目前「綠色」與「行銷」兩者是雙贏而不衝突，但若有一天「綠色」不能創造利潤時，「綠色」與「行銷」孰重孰輕，負責的企業在目前就應該有明確的答案。

經由以上的討論，事實上負責任的企業，不應太過重視綠色行銷的稱謂與形式，反而更應該注意的是，找出一些符合環保規範的準則來身體力行，其中較具體的準則，諸如：負責任地使用無法再生的資源、追求永續生存與發展的契機、將汙染程度降至最低、避免對環境生態與物種的破壞等，唯有真正落實這些準則，才是綠色企業的真諦。

注 釋

註1：引自Hoffman, W. M. (1993), Business and Environmental Ethics, In Beauchamp, T.L. & Bowie, N.E. (Eds), Ethical Theory and Business, pp.217-223, Engelwood Cliffs, NJ: Prentics Hall.

註2：天下雜誌（1997年12月），「有責任才有能力」，天下雜誌，125頁。

註3：行政院環保署（民87），環保政策白皮書，臺北：行政院環保署。

註4：引自徐光蓉（民87），「溫室氣體排放之國際現況」，民間能源會議論文集，11-19頁。

註5：同註4。

關鍵詞彙

環境倫理　綠色貿易機制　溫室效應　企業的經濟責任　權利論之環保倫理　義務論之環保倫理　汙染者付費　綠色行銷　綠色管理　ISO 14000認證

自我評量題目

一、企業環境保護之外部壓力來源主要有哪些？

二、環境保護基本上可以分成哪兩個議題？其內容又為何？

三、過去企業不太重視環境保護，主要的原因為何？

四、實用主義論者對環保的基本主張為何？

五、義務論者對環保的基本主張為何？

六、在環保議題上，企業為什麼必須比消費者、一般民眾付出更多的心力？

個案補給站

日月光廢水汙染事件

　　日月光半導體公司從事各型積體電路之製造、組合、加工、測試，2014年實收資本額新臺幣787.1億元，營收新臺幣2,566億元，稅後純益為新臺幣242.2億元（註1），工廠遍布高雄楠梓、中壢、南投，大陸昆山、上海、山東、蘇州、深圳，馬來西亞、新加坡、韓國等國內外地區（註2），為國際性公司。

　　日月光K7廠曾在2011年及2012年各3次被高雄市政府環境保護局發現排放之稀釋廢水、放流水不合標準，並被罰款每次由1萬元至60萬元（註3）。

　　2013年10月1日高雄市環保局巡查後勁溪時，發現德民橋下方排放異常水質的廢水，追查來源是日月光公司K7廠，進一步在廠區放流池採集水樣，結果pH值2.63（標準值6至9）、懸浮固體（SS）96毫克／公升（標準值306毫克／公升）、化學需氧量（COD）1,356毫克／公升（標準值1,006六毫克／公升）、鎳含量4.38毫克／公升（標準值1.06毫克／公升），都違反《水污染防治法》規定的放流水標準。日月光受鎳汙染的廢水從德民橋附近排放，流經援中港圳的農田取水口，高雄市環保局估算，附近受汙染的農田約有940公頃（註4）。

　　環保局土壤與水污染管制科科長馬振耀表示，pH值2.63表示水質很酸，對水中生物生存不利；懸浮微粒是雜質，會影響水質；化

學需氧量超標會讓魚很容易死掉；鎳是傷害人體的有毒重金屬。高雄市環保局發現日月光公司K7廠排放之廢水、放流水違法，認定汙染情節重大，在2013年12月9日裁定勒令停工，廠方後續申請復工恐需半年以上，損失難以估計（註5）。

2013年12月11日高雄市環保局稽查人員前往稽查日月光K7廠和K11廠，發現K11廠有未經環保局核准設置於放流槽後方的「備用槽」。這槽可利用管線未經依法設置的累計型流量計，排放進入後勁溪或納入汙水下水道系統內，與許可內容不符。在K11廠發現的電鍍汙泥貯存約有4.4噸，因太空包未密封，違反《廢棄物清理法》第36條暨《事業廢棄物貯存清理處理法》等規定，依法告發罰款新臺幣6萬元（註6）。

2013年12月15日桃園縣環保局人員14日深夜稽查日月光中壢封測1廠，發現廠區內未依規定處理廢水，而是直接排放，當場勒令該廠全面停工，並進行封管作業（註7）。2013年12月16日高雄市環保局計算出日月光K7廠2007年迄今不當利得約一億一千多萬元，並公布歷年申報廢水量、汙泥量，但從中發現申報汙泥量與應有汙泥量有明顯落差，例如：2007年申報量僅55噸，短少量卻高達255.5噸，相差近五倍之多，環保局卻未能發現異常，難怪環保署長沈世宏前天要點名高雄市政府「形同縱放」（註8）。

高雄地檢署偵辦日月光汙水案，認定K7廠違法排放強酸重金屬廢水5,194噸，在2014年01月03日依《刑法》流放毒物等罪，將廠務處長蘇炳碩等5人起訴；董事長張虔生雖因不知情獲不起訴，但因張辯稱沒特別重視廢水處理設備，檢察官痛斥他不知反省（註9）。

2014年10月高雄地院依《廢棄物清理法》判K7廠廠長蘇炳碩等4人各1年4個月至1年10個月不等徒刑，另名工程師何登陽無罪，檢

方認為判太輕提起上訴。不料高雄高分院在2015年09月29日逆轉改判5人全部無罪，理由是起訴及一審適用法條錯誤，日月光排放廢水應適用《水污染防治法》，但案發時《水污法》對排毒廢水並無罰則，因此判無罪（註10）。

日月光公司於2014年12月9日提出改善計畫，經高雄市環保局派員於同月12日及14日至現場查核確認該公司K7廠已改善完成，於2014年12月15日同意日月光公司K7廠復工。環保局長陳金德表示，本次汙染事件除就行政上命日月光公司K7廠含鎳製程停工外，更援引《行政罰法》第18條之規定，裁罰日月光公司不法利得1.094億元；以期給予日月光公司一個沉痛教訓（註11）。

日月光自2014年起，決定每年捐獻至少1億元、至少30年、總金額至少30億元，用於臺灣環保相關工作的推動（註12）。日月光K7廠排廢汙水事件，讓日月光更重視節約水資源，於2012年正式動工，耗時兩年半斥資7.5億元於高雄楠梓加工區興建廢水處理中水廠，2015年4月8日正式啟用，每日可處理2萬公噸放流水，每年節水效益約700萬噸，並且解決楠梓園區水源不足以及放流水量增加相關問題。日月光再投入4億元，興建第二期中水回收廠，預定於2017年上半年完工運轉，屆時每日可處理4萬噸放流水，回收使用2萬噸，每年節水效益約700萬噸，擴大每天的中水回收量，以因應未來水資源的重要性（註12及註13）。

問 題

1. 目前《水污染防治法》能否有效對臺灣水汙染防治發生效用？請提出你的看法。

2. 政府相關部門對日月光K7廠水汙染事件的處置，罰款、停工、起

訴相關員工（高雄高分院改判無罪）是否合理適當？請提出你的看法。

註 釋

註1：一○四年股東常會議事手冊，2015年6月23日，日月光半導體製造股份有限公司。

註2：YAHOO奇摩股市網頁，2311日月光公司資料，2016年2月18日，取自網址：https://tw.finance.yahoo.com/d/s/company_2311.html

註3：彭瑞祥，日月光廠偷排廢水至後勁溪 環保局罰60萬勒令停工，2013年12月9日，環境資訊中心，取自網址：http://e-info.org.tw/node/95607

註4：綜合報導，可惡日月光毒害台灣，年收2千億大廠竟偷排致癌廢水，2013年12月10日，蘋果日報，取自網址：http://www.appledaily.com.tw/appledaily/article/headline/20131210/35496808/

註5：林宏聰、洪正吉，日月光K7廠 勒令停工，2013年12月10日，中時電子報，取自網址：http://www.chinatimes.com/newspapers/20131210000378-260114

註6：中央社，日月光K11廠查到未核准設備，2013年12月11日、中時電子報，取自網址：http://www.chinatimes.com/realtimenews/20131211005417-260402

註7：綜合報導，日月光中壢廠排廢水遭勒令停工，2013年12月15日，中時電子報，取自網址：http://www.chinatimes.com/realtimenews/20131215001311-260401

註8：周昭平與洪敏隆，後勁溪農地，果驗出重金屬銅鋅，2013年12月17日，蘋果日報，取自網址：http://www.appledaily.com.tw/appledaily/article/headline/20131217/35513491/

註9：綜合報導，日月光案 張虔生不起訴，2014年01月04日，蘋果日報，取自網址：http://www.appledaily.com.tw/appledaily/article/headline/20140104/35555997/

註10：王吟芳、郭芷余，日月光廢水毒後勁溪，二審逆轉改判無罪，2015年09月29日，蘋果日報，取自網址：http://www.appledaily.com.tw/realtimenews/article/new/20150929/700913/

註11：土壤及水汙染防治科，日月光公司K7廠復工，2014年12月15日，高雄市政府環境保護局，取自網址：http://www.ksepb.gov.tw/News/Show/2280

註12：涂志豪，科技節能系列3之2──日月光中水回收廠 每年節水700萬噸，2015年06月10日，中時電子報，取自網址：http://www.chinatimes.com/newspapers/20150610000085-260210

註13：林超熙，日月光11.5億元高雄中水回收廠今啟用，2015年04月8日，經濟日報，取自網址：http://udn.com/news/story/6/823589-%E6%97%A5%E6%9C%88%E5%85%8911.5%E5%84%84%E5%85%83%E9%AB%98%E9%9B%84%E4%B8%AD%E6%B0%B4%E5%9B%9E%E6%94%B6%E5%BB%A0--%E4%BB%8A%E5%95%9F%E7%94%A8

桃園縣廢汙水汙染個案

　　桃園縣（現改制為桃園市）內有觀音工業區、龜山工業區、中壢工業區、大園工業區、幼獅工業區及平鎮工業區等6個工業區，工廠眾多，工廠廢汙水處理成為環保的重要問題。由2012年9月至2013年12月，一年四個月之中，本文蒐集了27個桃園縣工業廢汙水汙染個案（如表1所示）。

表1　桃園縣廢汙水汙染個案統計表

編號	發生日期	公司	排放廢水許可	累犯	產業別	鄉鎮區	地點	原因	註釋
1	2012/09/01	德昌皮革公司	有		皮革業	大園鄉	老街溪	偷排廢水	1
2	2012/09/01	虹冠實業公司	有	是	印染業	大園鄉	老街溪	偷排廢水	1
3	2012/09/01	巨品表面工程	有		金屬工業	大園鄉	老街溪	偷排廢水	1
4	2012/09/12	進益印染廠	無		印染業	中壢市	新街溪	偷排廢水	2
5	2012/10/01	漢興環保科技	有		塑膠處理業	大園鄉	老街溪	設備毀損	3
6	2012/10/01	白木屋食品	無		食品業	楊梅鎮	東明溪	偷排廢水	4
7	2012/10/06	台耀化學公司	有	是	製藥業	蘆竹鄉	南崁溪	偷排廢水	5
8	2012/10/29	彩力染整公司	有		印染業	蘆竹鄉	南崁溪	偷排廢水	6
9	2012/11/01	永炬企業公司	無	是	水泥業	楊梅鎮	東明溪	偷排廢水	7
10	2012/11/03	順麟印染公司	有		印染業	蘆竹鄉	南崁溪	偷排廢水	8
11	2012/12/11	綠能科技公司	有		電子業	觀音鄉	富林溪	設備毀損	9
12	2012/12/11	台耀化學公司	有	是	製藥業	蘆竹鄉	南崁溪	偷排廢水	10
13	2012/12/23	元慶工業公司	有	是	紡織業	龜山鄉	南崁溪	偷排廢水	11

編號	發生日期	公司	排放廢水許可	累犯	產業別	鄉鎮區	地點	原因	註釋
14	2013/01/10	旭富製藥公司	有		製藥業	蘆竹鄉	南崁溪	偷排廢水	12
15	2013/01/17	義芳化工廠	有		化工業	蘆竹鄉	南崁溪	設備毀損	13
16	2013/02/28	虹冠實業公司	有	是	印染業	大園鄉	老街溪	偷排廢水	14
17	2013/03/04	豐欣紙業公司	有		造紙業	大園鄉	老街溪	人為疏失	15
18	2013/03/18	元慶工業公司	無	是	紡織業	龜山鄉	南崁溪	偷排廢水	16
19	2013/03/29	永光化學公司	有		化工業	大園鄉	雙溪口溪	人為疏失	17
20	2013/04/09	永炬企業公司	無	是	水泥業	楊梅鎮	東明溪	偷排廢水	18
21	2013/04/10	力曜公司	有		紡織業	大園鄉	埔心溪	設備毀損	19
22	2013/04/20	東隆興業公司	有	是	染整業	桃園市	茄苳溪	設備毀損	20
23	2013/07/10	華通電腦公司	有		電子業	蘆竹鄉	埔心溪	設備毀損	21
24	2013/08/07	徐姓、楊姓嫌犯	無			蘆竹鄉	埔心溪	偷排廢水	22
25	2013/08/10	義美食品公司	有		食品業	蘆竹鄉	南崁溪	設備毀損	23
26	2013/12/05	法邑建設公司	有		營建業	蘆竹鄉	埔心溪	偷排廢水	24
27	2013/12/13	東隆興業公司	有	是	染整業	桃園市	茄苳溪	偷排廢水	25

元慶工業公司、永炬企業公司、進益印染廠、徐姓及楊姓嫌犯皆無排放廢汙水許可證。由表2所示，可發現在全部廠商中偷排廢汙水占66.67%，設備毀損占25.93%，人為疏失占7.41%。而累犯排放廢汙水廠商共10次，占37.04%，其中偷排廢水占90%，設備毀損占10%。累犯廠商為元慶工業公司、台耀化學公司、永炬企業公司、東隆興業公司及虹冠實業公司，包含了各個產業（如表3所示）。

表2　排放廢汙水汙染原因分析

		偷排廢水	設備毀損	人為疏失	合計
合部廠商	發生次數	18	7	2	27
	百分比	66.67%	25.93%	7.41%	100.00%
累犯廠商	發生次數	9	1	0	10
	百分比	90.00%	10.00%	0.00%	100.00%
	累犯百分比	50%	14.29%	0	37.04%

表3　累犯排放廢汙水廠商

編號	發生日期	公司	排放廢水許可	累犯	產業別	鄉鎮區	地點	原因	註釋
1	2012/12/23	元慶工業公司	有	是	紡織業	龜山鄉	南崁溪	偷排廢水	11
2	2013/03/18	元慶工業公司	無	是	紡織業	龜山鄉	南崁溪	偷排廢水	16
3	2012/10/06	台耀化學公司	有	是	製藥業	蘆竹鄉	南崁溪	偷排廢水	5
4	2012/12/11	台耀化學公司	有	是	製藥業	蘆竹鄉	南崁溪	偷排廢水	10

編號	發生日期	公司	排放廢水許可	累犯	產業別	鄉鎮區	地點	原因	註釋
5	2012/11/01	永炬企業公司	無	是	水泥業	楊梅鎮	東明溪	偷排廢水	7
6	2013/04/09	永炬企業公司	無	是	水泥業	楊梅鎮	東明溪	偷排廢水	18
7	2013/04/20	東隆興業公司	有	是	染整業	桃園市	茄苳溪	設備毀損	20
8	2013/12/13	東隆興業公司	有	是	染整業	桃園市	茄苳溪	偷排廢水	25
9	2012/09/01	虹冠實業公司	有	是	印染業	大園鄉	老街溪	偷排廢水	1
10	2013/02/28	虹冠實業公司	有	是	印染業	大園鄉	老街溪	偷排廢水	14

　　臺灣目前《水污染防治法》為2007年12月12日所修訂。本個案之25次排放廢汙水廠商，環保主管機關大多數以《水污染防治法》裁罰：

　　(1) 第45條處新臺幣6萬元以上60萬元以下罰鍰，並通知限期補正，屆期仍未補正者，按次處罰。

　　(2) 第46條處新臺幣1萬元以上60萬元以下罰鍰，並通知限期補正或改善，屆期仍未補正或完成改善者，按日連續處罰；情節重大者，得命其停工或停業；必要時，並得廢止其排放許可證、簡易排放許可文件或勒令歇業。

　　對年營業額達新臺幣數億元或數十億元之公司，且建造廢汙水處理設備金額相當高（由新臺幣數百萬元至數億元），目前法令規

定之裁罰，為新臺幣1萬元以上60萬元以下罰鍰，相對而言並不高，故有甚多廠商，甚至上市櫃公司（例：台耀化學公司），或知名公司（例：白木屋食品公司），以投機心理偷排廢汙水，以節省高額之廢汙水處理成本。有些公司對廢汙水處理設備未能予以重視，而有設備毀損或人為疏失之情事發生，以致廢汙水外溢，而造成汙染環境之情形。

問 題

1. 甚多廠商以投機心理偷排廢汙水，請問如何防止之？
2. 桃園縣內有6工業區，工廠眾多，工業區中之工廠廢汙水如何處理？

註 釋

註1：李容萍，大園工業區排廢水，環局夜揪禍首，2012年09月01日，自由日報，取自網址：http://news.ltn.com.tw/news/local/paper/611872

註2：范文濱，偷埋暗管排廢水，進益印染廠遭環保局查獲將受重罰，2012年09月14，今日新聞，取自網址：http://www.nownews.com/n/2012/09/14/394104

註3：范文濱，大園漢興環保科技排放深黑汙水汙染老街溪，將遭依法重罰，2012年10月05日，今日新聞，取自網址：http://www.nownews.com/n/2012/10/05/385272

註4：范文濱，白木屋食品未經許可排放廢水被查獲，將遭依法重罰，2012年10月02日，好房網新聞，取自網址：http://news.housefun.com.tw/news/article/5895319032.html

註5：陳華興，違法排放廢水，台耀公司挨罰，2012年10月7日，青

年日報，取自網址：http://news.gpwb.gov.tw/mobile/news.aspx?y
dn=026dTHGgTRNpmRFEgxcbfbjKsCva%2FLwCh0gk73GFCua
VXhDh%2BUKuBpevF5qGcbUwHELJxtpIrH1SvQIIGa8B7YKtq3
d8ioaq7dyG3BFF4Uo%3D

註6：李容萍，偷排廢水，環局突擊，染整廠當場逮，2012年10月
29日，自由時報，取自網址：http://news.ltn.com.tw/news/local/
paper/626318

註7：環保局告發幼獅擴大工業區永炬預拌混凝土排放廢水，
2012年11月1日，聯合報部落格楊梅新聞網、中壢新聞
網，取自網址：http://blog.udn.com/article/article_print.
jsp?uid=yangmei320&f_ART_ID=7005712

註8：徐乃義，稽查蘆竹彩力及順麟，嚴重水汙染，2012年11月
03日，大紀元時報，取自網址：http://www.epochtimes.com/
b5/12/11/3/n3721417.htm

註9：范文濱，綠能科技排放深褐色高濁度廢水，遭環保局稽查
告發，2012年12月11日，今日新聞，取自網址：http://www.
nownews.com/p/2012/12/11/356071

註10：范文濱，台耀化學5度違法排放，環保局告發限期自報停工
改善，2012年12月12日，今日新聞，取自網址：http://www.
nownews.com/n/2012/12/12/355521

註11：陳恆光，工廠排廢水，桃縣稽查告發，2012年12月23日，中
央日報，取自網址：http://www.cdnews.com.tw/cdnews_site/
docDetail.jsp?coluid=108&docid=102149519

註12：范文濱，蘆竹旭富製藥，寒流低溫偷排廢水遭查獲，2013年
1月10日，今日新聞，取自網址：http://www.nownews.com/
n/2013/01/10/341936

註13：范文濱，蘆竹鄉義芳化工排放強酸性廢水，環保局告發重罰，2013年1月17日，今日新聞，取自網址：http://www.nownews.com/n/2013/01/17/338891

註14：范文濱，大園工業區排放高溫廢水，虹冠公司累犯遭查獲，2013年3月3日，好房網新聞，取自網址：http://news.housefun.com.tw/news/article/76124624944.html

註15：徐乃義，偷排高鹼性褐色污泥廢水，汙染中壢老街溪，2013年3月4日，大紀元新竹網，取自網址：http://www.epochtimes.com/b5/13/3/4/n3814085.htm

註16：陳復興，元慶工業違排廢水，環保局嚴懲，2013/03/18，青年日報，取自網址：http://news.gpwb.gov.tw/mobile/news.aspx?ydn=026dTHGgTRNpmRFEgxcbfbjKsCva%2FLwCh0gk73GFCuYeANFrz%2F7d1RnqAxZELvIfcFq5qBoB4epRe%2FU9CMTUp%2FFKLdvtOA7Ggse%2FjEap7fY%3D

註17：范文濱，大園永光化學深夜排紅色廢水，損害企業形象又遭罰，2013年3月29日，今日新聞，取自網址：http://www.nownews.com/n/2013/03/29/301879

註18：范文濱，楊梅永炬企業公司偷排強鹼性污泥水，環保局查獲重罰，2013年4月9日，今日新聞，取自網址：http://www.nownews.com/n/2013/04/09/296908

註19：范文濱，大園力曜公司鍋爐重油溢出，嚴重汙染遭環保局重罰，2013年4月10日，今日新聞，取自網址：

註20：黃駿騏，汙染茄苳溪，東隆公司排放紫色廢水開罰，2013年4月20日，好房網新聞，取自網址：http://news.housefun.com.tw/news/article/12152829153.html

註21：黃駿騏，華通電腦排放強酸廢水，嚴重汙染埔心溪，
2013/07/10，好房網新聞，取自網址：http://news.housefun.
com.tw/news/article/10122135372.html

註22：范文濱，蘆竹不肖業者違法偷排廢液，檢警環查獲法辦，
2013年8月9日，好房網新聞，取自網址：http://news.housefun.
com.tw/news/article/14070137633.html

註23：謝武雄，粉紅南崁溪，義美廢水汙染，2013年08月10日，
自由時報，取自網址：http://news.ltn.com.tw/news/local/
paper/703980

註24：黃駿騏，法邑建設排放黃色汙水，桃縣環保局開罰，2013年
12月5日，好房網新聞，取自網址：http://news.housefun.com.
tw/news/article/18730649707.htm

註25：甘嘉雯，排酸性藍黑色廢水，桃市東隆興業遭環保局重
罰，2013年12月13日，中時電子報，取自網址：http://www.
chinatimes.com/realtimenews/20131213003815-260402

Chapter **5**

行銷倫理

學習目標

——研讀本章內容之後，學習者應能達成下列目標：

1. 了解行銷倫理的意義與內容。
2. 說明消費者的八大權利與五大義務。
3. 認識我國保護消費者權益的團體。
4. 學習社會性行銷與綠色行銷。
5. 說明行銷組合策略的倫理。
6. 了解《公平交易法》中與行銷倫理之關係。

摘　要

行銷倫理是行銷經理人在做行銷決策行為的道德標準與價值觀念，這種道德標準與價值觀念很難以一種明確的方式來定義，但卻會影響到行銷經理人的決策方式。

行銷者奉行行銷倫理，首先要照顧到消費者的權益，因此本章首先說明消費者的八大權利、五大義務。接下來行銷者還要考慮到社會大眾的利益，而有「社會性行銷導向」的來臨，指的是公司在制定行銷決策時，應同時兼顧消費者需求的滿足、公司的利潤目標，以及社會大眾的福祉三者之間的平衡。

綠色行銷指的是行銷者在進行產品、定價、通路、促銷的行銷組合策略時，各項做法要考慮符合環保的需求，並積極鼓勵倡導「綠色產品」。所謂綠色產品，指的是該產品在環境及社會品質的表現，比傳統或競爭性品牌有明顯優異者，其特質為可回收、低汙染、省能源等等。隨著消費者的綠色消費意識抬頭，使得組織奉行綠色行銷無形中也可為公司帶來相對的效益。

本章最後分別從行銷組合策略（4Ps'）說明行銷者應奉行的一些行銷倫理，其中部分已有《公平交易法》，可以法律來約束規範，但是為了建立並維護一個公平競爭的市場交易秩序，並不能完全依靠法律的約束，法律有時而窮，更重要的還是要靠事業經營者發自內在的行銷倫理道德精神。

行銷（marketing），根據美國行銷學會的定義，指的是「理念、產品和服務的概念生產、定價、分配和促銷的規劃與執行的過程，以創造交換來滿足個人和組織目標」。依此觀之，行銷者（marketer）所進行的行銷活動，固然是透過個人消費者需要的滿足以達成組織的目標。然而，不可諱言的，很多行銷者不擇手段的爲達成組織目標，卻犧牲了消費者權益以及社會大眾的利益，爲匡正這種爲社會大眾所唾棄的偏頗現象，則有賴行銷倫理（marketing ethics）的宣導與教育。

行銷倫理是行銷經理人在作行銷決策行爲的道德標準與價值觀念。這種德標準與價值觀念很難以一種明確的方式來定義，但卻會影響到行銷經理人的決策方式，在是非對錯的標準中，就如同一條「光譜帶」，介於最右端的「對」與最左端的「錯」中間，形成了「灰色地帶」，這個灰色地帶的對與錯的價值判斷，每個人的標準可能不太一樣，也就是每個人心中皆存在著一把尺，而每把尺的衡量尺度不盡相同，其標準常因人、因社會、因時空環境的不同而異，行銷倫理就是作爲行銷經理人決策時的行爲依據準則，行銷倫理是組織在社會中永續生存所不可或缺的行爲標準。

本章將分別從消費者權益保護、綠色行銷、行銷組合策略的倫理以及《公平交易法》來說明。

01 消費者權益保護

　　行銷者與消費者兩造之間，事實上存在著相對強弱勢以及資訊不對稱的關係。行銷者為一個有組織、有優厚資源、有專業知識之人士，可透過種種行銷研究及行銷資訊系統蒐集掌握到各種充分的資訊；相對的，消費者是一群沒有組織、資源缺乏、資訊閉塞有限的個體。行銷者在提供其產品或服務給消費者的過程中，有時為了達成公司的利潤目的，甚至會違背一般的道德標準規範，採用了一些不太符合倫理的作法。例如：提供劣質產品蒙混為同級品、誇大不實的廣告、聯合壟斷市場哄抬物價……等等，使得消費者蒙受損失。

　　消費者雖然人數眾多，但若沒有組織就像一盤散沙一樣，碰到本身的利益被企業所侵害時，常常抱著息事寧人的態度，消費者對於行銷者的態勢，就如同勞方對於資方管理者、老百姓對於政權的統治者，雙方並非均衡互等的關係。而為了維護弱勢個體的權益，有心人就將分散的個體團結起來形成一個組織，就如同勞方組成工會，同樣的，消費者也組成消費者團體，如此消費者與行銷者兩者之間才能形成對等的均衡，消費者的權益才能受到保障。

一、消費者的權利與義務

　　有關消費者有哪些權利，在1962年由美國總統甘迺迪首先向美國國會提出消費者權利咨文中，明確揭櫫消費者有四項基本權利：講求安全的權利（the right to safety）、知道真相的權利（the right to be informed）、選擇的權利（the right to choose）及表達意見的權利（the right to be heard）。國際消費者組織聯盟（IOCU）於1963年，再依據上述的四項基本權利，擴充訂出了八大權利、五大義務，而成為世界各國消費者的共識，其內容為：

（一）八大權利

1. 基本需求：消費者對於維持生命的基本物質與服務，有要求提供的權利。

2. 講求安全：消費者對有害健康與生活的產品服務，有抗議的權利。

3. 正確資訊：消費者對可作為消費選擇參考之資訊，有被告知事實真相的權利。

4. 決定選擇：消費者對各種商品與服務之價格決定與品質保證，有請求在充分競爭條件下形成的權利。

5. 表達意見：消費者對有關消費者權益之公共政策，有表達意見之權利。

6. 請求賠償：消費者對瑕疵之產品或低劣品質之服務，有請求賠償之權利。

7. 消費教育：消費者對有關消費之知識與技巧，有取得之權利。

8. 健康環境：消費者有要求在安全、不受威脅，且有人性尊嚴環境下生活之權利。

（二）五大義務

1. 認知：消費者對於產品之品質、價格與服務，有提高警覺與提出質疑之義務。

2. 行動：消費者有維護自己權益，必要時採取或支持各種行動之義務。

3. 關懷：消費者對自己之消費行為，有確保不會對別人造成傷害

之義務。

4. 環保：消費者就日常之消費品與消費行為，有了解是否對環境造成汙染之義務。

5. 團結：團結就是力量，全體消費者有團結並發揮影響力之義務。

二、消費者保護團體的產生

（一）中華民國消費者文教基金會

「中華民國消費者協會」與「臺北市國民消費協會」分別在民國57年和民國62年在臺北市成立，不過當時社會大眾對於消費者意識尚未普遍建立，消費者運動尚未獲得回響。

較有規模也廣為人知的民間消費者保護團體就是「中華民國消費者文教基金會」，成立於民國68年。當年夏天，臺灣中部地區民眾因食用廠商製造販賣的米糠油，而發生嚴重的「多氯聯苯受害事件」，受害者多達二千多人，且大多數屬於經濟上的弱者，而加害廠商非但未盡賠償責任，反而以脫產方式逃避責任；同年底又發生「假酒事件」，有教授因飲到假酒而失明。

上述的一連串事件，掀起社會輿論對於消費者權益問題的重視，有鑑於消費受害案件頻傳，消費者又多無組織，資訊又缺乏，是弱勢的一群人，實有保護的必要。而實際購物的消費者又以婦女特別是母親居多，故於當年母親節，由一批專家學者與社運人士發起消費者保護運動，舉辦多場有關食品與消費者、藥品與消費者……等座談會，引起了社會大眾廣大的回響，事後逐向教育部申請成立「中華民國消費者文教基金會（簡稱消基會）」。消基會的服務範圍包括保護消費者問題之研究、推廣消費者教育、推動消費者保護法規之立法，協助消費者申訴、訴訟、提供檢驗服務、發行消費者刊物……等等，為維持消基會的中性立場，消基會不接受企業廠商任何金錢的捐助，參與消基會的工作人員也多不得參與任何政黨活動。

（二）行政院消費者保護會

除了民間的消基會以外，官方單位也在民國83年1月11日公布施行《消費者保護法》，並於同年7月1日，於行政院下成立「消費者保護委員會」，由行政院副院長兼任主任委員，將消費者保護之理念與責任正式納入行政體系中，不讓民間的消基會專美於前。

依《消費者保護法》第41條規定，行政院為推動消費者保護事務，辦理下列事項：

1. 消費者保護基本政策及措施之研擬及審議。
2. 消費者保護計畫之研擬、修訂及執行成果檢討。
3. 消費者保護方案之審議及其執行之推動、連繫與考核。
4. 國內外消費者保護趨勢及其與經濟社會建設有關問題之研究。
5. 消費者保護之教育宣導、消費資訊之蒐集及提供。
6. 各部會局署關於消費者保護政策、措施及主管機關之協調事項。
7. 監督消費者保護主管機關及指揮消費者保護官行使職權。

消費者保護之執行結果及有關資料，由行政院定期公告。

民101年1月配合行政院組織改造，「消費者保護委員會」併入行政院本部，委員會議改制成立任務編組的「消費者保護會」，消費者保護會負責消費者保護政策、法規、機制、執行成果等重要消保事務之諮詢審議及跨部門協調，設委員17至27人，行政院副院長為當然委員並兼任召集人，其餘委員由相關政府機關首長、全國性消費者保護團體代表、全國性企業經營者代表及專家學者組成，消費者保護會之幕僚作業由業務單位「消費者保護處」辦理。

在消費者權利意識不斷覺醒的情況下，各種民間或政府的消費者保護團體組織紛紛成立，消費者可申訴的管道日益多元化。整體而言，官方的消保會除了具有與民間的消基會一樣的申訴管道功能之

外，消保會更注重於一些消保政策的擬定及事前的防範宣導工作。

在消費者權利意識不斷覺醒的情況下，各種民間或政府的消費者保護團體組織紛紛成立，消費者可以申訴的管道日益多元化。整體而言，官方的消保會除了具有與民間的消基會一樣的申訴管道功能以外，消保會更注重於一些消保政策的擬定及事前的防範宣導工作。

02 綠色行銷

一、社會性行銷的時代

　　行銷哲學的觀念隨著時代的不同，也有不同的觀念演變。從最早期以產品為出發點的「生產導向」，重視的只是把產品生產出來就不怕東西賣不出去；到後來的「銷售導向」，產品不只是生產出來而已，還要想辦法透過各種推銷與促銷的手段把產品賣出去；再到「行銷導向」，重點在於透過顧客需求的滿足，以達成公司的利益。

　　上述不管是產品導向、銷售導向或行銷導向，出發點都只是站在公司利潤或消費者利益，而沒有考慮到社會大眾全體的利益，因此起而代之的是「社會性行銷（societal marking）導向」時代的來臨。社會性行銷導向指的是，公司在制定行銷決策時，應同時兼顧消費者需求的滿足、公司的利潤目標以及社會大眾的福祉三者之間的平衡。

　　社會性行銷在考慮社會大眾的福祉時，有時甚至會犧牲公司以及消費者的利益。例如：行銷者賣一瓶30元的保特瓶汽水給消費者，消費者喝完了汽水，獲得了解渴的需求滿足後，瓶子順手一丟，形成了社會成本，把保特瓶的處理費用轉嫁給社會大眾來負擔，犧牲了社會

大眾的利益。站在社會行銷的觀念，行銷者在將汽水賣給消費者時，每瓶汽水另加2元的保特瓶回收押瓶費，售價由30元調升為32元，消費者將保特瓶回收後，再退2元押瓶費給消費者。如此為了回收保特瓶，使得汽水的售價提升，增加了消費者的負擔，也增加了行銷者的回收處理費用，然而卻能同時考慮到社會大眾的利益。

二、綠色行銷

綠色行銷指的是行銷者在進行產品、定價、通路、促銷的行銷組合策略時，各項做法會考慮符合環保的需求，並積極鼓勵倡導「綠色產品」。所謂綠色產品，指的是該產品在環境及社會品質的表現，比傳統或競爭性品牌有明顯優異者，其特質為可回收、低汙染、省能源等等。

（一）產品策略方面

1. 進行產品設計時，儘量避免產品的過度包裝，並採用易於回收處理的包裝材料。例如：在一盒餅乾中，不必要每一小片餅乾皆用個別包裝；飲料的包裝容器以紙盒來代替保特瓶。

2. 使用原料及製造過程中，儘量減少產品對環境的不良影響。例如：同樣是殺蟲劑，種類有兩種：一為有機化學物質的DDT類；二為生物性殺蟲劑。前者使用後會有藥物殘留的現象，造成環境汙染；後者使用後不會有此現象，因此為了環保因素，宜採用生物性殺蟲劑以代替DDT類殺蟲劑。

3. 產品可重複使用、壽命長、實施拆裝回收制度。例如：目前使用中的乾電池、奇異筆、原子筆等，皆是用完即丟，若能將乾電池改進成可以再充電；奇異筆與原子筆改進成可再補充墨水、可重複使用。

（二）定價策略方面

　　為促銷鼓勵消費者使用綠色產品，對於綠色產品的價格訂定，應讓消費者對綠色產品的認知價值與綠色產品的價格比值，要比消費者對傳統產品的認知價值與傳統產品的價格比值有競爭力，其比值公式如下：

$$\frac{消費者對傳統產品的認知價值}{傳統產品的價格} \leq \frac{消費者對綠色產品的認知價值}{綠色產品的價格}$$

（三）通路策略方面

　　進行行銷通路規劃時，除了考慮如何把產品透過所設計的通路，從生產者手中運送到消費者手中以外，也要同時設計考慮回收產品的回收通路。例如：保特瓶回收的通路，對消費者愈方便愈順暢，回收點愈多，其回收的效果愈好。

（四）廣告策略方面

　　要做有關綠色議題的廣告訴求或主張，例如：以成本效益比值來鼓勵消費者多採用綠色產品的理性訴求，或是以感性的消費者道德意識訴求，使消費者多使用綠色產品。

三、綠色消費意識

　　有很多因素會影響消費者的決策購買行為，例如：消費者的知覺、態度、文化因素、社會因素……等等。研究發現，愈來愈多的消費者在選購產品時，會將「環保因素」列入購買決策的考慮因素，也就是說，對於同樣的兩項產品。例如：紙盒裝的飲料與保特瓶裝的飲料，由於紙盒裝的飲料比保特瓶裝的飲料，較沒有環保回收處理的問題，消費者在這種環保消費意識的情況下，會傾向購買紙盒裝的飲料。

隨著消費者的綠色消費意識抬頭，使得組織奉行綠色行銷也可為組織帶來相對的效益。舉例說明如下：目前國內很多公司也在響應採用「再生紙」，雖然再生紙的外觀看起來比較黃，表面摸起來比較粗糙，但多用再生紙，就可以減少紙漿的消耗量，可以少砍幾棵樹，可以為我們的子孫多留一些綠色的生活空間與環境。當行銷者有這種綠色環保的觀念，能夠把再生紙用在公司型錄、公司簡介、名片、信紙……等等印刷物上，也許更能夠得到消費者的認同，提升公司的公眾形象，反而更有助於公司產品的促銷，這就是公司考慮社會未來長期利益，奉行綠色行銷，無形中也為公司帶來利益。

03 行銷倫理

　　行銷者在透過各種不同行銷手段，提供產品或服務給顧客的行銷活動中，除了前述的綠色行銷的概念以外，筆者認為進行行銷組合4Ps'（產品策略、定價策略、通路策略、促銷策略）的行銷手段過程中，還有一些行銷倫理可資參考，以下分述之。

一、產品策略

　　行銷者在做產品策略規劃時，為善盡保護消費者的責任，有義務要注意以下數點：

（一）提供安全可靠的產品給消費者

　　不安全而有害人體的產品對消費者危害甚大，在民國68年國內的多氯聯苯及假酒事件，由於廠商缺乏商業倫理道德，造成消費者無可彌補的損失。

　　常見的一些違背行銷倫理的做法，例如：1.在產品中加入一些不應該加入的成分，例如：在中藥內加入西藥成分且有副作用的副腎上腺皮質素（俗稱美國仙丹）、在魚丸中使用硼砂、在化妝品中使用有害人體的汞。2.種植蔬菜的農人在噴灑農藥後，未經過安全期限就將蔬菜收割，拿到果菜市場銷售。3.明知道產品含有有害人體的成分，卻未告知消費者而仍在市場上銷售。以銷售石綿天花板的美國曼維爾公司（Manville Corporation）為例，說明如下：

天花板的材料種類有石膏（gypsum）、礦物纖維（mineral fiber）、玻璃纖維（fiber glasses）、石綿（asbestos）等等，其中石綿的材質有害人體健康，當天花板上的石綿掉落飄浮在室內而遭人們吸入時，將會導致一連串的肺部疾病，甚至肺癌等後遺症。美國曼維爾公司就是早期生產石綿天花板的大型企業，該公司明知石綿對健康有害，但爲了商業利益，決定隱瞞事實真相，對於已染病的員工資料也祕而不宣，也不告知消費者，做出違背行銷倫理的決策行爲。後來法院判定曼維爾公司是有意做出不人道、殘酷的企業決策，而必須賠償所有消費者。

（二）做好產品標籤與標示的工作

產品標籤的功能，有助於讓消費者辨識產品品牌、等級以外，還可以描述一些產品的訊息。標籤與標示的工作，有些是在法令上有所強制規定，例如：藥品的成分、用法用量、適應症、有效期限等等。其他即使法令上並未強制規定，行銷者基於服務消費者的立場，以利於產品的促銷，仍有義務責任於標籤或標示上充分揭露產品的相關訊息，包括：製造商、生產地、製造日期、主成分名稱、安全性的使用方法、有效儲存條件……等等。

常見的一些違背行銷倫理的做法，例如：

1. 產品標籤上雖將產品分類爲A、B、C三種等級，但在實際品質上卻無很大差異。

2. 產品實質上只是一種「營養食品」，卻誇大該產品的治療效果。

（三）負起產品責任，做好產品保證工作

廠商應對其製造出廠的產品，不論是由其直接或間接透過經銷商賣給消費者，廠商都應對其產品缺陷所造成消費者的任何損失負起絕對責任。

常見的違背行銷倫理的做法，例如：

1. 「貨物一出門，一概不退換」。

2. 「一手交錢、一手交貨，銀貨兩訖」。

3. 貨物賣出去，不負維修責任，或是將貨品故障壞掉的責任歸因於顧客的不當使用所致，而不願負起保固維修的責任。

二、定價策略

行銷者提供產品或服務給消費者，透過消費者需要的滿足以獲得行銷者應有的利潤。追求利潤本是企業永續經營的基本要件，然而問題的爭議點在於，行銷者追求的利潤究竟是以「合理滿意的利潤」即可呢？還是追求「利潤極大化」？

行銷者所用的一些定價方法，從消費者口袋中所獲取的「超額利潤」是否有違背行銷倫理？這些超額利潤的定價方法包括：

1. 感受價值（perceived value）的需求導向定價法：成本一元的產品基於顧客的感受價值為十元，定價為十元。

2. 市場榨脂定價法（skimming pricing）：採取顧客最高可以支付的價格，毫無保留的刮取顧客所有的油脂。

3. 因顧客不同的差別定價法（discriminatory pricing）：明明是同一種產品，卻對不同的顧客（所得不同、資訊不同）收取不同的費用，是否有違「童叟無欺」的誠信原則。

上述的定價法，是否有違行銷倫理？站在不同立場，會有不同的認知。

行銷者的立場認為，雖然其定價有超額利潤，但是其利潤也是來自於消費者效用的滿足，他所定的價格愈高，消費者獲得的效用值愈高。

消費者的立場認為，行銷者與消費者兩造之間，存在著「資訊不對稱」的現象，消費者所擁有的資訊相對於行銷者較少，消費者相對於行銷者為弱勢團體，行銷者不應挾其強勢的資訊，榨取消費者不當

的「超額利潤」。

三、通路策略

　　行銷者將產品從製造商透過經銷商、批發商、零售商傳送到消費者手中的通路過程中，常見的一些受到爭議的問題有：

（一）區域經銷商之間越區銷售的水平衝突

　　當甲、乙、丙……等區域經銷商，在總經銷商轄下相互約定各自負責經銷某一個區域（例：一個縣市）的情況下，某甲為了業績，是否可以越區銷售，搶奪某乙的客戶呢？這種不遵守原先約定的經銷銷售行為，是否有違行銷倫理道德呢？

（二）總經銷與下游經銷商之間的垂直衝突

　　總經銷商（A公司）雖把下游客戶分配給各區域經銷商（甲、乙……等公司），但A公司仍保留部分主要的大型客戶（稱之為key account），如此會發生總經銷商（A公司）與經銷商（甲公司）爭奪同一個客戶，總經銷商此種行為是否違背行銷倫理道德呢？

（三）透過傳銷老鼠會的直銷方式

　　多層次傳銷為行銷通路的一種，為零階通路，係指企業透過一連串獨立之直銷商來銷售商品，每一直銷商除可賺取零售利潤外，並可透過自己所招募、訓練的直銷商而建立之銷售網來銷售公司產品，以獲取獎金及其他經濟利益。其較具爭議之作法有：

　　1. 參加人之收入來源，主要係基於介紹他人加入，而非基於其所推廣或銷售商品或勞務之合理市價者。

　　2. 當所銷售商品或勞務的定價較之一般市面相同或同類商品的價格明顯偏高。

　　3. 在加入直銷商之前，須先繳交高額之入會費或要求認購相當金

額之商品，而這些商品並非一般人在短期內所能售完者。

吉米鹿國際股份有限公司，透過直銷商代其銷售醫療健康器材時，由於參加人於加入其傳銷組織前，吉米鹿公司並未告知參加人其「資本額」事項，有虛僞不實及引人錯誤之表示，並就有關參加人退出傳銷組織之退貨辦法定有「購貨日期已逾30天者（以購貨發票開立日至退換貨申請日期間計算）」不接受退換貨之規定；於廣告上引人誤以爲商品業經衛生署核發醫療器材許可字號；於商品之退換貨辦法中，定有足以影響交易秩序之顯失公平條款。因此，吉米鹿公司遭到公平會的處罰。

四、促銷策略

常見的違背行銷倫理的作法如下：

（一）業務人員運用一些不太合宜的手段（例如：銷售佣金回扣），以遂行其銷售目的

公共建築物於建築師設計階段時，銷售建材的業務人員登門拜訪建築師並介紹其建材產品，承諾建築師若指定使用該公司廠牌的建材，將給予「指定費」的酬勞；到了營造廠發包的階段，又承諾給予營造廠採購人員「採購回扣」。對於處方用藥的藥品業務代表，到醫院拜訪開處方的醫師，正常的銷售作法是向其介紹該藥品的特性適用症，但往往卻也會有一些業務人員承諾醫師若開處方使用該藥品，將依處方用藥量給予某種定額比例的「開處方費用」酬勞。以上這些銷售，行爲皆有違一般人可以接受的行銷倫理。

（二）競標廠商於公共工程公開招標作業時採用「圍標」作法，以遂行取得超高價格的目的

公共工程採用公開招標方式，無異是要透過公開競爭的方式，採購到更有競爭、更合理的價格，對於競標的廠商，也希望能取得較

有利潤的合約工程。正常的行銷作法，競標廠商應設法降低自己的成本，獲取正常的利潤，如果競標廠商採用「圍標方式」，也就是所謂的「搓圓仔湯」，拉抬得標價格，得標的一方再將其超額利潤分配給其他配合圍標廠商，更有甚者，圍標的三家廠商，皆來自同一家公司旗下不同名號的三家公司。上述這種作法，是否違背行銷倫理呢？

（三）虛偽不實的廣告

廣告是行銷者常用的促銷方式，透過虛偽不實的廣告，以誤使消費者衝動購買，是不符合行銷倫理，甚至有違《公平交易法》的違法行為，尤其是在不動產的交易。消費者終其一生僅能進行少次的不動產交易，因此購買經驗甚為有限，加以購屋資訊不足，極易發生建商以不公平競爭、不實的廣告來誤導消費者，建商常用的不實廣告甚多，茲略舉一二如下：

1. 在都市計畫工業用地或非都市計畫土地使用區分編定為丁種建築用地上，此種案例事實上只能興建有關工業使用之房屋，但有些業者竟將其做為一般住宅用地來銷售，而未將「使用分區為工業區」及「土地是工業用地」等事實讓消費者知曉。

2. 對於欲售建築物的實際坐落位置，並未做明確的標示，僅敘為「東海大學前、臺灣大道、國際街口」，而前述之位址事實上僅為「接待中心地址」，而與實際建築物尚有一段路程。

3. 還有用一些不實的廣告詞，諸如「距臺北車站車程五分鐘」，除非是完全無交通阻礙，開最快車速才有可能到達，否則，五分鐘是不可能到的。

除了不動產的銷售廣告以外，還有汎德股份有限公司於汽車銷售廣告上就分期付款利率為虛偽不實及引人錯誤之表示；以及美商花旗銀行股份有限公司為促銷信用卡所刊登的「前進澳門活動」廣告有引人錯誤之表示或表徵……等等，皆為被公平會處罰的案例。

04 行銷倫理與《公平交易法》

一、《公平交易法》

我國的《公平交易法》係於民國80年2月4日經總統公布，並於民國81年2月4日起正式生效施行，同年6月24日《公平法施行細則》由公平會發布。《公平交易法》規範的行為主要有兩部分，第一部分為企業的獨占、結合、聯合行為；第二部分為不公平競爭行為。目前公平會的主要業務偏重在第一部分業務，對於第二部分的不公平競爭行為，在執行上有其標準認定的困難。換言之，行為的標準尺度就如一個光譜連續帶，超過某個尺度標準，即構成違反《公平交易法》，這個標準尺度到底應是多少？而違法事項的成立，也有賴第三者的舉發，並經公平會召開委員會討論確認後成立，事實上，仍有不少違法行為未經發現舉發者。

因此，為確保公平競爭，維護交易秩序與消費者利益，除了《公平交易法》的法律執行外，更重要的是，企業界要能從內心發出倫理道德觀念。《公平交易法》對於不公平競爭行為的規範部分，仍可作為行銷倫理的規範準則。

《公平交易法》中對於有妨礙公平競爭行為之虞的規範部分，包括：

（一）約定轉售價格行為（第18條）。

（二）妨礙公平競爭行為（第19條），包括六款行為，將於第七章中說明。

（三）仿冒他人商品或服務表徵行為（第20條）。

（四）虛偽不實廣告行為（第21條）。

（五）損害他人營業信譽行為（第22條）。

（六）不當多層次傳銷行為（第23條）。

（七）其他。

《公平交易法》第24條：「事業亦不得為其他足以影響交易秩序之欺罔或顯失公平之行為」，此乃對不公平競爭行為以「概括約定」方式來規範，所謂「不公平競爭」，係指行為具有商業競爭倫理的非難性；而對於行為是否違反「影響交易秩序」，係指符合社會倫理及效能競爭原則之交易秩序。

二、《公平交易法》與行銷倫理

對於不公平競爭的約束，在未完成立法之過去係透過道德規範來約束，但從民81年《公平交易法》公布施行後，對於上列所述不公平競爭行為，則屬於法律的約束範圍，違法者經公平交易委員會命其停止其行為而不停止者，行為人將被處以有期徒刑、拘役或科或併科罰金。（註：詳細罰則請參閱《公平交易法》第六章）。

公司行號及其他從事交易的個人或事業不得有不公平的競爭行為，固然有《公平交易法》的法律約束與規範，然而有兩項問題值得我們來探討：

1. 什麼樣的行為尺度標準，才算構成違法行為，其在認定上也有一些爭議與執行上的困難。例如：杯葛行為事實上普遍存在於一般的商業交易，什麼樣的杯葛行為才算違法呢？其判斷標準也是由商業倫理及公序良俗觀來認定，當該行為實施的結果可能減損市場之競爭機能者，即可能違法。

2. 事業若有違法之事實行為，也必須經人發現舉發並經裁定後，才能以法律來糾正之。事實上，市場內也有不少違法行為未經第三者

發現而舉發者。因此，爲建立並維護一個公平競爭的市場交易秩序，以保護消費者的權益，並不能完全依靠法律的約束，法律有時而窮，更重要的還是要靠事業經營者發自內在的行銷倫理道德精神。

三、公平會與消保會的分工

公平會與消保會兩個行政院直屬的單位，其成立的緣起皆是爲了保護消費者的權益，但兩單位的工作著力點有別，消保會著力點在於「消費者的層面」，對消費者宣導消保的觀念，接受消費者的申訴管道；公平會著力點在「公司企業的層面」，對企業加以監督，防止企業有違反公平競爭的行爲而有損消費者的權益；兩單位的分工可形成相輔相成的效用。

自我評量題目

一、請說明消費者有哪八大權利與五大義務？消費者的權益要如何才
　　能確保？

二、何謂社會性行銷？並舉一個例子說明之。

三、何謂綠色產品？何謂綠色行銷？現階段的臺灣廠商，有無進行綠
　　色行銷的案例？

四、請就教科書上所敘述的行銷倫理（例如：經銷商越區銷售、工程
　　圍標、不實的廣告），說明你的想法。

五、請說明《公平交易法》與行銷倫理之關係？並提出你的建議，如
　　何建立並維護一個公平競爭的市場交易秩序？

參考書目

行政院公平交易委員會，簡介公平交易法，民86年6月出版。

行政院公平交易委員會，公平交易統計年報，民87年3月出版。

李田樹譯（1988），生意經就是道德經，世界經理文摘，第21期，
1988年2月1日。

預售屋不實廣告

臺灣新建住宅在取得建造執照後，即開始銷售新建住宅（預售屋）。在預售屋銷售時，建商或銷售公司會以樣品屋和廣告DM進行宣傳。建商為了提高購屋者之購買意願，常有不實售屋廣告之情形。以下為常見之各種不實售屋廣告：

2010年10月公平交易委員會（以下簡稱公平會）發現臺北縣尚穎建設公司「君臨天下白金特區」廣告宣稱「陽臺外移」、「增加面積約1.6坪」，因陽臺未申請建照，廣告涉及不實。公平會在10月20日表示，消費者承購後只得承受罰鍰、恢復原狀等風險，尚穎建設的廣告，足以認定虛偽不實及引人錯誤之情事。違反《公平交易法》第21條，處以新臺幣120萬元罰鍰（註1）。

2011年1月公平會發現大睦建設股份有限公司銷售「莊子人文行館」，將廣告手冊「平面參考示意圖」中，1樓至3樓陽臺位置標示為客廳、主臥房及次臥房等室內空間，輔以現場實景圖片顯示空間運用。公平會表示，大睦公司於建案廣告上，將陽臺位置標示為室內空間，廣告內容虛偽不實，違反《公平交易法》，處新臺幣50萬元罰鍰（註2）。

2014年10月公平會發現永勗建設銷售新竹市之「市政藝心」建案廣告，將陽臺、花臺、屋簷位置標示為停車或室內空間。日光行館建設銷售臺南市之「日光行館2」建案廣告，將停車空間及陽臺位

置標示為室內空間，公平會10月29日對於上述兩家建設公司均涉及廣告不實情事，各罰10萬元（註3）。

2015年8月坤成建設及總穎廣告公司銷售桃園市新建案「大溪皇品」時，將陽臺部分面積標示為室內空間使用，公平會裁處坤成公司15萬元、總穎公司10萬元罰鍰（註4）。

以上尚穎建設等六家公司在銷售建案之廣告中，將陽臺標示為室內空間之用途，廣告內容虛偽不實，易引人錯誤之情事，違反《公平交易法》第21條。

2011年3月16日公平會表示，豐邑建設銷售新竹縣之「宏觀大器」建案，於預售屋廣告刊載「光燦迎賓LOBBY」、「陽光健身房」等多項設施為開放空間，內容虛偽不實，違反《公平交易法》，處新臺幣100萬元罰鍰（註5）。

2014年9月24日公平會表示，寶德公司銷售「麗池香榭」建案廣告，將開放空間所在位置刊載籃球場及遊戲區圖示，就用途及內容為虛偽不實及引人錯誤的表示，處新臺幣50萬元罰鍰（註6）。

2014年11月26日公平會宣布，明峰建設銷售屏東縣「極豐」建案，於一樓家具平面配置參考圖，將室外空間標示為臥室室內空間的一部分，涉及廣告不實，公平會宣布開罰新臺幣10萬元罰鍰（註7）。

2015年08月19日公平會宣布，野村建設股及成鼎國際開發公司銷售新竹市新建案「常在」，在廣告將建物一樓開放式停車空間登載為封閉式室內空間，中庭登載違建涼亭等設施，涉及廣告不實，公平會各處20萬元罰鍰（註4）。

以上豐邑建設等五家公司在銷售建案之廣告中，將一樓之開放空間或室外空間列為室內空間，廣告內容虛偽不實，易引人錯誤之

情事，違反《公平交易法》第21條。

2014年10月29日公平會宣布，弘軒建設銷售新北市「蘭·會所」建案，在網路刊登廣告，其內容所載的平面家具配置圖將機電空間位置標示為居室空間的一部分，也涉及廣告不實，公平會開罰新臺幣30萬元罰鍰（註3）。

2015年11月4日公平會委員會議通過，銓懋建設公司及翌富廣告限公司銷售「幸福我家No.2」建案，於家具平面配置參考圖將機械室及儲藏室以虛線標示作為臥房使用，涉及廣告不實，違反《公平交易法》第21條。公平會開罰，各處新臺幣15萬元及10萬元罰鍰（註8）。

以上弘軒建設及銓懋建設兩家公司在銷售建案之廣告將機械室、儲藏室列為室內空間，以增加室內空間坪數，使購屋者感覺坪數較多，房屋每坪單價較為便宜，廣告內容虛偽不實，易引人錯誤之情事，違反《公平交易法》第21條。

2011年2月23日公平會宣布，竹南「公園苑」建案位於工業區，建造執照使用用途為一般事務所，依法不得作住宅使用。但平面參考圖、樣品屋表現為一般住家格局。易使消費者誤解為多用途建案，涉及廣告不實。此已違反《公平交易法》第21條。公平會委員會議通過處罰總誼建設公司120萬元、富旺公司（銷售）50萬元罰鍰（註9）。

2015年4月8日公平會委員會議通過，「敦揚」建案使用分區為山坡地保育區丙種建築用地，使用用途為辦公室。而悅揚開發股份有限公司（下稱悅揚公司）及麥特廣告股份有限公司（下稱麥特公司）於銷售「敦揚」建案廣告上，對於辦公室用途之建案使用一般住宅之用語：「你可以走出房子，但你總要回家。在臺北在東區，

你想出走又想回家，那這裡就是夢想的家」。圖示：該案「B2 3-4F 傢俱配置參考圖」刊載客廳、餐廳、衛浴、臥室等裝潢家具，並擺放於建案銷售現場提供給消費者參考。公平會認為，整體來看，都會讓一般消費大眾誤認該建案可供一般住宅使用，並據此認知作成交易決定。就商品之用途為虛偽不實及引人錯誤之表示，違反《公平交易法》第21條第1項規定，分別處悅揚公司新臺幣120萬元、麥特公司新臺幣50萬元罰鍰（註10）。

　　由以上不實售屋廣告分類為：(1)將陽臺列為室內空間；(2)將一樓之開放空間或室外空間列為室內空間；(3)將機械室、儲藏室列為室內空間，以增加室內空間坪數，使購屋者感覺坪數較多，房屋每坪單價較為便宜；(4)建設公司及廣告公司將使用用途為一般事務所或是辦公室之建案，以一般住宅用途廣告進行銷售。以上各項皆是以不實廣告欺騙購屋者購買，為違反《公平交易法》第21條。而消費者購買到不實售屋廣告之房屋時，將會受到巨大金錢之損失。消費者在購屋時，必須注意售屋廣告是否有不實的情形，以免購屋之後遭受重大之金錢損失。

　　對於違反《公平交易法》第21條之業者，主管機關可依《公平交易法》第42條之規定，對違反業者得限期令停止、改正其行為或採取必要更正措施，並得處新臺幣5萬元以上2千5百萬元以下罰鍰；屆期仍不停止、改正其行為或未採取必要更正措施者，得繼續限期令停止、改正其行為或採取必要更正措施，並按次處新臺幣10萬元以上5千萬元以下罰鍰，至停止、改正其行為或採取必要更正措施為止。

註 釋

註1：耿豫仙，台「君臨天下」又出包，廣告不實罰120萬，2010年10月20日，大紀元新聞網，取自網址：http://www.epochtimes.com/b5/10/10/20/n3060265.htm

註2：謝君蔚，台建案廣告不實，罰50萬，2011年1月13日，大紀元新聞網，取自網址：http://www.epochtimes.com/b5/11/1/13/n3141332.htm

註3：廖千瑩，建案廣告不實，公平會今開罰，2014年10月29日，自由時報，取自網址：http://news.ltn.com.tw/news/business/breakingnews/1143877

註4：潘姿羽，桃竹建案廣告不實，公平會開罰，2015年08月19日，聯合報新聞網，取自網址：http://udn.com/news/story/6/1131156-%E6%A1%83%E7%AB%B9%E5%BB%BA%E6%A1%88%E5%BB%A3%E5%91%8A%E4%B8%8D%E5%AF%A6-%E5%85%AC%E5%B9%B3%E6%9C%83%E9%96%8B%E7%BD%B0

註5：謝君蔚，台公平會：廣告不實，豐邑建設遭罰百萬，2011年3月16日，大紀元新聞網，取自網址：http://www.epochtimes.com/b5/11/3/16/n3199555.htm

註6：吳靜君，台公平會：建商標示不實，罰50萬，2014年9月24日，大紀元新聞網，取自網址：http://www.epochtimes.com/b5/14/9/24/n4255895.htm

註7：廖千瑩，明峰建設建案廣告不實，公平會開罰，2014年11月26日，自由時報，取自網址：http://news.ltn.com.tw/news/business/breakingnews/1166981

註8：方暮晨，新北「幸福我家No.2」建案廣告不實！公平會開罰，

2015年11月05日，買購房地產新聞，取自網址：http://www.
mygonews.com/news/detail/news_id/115082/%E6%96%B0%E5%
8C%97%E3%80%8C%E5%B9%B8%E7%A6%8F%E6%88%91
E5%AE%B6No.2%E3%80%8D%E5%BB%BA%E6%A1%88%E5
%BB%A3%E5%91%8A%E4%B8%8D%E5%AF%A6%EF%BC%
81%E5%85%AC%E5%B9%B3%E6%9C%83%E9%96%8B%E7%
BD%B0

註9：耿豫仙，建案廣告不實 台公平會罰170萬，2011年02月23
日，大紀元新聞網，取自網址：http://www.epochtimes.com/
b5/11/2/23/n3179017.htm

註10：公平交易委員會公平競爭處，新北市「敦揚」建案廣告不
實！悅揚開發公司罰120萬元及麥特廣告公司罰50萬元，2015
年4月8日，行政院即時新聞網，取自網址：http://www.ey.gov.
tw/pda/News_Content.aspx?n=E7E343F6009EC241&sms=E452E
BB48FCCFD71&s=C1EAC6588F1F660A

藝人代言不實廣告案

　　藝人為公眾人物，其言行常為一般社會大眾注視，甚而跟隨，
而企業界依此特性常會請藝人代言公司產品以提高產品之知名度
及銷售業績。但是藝人為代言產品所拍攝之廣告常有虛偽不實之情
形，而使消費者在接受不實之資訊，而購買未如廣告所介紹之效果
的產品。下列為過去藝人所代言不實廣告之情形：

　　2015年3月10日《中國時報》報導由藝人小S（徐熙娣）在大陸
代言的美國佳潔士雙效炫白牙膏廣告，因廣告誇大不實，遭上海工
商局重罰603萬元人民幣（約3,015萬元新臺幣），創下大陸廣告不實

罰款最高紀錄。藝人小S（徐熙娣）代言的牙膏廣告詞為「使用佳潔士雙效炫白牙膏，只需一天，牙齒真的白了」，誇大了牙膏美白的效果。一位業內人士表示，牙膏的作用一般是清潔，偶爾有防酸或防敏感等功能，美白實際上是很難做到的（註1）。

小S先生許雅鈞投資胖達人麵包店，胖達人麵包好吃，並聲明麵包中並無添加人工香精及防腐劑，該店之廣告標榜「天然酵母，無添加人工香料」。小S亦多次為胖達人（パン達人）手感烘焙麵包店站臺促銷麵包，也拍攝人形廣告立牌，臺中、高雄、上海等地胖達人麵包店都看過她的身影（註2）。2013年8月17日香港演奏家Keith在網路上質疑胖達人使用人工香精（註3）。胖達人麵包店在8月21、22日連發3篇聲明，從「未添加任何人工香精」、「未添加任何工業用人工香精」到「未添加任何化學製造人工香精」。但臺北市衛生局8月22日突擊檢查，在敦南分店廚房內找到了龍眼、楓糖、巧克力、荔枝、伯爵紅茶醬、紅酒醬、檸檬優格醬、藍莓、覆盆莓等9種人工香精，當場戳破了パン達人的謊言（註4）。8月26日藝人小S因胖達人麵包店「使用人工香精」之不實廣告事件，面對媒體向大家深深鞠躬道歉，並表示「向大眾致上最深歉意」（註2）。

2014年7月16日新北市衛生局公布2014年1—6月裁罰的食品違規廣告，共255件、開罰163萬元，其中有藝人劉香慈代言的塑身食品「船井burner超纖錠」電視購物廣告，廣告代理商帥群國際有限公司是第3次被新北市衛生局查到廣告不實，廣告中劉香慈摸著肚子溢出的肉，旁白又配上「少一點、再少一點」，更宣稱6週可達窈窕，易對消費者產生誤導，已移請臺北市衛生局查辦（註5）。

2011年3月3日《自由時報》報導：震達、環生兩家公司販售「等大人」、「起陽籽」等食品，涉嫌誇大具有長高或對抗高血壓

等療效，請藝人徐乃麟代言，獲利1億5千多萬元。3月2日苗栗地檢署依違反《健康食品管理法》，將環生董事長于學劍、震達董事長何修榕、朝陽科技大學陳耀寬、中醫師黃章彥等八人起訴。苗栗地檢署主任檢察官林李嘉表示，徐乃麟供稱事先不知他代言的商品誇大療效，且僅代言一次，因此未將他列為被告（註6）。

2010年05月14日臺北市議員汪志冰表示，她連續側錄富邦momo、東森購物等頻道12小時，發現多件商品誇大療效，包括星座專家、藝人薇薇安代言的「船井生醫—Burner」，打著「史上最大抗肥救星」等字眼，造成熱銷。藝人陳凱倫手拿「統一葉黃素」，聲稱「吃了以後視力越來越好」；寇乃馨推薦的「液態葉黃素」則標榜對患者眼睛有益，可改善飛蚊症等。臺北市衛生局藥物食品管理處技正沈美俐說，「船井生醫—Burner」提及「燃燒脂肪」、「統一葉黃素」和「液態葉黃素」宣稱可改善飛蚊症等，已涉誇大不實，可依《食品衛生管理法》對業者處4萬至20萬元罰款（註7）。

食品藥物管理署於2014年度監控電子媒體（電視、電臺、網路）廣告計11,236件，共查獲1,305件違規廣告，其中食品類高達865件（66.3%）為首，化妝品類261件（20.0%）次之，再其次則為藥物類179件（13.7%）（註8）。

每年電子媒體有1千多件的不實廣告，企業界為了使消費者相信其廣告的真實性，常會請藝人代言公司產品，以促銷產品。但是由上述之藝人代言產品仍有許多不實廣告。消費者仍然需要注意廣告內容的真實性，「看」清商品標示與相關說明，並多「聽」取正確資訊（註8），不要看到藝人代言產品的廣告，便立即相信廣告內容而購買該產品，仍然需要去了解該項產品之正確資訊，才能作出正確的購買決策。

註 釋

註1：楊家鑫，小S代言，美牙膏重罰3015萬，2015年03月10日，中國時報，取自網址：http://www.chinatimes.com/newspapers/20150310000480-260108

註2：徐卉，為夫站台胖達人 小S鞠躬道歉，2013年8月26日，中央通訊社，取自網址：http://www.cna.com.tw/News/FirstNews/201308260034-1.aspx

註3：台北報導，誤以為廠商提供天然香料，胖達人總經理鞠躬致歉，2013年8月23日，東森新聞雲，取自網址：http://www.ettoday.net/news/20130823/260929.htm#ixzz42E34gr3r

註4：綜合報導，衛生局突擊胖達人藏大量香料色素，天然謊言破功，2013年8月23日，東森新聞雲，取自網址：http://www.ettoday.net/news/20130823/260691.htm

註5：池雅蓉，累犯！船井burner又涉廣告不實，2014年07月17日，中國時報，取自網址：http://www.chinatimes.com/newspapers/20140717000504-260107

註6：彭健禮、陳建志、張協昇，等大人誇大療效，被訴，2011年3月3日，自由時報，取自網址：http://news.ltn.com.tw/news/life/paper/472908

註7：綜合報導，薇薇安、寇乃馨遭點名 藝人代言食品誇療效，2010年05月15日，蘋果日報，取自網址：http://www.appledaily.com.tw/appledaily/article/headline/20100515/32514050/

註8：食品藥物管理署，切勿輕信誇大不實的違規廣告 看了廣告！錢也花了！說好的神奇效果在哪裡？2015年2月25日，衛生福利部，取自網址：http://www.mohw.gov.tw/news/530948599

胖達人廣告不實

　　2010年12月，胖達人（パン達人）手感烘焙麵包店在臺北市南京東路成立，公司登記的正式名稱是「麵包達人」，創辦者為麵包師傅莊鴻銘、蔡昆成。胖達人麵包好吃，並聲明麵包中並無添加人工香精及防腐劑，該店之廣告標榜「天然酵母，無添加人工香料」。2012年4月，生技醫療上櫃公司——基因國際生醫公司（以下簡稱國際生醫）入股「麵包達人」公司1千5百萬元，改名為生技達人股份有限公司，實收資本額增為3千萬元（註1）。

　　2013年8月17日香港演奏家Keith在網路上質疑胖達人使用人工香精。8月21日胖達人總經理徐志鴻承認有用食品添加物，然後胖達人又改口說沒加食品添加物，「不排除原料商有用。」，最後更改聲明內容，變成「未添加任何工業用人工香精」，警告網友轉載香精文將負法律責任。8月22日胖達人再改聲明，這次是「未添加任何化學製造人工香精」（註2）。

　　臺北市衛生局8月22日突擊檢查，在胖達人敦南分店廚房內找到了龍眼、楓糖、巧克力、荔枝、伯爵紅茶醬、紅酒醬、檸檬優格醬、藍莓、覆盆莓等9種香精，當場戳破了パン達人的謊言。食品藥物管理處處長邱秀儀表示，廠商以「未使用『化學製造』人工香精」說法想避責，但依《食品衛生法》規定，食品添加物就是食品添加物，無謂天然、化學香精之分。胖達人使用香精卻辯稱天然，恐涉「標示、宣傳或廣告不實、誇張或易生誤解之情形」，若違法屬實，將依法開罰4萬元至20萬元罰鍰（註3）。

　　8月23日胖達人下午出面承認道歉，同時下架相關產品。總經理徐志鴻才出面道歉。他說，對於公司產品含人工香料一事，造成社會大眾不安，鄭重向社會大眾致上十二萬分歉意，並率領公司員工

二度鞠躬道歉（註4）。

臺北地檢署8月24日剪報分案，以詐欺罪偵辦。同日檢警前往胖達人總公司生技達人調閱進銷貨等資料，並約談董事長徐洵平、總經理徐志鴻以及財務、會計。25日上午約談前經營團隊的創辦人兼董事長莊鴻銘、負責採購業務的洪姓副總、現任門市王姓店長及江姓麵包師傅；僅莊鴻銘轉列被告，以新臺幣100萬元交保，限制出境（註5）。

26日檢方兵分二路，分別指揮臺北市刑警大隊前往胖達人位於新北市五股區的中央廚房，另外由檢察事務官指揮臺南警方前往販售香精給胖達人的供應商，調閱進出貨帳冊以及扣得70多種麵包配方（註6）。

27日臺北市長郝龍斌上午對胖達人麵包店退費求償，要求業者應積極通知已知留有消費紀錄的消費者辦理退費，並要求退費時程自2010年底開幕日起，至今年8月23日，退費憑據不限統一發票，收據、刷卡證明或會員資料等均可。郝龍斌也要求胖達人依《消費者保護法》第51條精神，給付1至3倍懲罰性賠償金（以消費者購買金額為計算基礎）；另外，為保障已食下肚、但無任何消費憑據的消費者，胖達人日後恢復營業，須以一定折扣方式回饋所有消費者（註7）。

8月27日停業3天的胖達人麵包店重新開張。胖達人表示，若消費者不想退費，也可憑發票，直接到各分店換取發票金額1.5倍的麵包產品。胖達人總經理徐志鴻指出，胖達人最後決定的補償方案有2種，第一種是消費者憑2010年開幕後的發票，可登記退全額，預定10月1日起發放現金，並贈送消費額25%禮券。第二種補償方案是消費者如果不想等到10月1日才領到錢，可以憑發票換取發票金額150%

的胖達人麵包回家。徐志鴻說，從今天起一連10天，胖達人各店也推出75折優惠，回饋消費者（註8）。

8月27日胖達人麵包店開始接受消費者登記退費。同日臺北市政府表示，28日起開始受理消費者對胖達人提起消費團體訴訟的申請（註9）。

9月3日臺北市法務局消保官室受理消費者對業者涉廣告不實案，提出消費團體訴訟申請，至9月2日已有73人申請，跨越20人成案門檻。由北市消保官將全案委由消基會對胖達人提告，要求3倍賠償金（註10）。

10月16日消基會董事長張智剛表示，胖達人事件適用《食品衛生管理法》第56條，11月將提團體訴訟求償，再據《消保法》求償3倍賠償金（註11）。

2014年1月28日北檢表示，胖達人所屬生技達人公司案發後提出消費者退費補償方案，自去年10月1日起接受退費，到同年11月30日止，已接受16萬8637名消費者退費，金額合計新臺幣1億185萬9,600元。對照胖達人自2012年5月開始營運，到案發前1月，期間淨利合計1億262萬6306元，兩者金額相當。胖達人所屬生技達人公司不僅商譽已蒙受重大損失，營業淨利幾乎已用於補償消費者，足以有嚴重警惕效果（註12）。

北檢偵結胖達人案，使用人工香精的創辦人莊鴻銘獲緩起訴，須製作5,000個天然麵包。因此給予緩起訴，要支付國庫新臺幣100萬元、提供120小時義務勞務及製作5,000個天然酵母麵包（註13）。

胖達人麵包店自2013年8月被踢爆使用人工香精，生意一落千丈，2014年3月3日，18家分店中，8家最近易主，改名「太陽王路易（Sun Louis）」，8家已關門，據悉另2家近期也會歇業，意味在臺

紅極一時的胖達人已走入歷史（註14）。

　　2014年4月25日財團法人中華民國消費者文教基金會（以下簡稱消基會）代1,060人向胖達人提起團體訴訟求償2,500萬元。本次胖達人團體訴訟受理消費者委託的統計結果，受讓請求權的消費者共有1,060位，於加計3倍懲罰性賠償金及精神賠償（依《食管法》第56條）後，求償金額總計25,661,660元。經加計懲罰性賠償金及精神賠償後，個別消費者求償金額最高者為82,488元、次高者75,628元（註15）。

註　釋

註1：鄧麗萍，整形大亨入主，「胖達人」變生技金雞，2012年11月，商業周刊1302期，取自網址：http://www.businessweekly.com.tw/KArticle.aspx?id=48343

註2：台北報導，誤以為廠商提供天然香料，胖達人總經理鞠躬致歉，2013年8月23日，東森新聞雲，取自網址：http://www.ettoday.net/news/20130823/260929.htm#ixzz42E34gr3r

註3：綜合報導，衛生局突擊胖達人藏大量香料色素，天然謊言破功，2013年8月23日，東森新聞雲，取自網址：http://www.ettoday.net/news/20130823/260691.htm

註4：黃麗芸，添加人工香料，胖達人承認道歉，2013年8月23日，中央通訊社，取自網址：http://www.cna.com.tw/Topic/Popular/3934-1/201308230051-1.aspx

註5：劉世怡，胖達人案，台檢警赴供應商調資料，2013年8月26日，大紀元，取自網址：http://www.epochtimes.com/b5/13/8/26/n3949431.htm%E8%83%96%E9%81%94%E4%BA%BA%E6

%A1%88--%E5%8F%B0%E6%AA%A2%E8%AD%A6%E8%B5
%B4%E4%BE%9B%E6%87%89%E5%95%86%E8%AA%BF%E
8%B3%87%E6%96%99.html

註6：劉世怡，胖達人案，檢警查扣逾70配方，2013年8月26
　　　日，中央通訊社，取自網址：http://www.cna.com.tw/news/
　　　firstnews/201308260061-1.aspx

註7：林長順、林紳旭，胖達人：賠償過高 公司恐倒，2013年08月
　　　26日，中央通訊社，取自網址：http://www.cna.com.tw/News/
　　　FirstNews/201308260021-1.aspx

註8：林紳旭，胖達人重開張，推1.5倍補償，2013年08月27
　　　日，中央通訊社，取自網址：http://www.cna.com.tw/topic/
　　　Popular/3934-1/201308270031-1.aspx

註9：戴雅真，胖達人案，北市28日受理團訟，2013年08月27
　　　日，中央通訊社，取自網址：http://www.cna.com.tw/news/
　　　firstnews/201308270008-1.aspx

註10：許麗珍，胖達人案，團體訴訟過門檻 爭賠3倍，2013年09月
　　　03日，蘋果日報，取自網址：http://www.appledaily.com.tw/
　　　appledaily/article/headline/20130903/35267094/

註11：楊淑閔，消基會11月提胖達人案團訴，2013年10月16
　　　日，中央通訊社，取自網址：http://www.cna.com.tw/news/
　　　afe/201310160201-1.aspx

註12：劉世怡，台胖達人案，退費逾億元，大紀元，2014年1月
　　　28日，取自網址：http://www.epochtimes.com/b5/14/1/28/
　　　n4070388.htm%E5%8F%B0%E8%83%96%E9%81%94%E4%B
　　　A%BA%E6%A1%88--%E9%80%80%E8%B2%BB%E9%80%B

E%E5%84%84%E5%85%83.html

註13：劉世怡，胖達人案，莊鴻銘罰做天然麵包，中央通訊社，
　　　2014年1月28日，取自網址：http://www.cna.com.tw/news/
　　　firstnews/201401280020-1.aspx

註14：郭政芬、王慧瑛，胖達人再見！八家關店，八家換老闆，
　　　2014年3月3日，好房網新聞，取自網址：http://news.housefun.
　　　com.tw/news/article/28918557715.html

註15：財團法人中華民國消費者文教基金會，消基會代1,060人向
　　　胖達人提起團體訴訟求償2,500萬元，2014年04月25日，財
　　　團法人中華民國消費者文教基金會，取自網址：http://www.
　　　consumers.org.tw/unit412.aspx?id=1805

Chapter **6**

勞資倫理

學習目標

——研讀本章內容之後，學習者應能達成下列目標：

1. 了解勞資關係的本質及意涵。
2. 了解勞資關係的演變過程及勞資倫理的發展。
3. 了解經營者的勞資倫理內涵。
4. 了解員工的勞資倫理內涵。
5. 員工面臨倫理困局的因應對策。

摘 要

由於工作價值觀、企業經營型態的改變，勞資倫理的內涵也發生了很大的變化。過去在勞力作業為主的時代，勞資關係的維護，主要是基於雇主的善意，但當工作性質逐漸由勞力工作轉向知識型工作型態，勞資關係就必須建立在勞資雙方的互動下，因此，不論資方或勞方，在勞資關係的建立上，都有其必須遵守的基本道德責任。

就經營者的立場，資方對於勞資關係的倫理議題，主要有三方面：對員工的基本責任；建立領導風格，以身作則；重視公司管理權行使時，對於員工權利的保障等。隨著時代的變遷，對於這三項倫理議題的重視程度，也有所改變，其中公司權力與員工權利的衡平，正受到愈來愈多的重視。

就員工的立場，勞資關係中的基本道德責任主要包括：對雇主的忠誠與績效的追求兩項，但是由於工作環境的複雜，常常會發生基本道德責任與個人權利衝突的問題，其中舉發公司的不道德行為，即是很明顯的衝突。但不論如何，勞資倫理都有一定的道德準則，依循相關的準則，從基本道德責任來思考，多數問題都有很清楚的道德研判。

01 勞資倫理的意涵

一、前言

在農業社會時代裡，男耕女織、日出而作、日落而息，形成一種自給自足的經濟活動型態，由於此一閉鎖的特性，人際間的關係亦頗為單純，我國五千年來以農立國，傳統倫理道德中的五倫，基本上已經足以規範了大部分人與人之間的關係。然而，由於從農業社會轉型到工業社會，資本家崛起，為了追求更有效率的生產，工廠與企業紛紛設立，此一改變也打破了傳統農業社會中，自己生產自己消費、自己就是老闆，家裡就是生產場所的型態。高度工業化的結果，資本家變成了企業家與生產者，僱傭關係成為工業社會中常見的關係型態。另一方面，工業化的結果，工廠聚集亦使得農村人口往工廠所在遷移，加速促成了都市化現象。

不論是工業化或是都市化，傳統農業社會中，以五倫為基礎的人際關係型態，已經有所改變，取而代之的是陌生的人際關係，以及契約式的約僱關係。由於關係型態的改變，在舊的倫理規範（父子、師生、親戚、宗族等）被推翻，而新的倫理規範尚未形成之際，人際間互動上的磨擦與衝突亦日漸升高，其中工業社會中最典型、常見的僱傭關係（即現代所稱的勞資關係），也就逐漸成為關注的焦點。層出不窮的勞資紛爭、不公平對待、歧視、職場中員工的不忠誠等問題，在在顯示出勞資關係亟切需要新倫理道德的規範，而此一倫理道德的

內涵為何，則是本章所要探討的課題。

二、勞資關係的本質與演變

如前所述，勞資關係的形成主要是因為工業化後，企業家（資本家）階層的興起，以及僱傭關係的形成。在傳統的農業社會中，雖然亦存在有僱傭的關係，但是由於勞僱之間，除了僱傭關係以外，彼此間還有另一層傳統的關係（親族、宗族、本家、同鄉等），在雙重的關係結構下，對於勞僱雙方都有一定程度的約束力，故此一僱傭關係的維繫亦較為穩定。然而，工業化之後所形成的僱傭關係，基本上是兩個陌生人之間的約僱關係，在兩者利益互相衝突的情況下，勞資關係的維繫與和協就更為不易，什麼才是「對的」、「應該的」勞資倫理道德規範，也一直是爭議的焦點。

然而，勞資關係本質上是動態的，隨著工業化後，工作環境與分工型態的快速變化，勞資關係的本質亦隨之變化，從過去到今天，大致上可以歸納為以下三個階段，每一個階段背景的不同，勞資的倫理規範也有所差異。

（一）資方主導的勞資關係

工業化初期，資本家以其雄厚的資金，購置一般人無力購買的生財機器，並且設立工廠。挾其機器生產的效率，傳統家庭式的手工生產型態瓦解，這些傳統生產者進入工廠，受僱於資本家而成為勞工階級。早期的工廠生產，所從事的多為勞力密集產品，工廠勞工的付出主要是以勞動力為主，由於勞力本質上並無太大的差異性，在供過於求的情況下，勞方在勞力市場中，隨時可以被取代置換，對於其勞動力的價格（即工資），亦無議價能力，因此在此一階段，勞資關係基本上是為資方主導的時期。多數資本家為了追求利潤，刻意壓低工資、不重視勞方的工作環境，形成勞資關係的緊張與對立。

在此一階段中，由於勞資關係初步形成，雙方對於勞資倫理的觀念仍處於摸索階段，就當時背景而言，由於勞資雙方的勢力並非對等，勞資關係的和諧，就必須依賴資方的善意來維繫。資方若能持傳統倫理道德來規範自己，則勞資關係就會和諧，否則勞資關係惡化、爭議產生。故大體而言，這一階段所謂的勞資倫理，主要的重點在於資方，勞方只是處於相對被動的地位，等待資方的善意。

（二）政府法令主導的勞資關係

當工業化持續進行，其對社會結構、生活方式的影響亦逐漸顯現。重要的衝擊之一即是人口集中於工廠聚集處，形成都市化現象。在傳統農業社會中，由於勞動力都能投入家裡的農務或其他生產活動，所以並無所謂的失業問題，但是當都市化形成，只要勞動力未被僱用，就產生失業問題。且隨著都市化程度的深化，都市人口與農村人口的關係維繫逐漸消失，從農村到都市的勞動者（第二代或第三代），若遭遇失業問題，已經無法返回農村而只能滯留在都市，形成社會問題。

在此一背景下，單純依賴資方的善意（倫理）來維繫勞資關係的風險逐漸升高，當工業化、都市化的程度愈高，工業勞動人口超越農業人口，若資方沒有好的勞資倫理觀，則將造成社會問題，後果也須由全體社會承擔，在當時工業較發達的歐美等國，此一問題尤其嚴重。於是以解決社會問題為目的，政府的公權力介入勞資爭議議題中，各種道德倫理思維下，所形成保障勞工的相關法令，也紛紛被制定，迄今，雖然勞資雙方已經日益對等，政府公權力在勞資關係中，仍然扮演著舉足輕重的角色。且隨著社會環境、價值體系的變化，這些法令也不斷的增添、修正，以期反映最新的社會價值與正義。

在政府介入勞資關係的議題上，大致上又可以分成兩個方向：

1. 勞動三權的相關立法

工業化初期，工業先進國家基於經濟發展的考量，對於企業的經濟活動，多採行自由放任的態度，對於勞資爭議中處於弱勢的勞方，也是以漠視的態度視之。但隨著勞資問題逐漸形成社會問題的核心，對於勞資議題的處理亦轉趨積極，其中爲了強化勞方在勞資關係中的地位與權力，各國政府在立法上紛紛著重於勞動三權的賦予。所謂勞動三權是指勞工的集會結社權（組織工會）、爭議權（罷工、怠工、杯葛等），以及締約權（與資方議定團體協約），經由勞動三權的賦予，勞方可以在較平等的基礎下，與資方進行公平的協商，保障自身的權利，而這些權利的賦予範圍以及大小，也反映出各國政府對於勞資倫理規範的標準。某些國家對於勞資倫理採行公平原則或權利觀點，認爲公平或權利的保障是爲勞資倫理的核心，反映此一思維，其對於勞方權利的賦予較爲寬鬆，認爲應該給予弱勢團體較大的權利，以便其保障或爭取平等的地位。有些國家則是較從實用主義的觀點來實踐勞資倫理，認爲立法的規範應該以最多數人權利的保障爲依歸，所以對於勞動三權的賦予是採取較保留的態度，不希望勞方權力太過膨脹，造成社會經濟或其他方面的損失。

2. 勞工福利體系的建立

除了資方的自律與善意、賦予勞方爭取自身福利的權利之外，各國政府亦從勞工福利措施的強化，來改善勞資關係。勞工福利因其內容而略有不同，有些勞工福利是由政府來主導推動（如美國的社會福利、失業保險、我國實行的老人年金等）爲主導，將勞工福利納入國家福利之中，因此勞工除了獲自雇主的福利外，亦有國家的保障。除了政府主導的國家福利之外，部分勞工福利是經由政府立法，強制規範雇主來執行（如在我國實行之職工福利金提撥、退休金的提撥等），精神上這兩部分可以說是勞工福利的最低底線，雇主可以在此一底線下，本於勞資倫理，給予員工更多、更好的福利，而從每個企

業福利制度的設計與內容，多少也反映出資方對於勞資倫理的觀點。

除了上述的勞工福利之外，政府部門介入的勞資議題上，尚包含更廣義的勞工福利，諸如：最低勞動條件的規範（工時、工資等）、勞工服務（職業訓練、就業服務等），這些措施形成了嚴密的勞工法令體系，除了反映工業社會的勞資倫理外，也在勞資關係中扮演了極為重要的角色。

（三）勞資雙方互動的勞資關係

隨著時代背景的不斷改變，勞資關係的本質也隨著變化，勞資倫理的內涵亦不斷的更新。在工業化的後期，人類即將步入嶄新的資訊化時代裡，工作的本質也與以往有很大的不同。由於機械大量用以取代人力，過去勞力密集型的產業，多已經改由自動化而有效降低勞動力的需求。但是在另一方面，隨著資訊化、知識密集產業的發展，以及服務業的蓬勃發達，知識工作者在職場中的重要性也逐漸提高。與傳統勞力工作者最大的差別是，在傳統的勞力供應市場中，勞力本身並沒有差異，而且其付出亦較能夠衡量，因此在供過於求的情況下，雇主（資方）在勞資關係中乃是處於主導性的地位。但是在現今的背景下，勞方所販售於資方的，已經不是體力而是知識（在此所指的是廣義的知識，包括：專業性的學問、經驗、人際網路、創新能力等各種有助於企業績效的特質），知識的本質與勞力不同，不同的人所擁有的知識即有相當的差異，而這些差異的研判並不容易。另一方面，腦力（知識）工作者的產出也不像勞力工作者般容易衡量，勞動者可以從其產量或工作時間衡量其產出，並計算薪資，但腦力工作者就無法以工作時間來計算。

另一方面，新興的服務業中，雖然也有類似傳統勞力工作者的基層服務人員，其產出也可以依照工時來核薪，但唯一的差異是，多數服務業都需要與顧客進行高度互動，若其情緒不好，亦會影響企業的

績效。換言之，這類基層的服務業勞工，其工作上的勞力或仍可以量化計價，但其工作品質的衡量，或品質差異所造成的風險，資方都不易控制。同樣的情況亦適用於腦力工作者，由於員工的創意與品質無法衡量，而這些又是現代企業成敗的關鍵因素，所以在勞資關係上，資方已經無法如同過去一般，對於勞力的數量與品質精確的計價，取而代之的是勞方的工作承諾與工作意願，兩者間的地位、議價能力都出現了相當大的變化，這也改變了勞資關係的本質。

緣於前述的變化，勞資關係的理念（不論是立法上或是社會價值觀方面），都已經將勞資倫理議題的焦點，從傳統只注重資方倫理，調整到同時注重勞資雙方倫理的層面上。由於現代企業中，勞資之間的利益與立場固然仍有衝突與對立之處，但勞資雙方也都能了解，唯有雙方真誠合作，恪守自身應當奉行的倫理規範，才能夠共創雙贏的局面，而勞資任一方倫理道德的違反，長遠而言都不利於雙方的利益，這也是兩個不同階段工作者（勞力工作者與知識工作者），勞資關係與倫理議題上最大的差異。

綜合以上三個階段中，勞資關係與倫理本質的變化，可以歸納如圖6-1所示。在圖中，勞資關係的發展可以說是從左右兩個極端搖擺，而逐漸往中間修正。

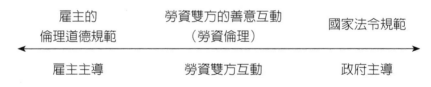

圖6-1　勞資關係的型態與倫理特質

勞資關係在工業化的初期，主要是依賴雇主的善意來維持，除了雇主自己所持的勞資倫理來自律之外，並無其他規範可以約束雇主的不道德行為。然而，隨著國家公權力的介入，勞資關係又從一個極

端轉向另一極端，勞資倫理的內涵則是政府相關法條的反映。最後，隨著知識工作人口的增加，法令的規範只是勞資倫理的最低標準，無法同時滿足勞資雙方更專業化的需求，所以勞資雙方再度互動，以法令爲基礎，建立起特有的專業勞資倫理。目前，此一變化仍在持續進行，隨著社會背景、勞雇雙方價值觀的變化，勞資倫理的內涵也會再度變化，但可以確定的是，勞資雙方互動應該是一個不變的架構。

三、勞資倫理的意涵

經由前面的探討可以知道，所謂倫理是一種規範人與人之間相處的道理，但是隨著工業社會的到來，人與人之間的關係逐漸複雜化，而勞資關係即是工業社會中新興的一種人際關係。由於此一種新的人際關係，在勞資雙方不僅都是陌生人，且立場不一、利益衝突下，故傳統的倫理道德運用到此一關係上，並不能奏效（如圖6-1的左端），因此勞資倫理的觀念乃應運而生，其目的即在規範工業社會中特有的勞資關係（如圖6-1的中間）。

至於勞資倫理的內涵，基本上勞資倫理仍是以傳統的道德價值觀爲基礎，再擴大推論到職場的特定環境中。因此，勞資倫理應有兩個重點，一爲雇主的倫理，另一爲勞工的倫理。雇主倫理主要在指引勞雇關係中，雇主應該以何種道德標準自律，在追求利潤的同時，應該對其員工負什麼樣的責任？當利潤與責任衝突時又要如何取捨？另外，在法制化的僱傭關係下，雇主對於員工究竟有多大的權力？在雇主行使其對員工的權力時，如何也同時保持對於員工基本權利的尊重，這些都是雇主在道德領域上應該省思的議題。

另一方面，在現代的勞資關係中，勞方已經不再是被動、弱勢的一方，相對於雇主的善意，勞工對於雇主又有何種義務？在法制化的約僱關係下，勞方又該謹守那些道德規範，以便能夠善盡資方代理人的責任？當資方利益（即委託人）與自己的利益衝突時，勞方應該如

何自律？都是勞方倫理的主要議題。

　　總而言之，勞資倫理是勞資互動下的產物，而在決定其內涵的同時，亦反映了當代的價值體系，可以說勞資倫理兼具了動態與互動的本質，而勞資倫理的內容，即是建立在勞資雙方對於彼此的道德責任上。以下即就勞資倫理的內容，分別從勞資雙方對於彼此的道德責任，作進一步的說明。

02 經營者對員工的倫理

一、管理者的基本道德責任

在僱傭關係下，勞資關係形成，資方對勞方有指揮監督的權力，但同樣也有基本責任，一般而言，基本責任有薪資給付、工作條件的保護、工作滿足的提升等，但因時代背景的不同，這些責任要盡到何種程度，在法律的規範下，仍有道德層面的考量。

（一）薪資

薪資的給付在本質上勞資雙方立場是對立的，對勞方而言，薪資是維生、改善生活品質、實現人生規劃的主要經濟來源，從更廣義的觀點，員工的酬償中，除了薪資之外，更包括了公司給予員工的各項福利，而這些的目的都在保障員工的生活。然而就資方的觀點，薪資是一種成本，對於企業的利潤有直接的影響，所以不可能毫無條件滿足員工的要求。

在利益衝突中，公平薪資水準的決定，常常是勞資爭議的主題。事實上，員工對於公司的貢獻並不易量化，而在自由市場機能下，薪資往往是由供需所決定。但由於薪資對於員工的重要意涵，就道德層面而言，除了考慮市場的供需法則外，勞資雙方在薪資議定時，主動將以下因素（有利或不利）納入考量，對於勞資雙方關係的改善，應該有其助益（註1）：

1. 整個地區及產業的薪資成長趨勢；

2. 公司的獲利能力;

3. 工作的性質,包括工作環境、所需的專業技術能力等;

4. 法律上最低工資的限制;

5. 工作性質近似,工資也不應有太大差異;

6. 公平的薪資議定程序。

事實上除了以上的觀點外,在薪資設計上也有以下幾點有利或不利資方的發展,值得注意。

1. 風險及利潤共享的觀念

近代企業間的競爭加劇,經營者的風險也逐漸提高。但是就目前的薪資制度來看,員工每月(或每週、每年)固定領取事先議定的薪資,而不管經營者營運上的盈虧,對於經營者並不完全公平。結合過去利潤共享的觀念(即企業能賺錢部分是員工的功勞,因此利潤中應該提撥一部分與員工共享),員工既然分享經營上的利潤,當然也應該合理承擔經營上的風險,在此一理念下,過去事先議定領取固定薪的制度,逐漸改採變動薪資,而且視營運結果來給付之型態,如此,員工的薪資即與經營績效有更直接的聯繫。不過風險共享的觀念,既然是基於勞資關係上權利與義務衡平的考量,就絕不可以作為資方減薪或逃避應有薪資責任的藉口,而必須真正與利潤共享的理念有效結合,才能同時反映勞資雙方的道德責任。

2. 同等工作價值的觀念

過去薪資設計上所奉行的同工同酬觀念,近來遭受到許多質疑。主要原因是由於同工同酬的理念,無法公平解決不同族群所從事之工作及薪水差異的問題。以性別差異為例,在美國女性的平均薪資普遍仍低於男性,但其原因並不在於同工不同酬,而在於較高薪的職位(如企業的高階主管、醫生等)往往都被男性占據,女性則只能位居職場中較低薪的職位(如女祕書、助理、護士等),或由於社會上的刻板形象,女性到高階主管的升遷途徑,往往都會有主客觀條件的限

制。

同等工作價值的觀念，並不是要打破女性不易進入高階主管職位的現象，而是要爭取以工作對於公司的貢獻來敘薪。傳統上，從沒有人質疑高級主管的薪水高於其女祕書，醫生的薪水高於護士，但由於前者多為男性，後者多為女性，男女之間薪資的差異於是形成，而同工同酬事實上無法解決此一薪資差異的問題（實際上兩者根本不同工，故不同酬亦屬合理）。但是在同等工作價值的觀念下，主管薪水高於女祕書的現象則是被質疑的，如果經由工作分析、工作評價的結果，兩種職位對公司的貢獻（重要性）相同，則敘薪也應該要相等。此一觀點在美國正開始形成，對於未來的薪資設計與勞資關係都有一定程度的衝擊，但是就我國的情況來看，男女員工同工不同酬的現象目前仍未完全消除，同等工作價值之道德理想仍有一段距離。

（二）工作條件

員工受僱於資方，對於員工健康及工作安全環境的保障，資方有責無旁貸的義務。然而，無論如何防範，工作上的意外在所難免，因此，對於相對高風險的工作，資方對於勞方的道德責任應該界定於：

1. 所給付的薪資水準能夠完全涵蓋此一意外的風險；

2. 員工充分了解此一工作的風險，並且也知道其薪資中包含了對此一風險的補償。

在一般的作法上，資方應該為其員工購買意外保險（或其他保險），資方隨時蒐集工作環境的相關資料，以便了解是否對員工健康有所影響，並且將資訊充分揭露給員工，使其有所防範或轉換工作等，都是應盡的道德責任。在此一議題上，資方的道德責任十分明確，在道德上無法接受的是，資方故意隱瞞工作的危險性，而不告知員工；或是資方利用市場供需的不平衡，勞工工作轉換的困難（如過去臺灣的礦工，其就業資訊或轉業技能都明顯不足），故意將薪資壓

低，而未把工作中的風險也納入薪資內容。

（三）工作滿足

　　員工工作是否滿足，原本就是相當抽象的觀念。而在許多的研究中，影響工作滿足的因素也很複雜，許多因素如薪資、福利，乃至於工作場合的人際關係，都有一定的影響力。所以對於員工工作滿足，經營者有一部分的道德責任，但應不是全盤性的道德責任，而在可歸屬於經營者的道德責任部分，主要是經營者較能夠掌控或改變的因素。例如：企業追求作業效率的結果，往往將工作進行過於精細的水平分工，每一位員工只能作重複性而不具完整性的工作，在長時期單調的工作環境下，就會造成工作滿意度降低、情緒低落等問題。如果經營者認為，此一現象的改善是其對員工道德責任的一部分，則經營者可以犧牲部分的工作效率，從工作的豐富化、授權等方面來改善，讓員工參與工作流程中，上、下游的作業（諸如參與上游的原料採購決策、產品設計決策，或是下游的產品包裝設計、促銷等決策），使其感受到工作的完整性，於員工工作滿意的提升，將有一定程度的助益。當然，這些設計也需考慮到員工的差異，每位員工的本質都不相同，有些人偏好重複性的工作環境，不喜歡變化，有些則剛好相反，所以在這一議題上，經營者是有一定程度的道德責任，但是在處理方式上，將無法像薪資、工作條件一樣，有明確一致的解決對策。

（四）員工的發展

　　員工與公司的固定資產不同，固定資產會因為使用而折耗，但人力資源的處理不應該視同資產。近年來在全球化的衝擊下，產業轉型幾乎是先進國家共同面臨的問題，而伴隨產業轉型而來的工作裁減、關廠等問題，也一直是經營者相當沉重的負擔，日本更由於經濟狀況不佳，過去奉為圭臬的終身僱用制度已經瓦解，如果雇主在這種環境條件下，不得已無法保障員工終身的工作生涯，並不代表對員工就毫

無道德責任，而如同資產一樣，可以任意將其棄置。對管理者而言，一個員工當初選擇了一家企業作爲生涯發展的舞臺，此一選擇代表他犧牲了到其他公司的機會成本，因此，就一個管理者而言，雖然可以因經濟因素而裁減一個員工，但也必須負擔一個基本的責任，就是確保這名員工在公司中任職過程，其可被僱用性（employability）並未降低，公司因爲發展方向的不同而資遣員工，但員工在可被僱用性未曾降低的情況下，仍然可以到他處另謀發展，這是伴隨經營者資遣權利而來的相對義務。如果管理者並未以各種發展方案維持員工的可被僱用性，以至於當某一天被資遣時，面臨找不到工作的危機，在道德上，經營者對於這名員工是有所虧欠的。所以，在當今的環境中，經營者對於員工有資遣的權利固然毋庸置疑，但確保被解僱員工的可被僱用性，也是此一權利所附帶的責任。

二、公司權力的行使與員工權利的保障

隨著新新人類員工投入職場，由於生活背景與條件的不同，這些X世代的員工，在工作及生活價值觀等各方面，都與上一代有著極大的差異。在自我意識高漲，個人權利主義抬頭的新世代中，過去較爲忽略之員工個人權利的尊重，逐漸成爲勞資倫理的焦點。這方面的衝突，大致上可以區分爲以下幾個主要議題：

（一）歧視

人人生而平等，在工作機會上本應受到相同的保障，但由於整個社會的機構化影響力，例如：在日本的職場裡，由於認知到女性主管不易被接受，所以女性在升遷上就較少公平的競爭機會；決策者個人的刻板形象，例如，白人較優越、男性的工作能力較強等。在職場上不論招募、甄選、任用、敘薪，乃至於升遷等決策中，都有意無意會涉及到歧視問題。所謂歧視簡單的定義，即是由於個人特徵上屬於

某一個群體，而遭受到的不公平待遇的現象。在職場中常見到的歧視現象，包括：種族、性別、年齡、宗教，以及特殊群體的歧視（如過胖、同性戀等）。

不論歧視現象發生的原因為何，歧視在道德上都不具正當性。就實用主義者的觀點，不論何種工作的安排，都應該以個人的能力、人格特質等因素來考量其是否適任，而不是以某些與工作無關的因素（性別、年齡、族群等）來衡量，若考慮這些無關的因素，則工作的效率與品質都無法確保，對於公司的利益將造成損害，所以從利益最大化來思考，歧視行為是不道德的。就權利主義者的觀點而言，道德上每一個人都享有被公平對待的權利，而歧視現象基本上卻是預設立場，假設某一群人一定優於另一群人，本質上即違反了此一道德權利。

（二）員工隱私權

就公司的立場，員工的健康、私生活、生活習慣等，不僅與其工作績效有關，員工若生病或發生意外，對於雇主也是很大的負擔。在此一理念下，公司對於新進員工的甄選，往往希望了解員工是否酗酒、藥物中毒、其私生活是否正常等，甚至於對於已經僱用的員工也希望藉由酒精、藥物測試，而了解其身體狀況，以便作為後續處理（輔導或解僱）的參考，但是這些措施卻也引發了侵擾個人隱私的爭議。個人隱私是一種權利，在法律上並無爭議，但是員工受僱於雇主，雇主對於員工的相關背景資料的了解，某種程度上也有一定的權利，因此，爭議的焦點恐怕不是誰有權利的問題，而是如何平衡這兩種權利的問題。

就美國的情況為例，對員工進行藥物測試，已經被視為保障雇主權利的合法行為，但是對於測謊、以基因檢驗（某些遺傳基因容易引發病變）篩選員工，甚至於僱用徵信社蒐集員工的背景資料等行為，

在道德上與法律上都還有爭議。Velasquez（1992）認為平衡兩種權利的解決之道，在於資料蒐集的程序的尊重與合理，只要能夠考慮到資料的相關性（只蒐集相關的資料），對於所蒐集的資料能夠保密、負責任的使用，事先徵得當事人的同意，以及慎選資料蒐集方法（不採行不當的蒐集方法，如偷拍、跟監等），對於這些侵擾隱私的爭議將會有效弭平（註2）。

（三）性騷擾

性騷擾的發生可以歸因於個人因素，以及整個組織大環境因素。個人因素方面，較多是由於有職權的個人（如上司），職權的行使逾越了應有的分寸，當然也有同儕間將個人的權利擴大到影響他人權利所造成。而組織的大環境方面，則是由於組織文化上對於某一性別的不夠尊重所造成。不論性騷擾的原因為何，以及其情節是否嚴重，雇主對於此一現象的發生，都要負起責無旁貸的道德責任。這些責任包括：重視兩性平等之企業文化的建立，對於性騷擾行為的重視、建立避免可能引起性騷擾的工作環境等。

（四）解僱、關廠及員工的工作權

工作安全感（主要是指免於被裁員的恐懼）是現代勞工所面臨相當無奈的問題。雖然法律上對於被裁員工的權利，有一定程度的保障（遣散費、預告工資，甚至於失業救濟等），但裁員本質上就是對員工工作權最大的傷害。雇主對於員工的工作權是否負有道德上的責任，一直是具有相當爭議的話題。這方面又可以分成個別員工的工作權，以及整體（廠）員工工作權兩方面來探討。

在個別員工工作權方面，從私有財產的觀點，雇主經營企業當然要考慮盈虧，對於個別員工的任用與解僱，不論在法律上或道德上，都無法予以太大的規範，美國公司虧損時動輒大量裁員，即反映此一觀點。所以在道德上，目前資方對於員工工作權最起碼的責任，就在

於裁員決策過程中的程序公平。因應此一個別工作權的無法保障，員工亦只能尋求加入工會，以集體協商的方式，與雇主簽訂團體協約，從法律上來保障自己的工作權。

在整體（廠）員工工作權方面，雇主可能因為勞動成本的考慮，而打算將工廠遷移，遷移決策無疑是影響所有員工的工作權。從自由經濟的觀點，企業當然可以選擇最符合其利益的地方設廠，當一個地方已經不符合其利益，遷廠是理所當然的。且從宏觀的角度來看，一個地區關廠固然損害了部分人的工作權，但在另一個地區設廠，卻也同時創造了新的工作機會，兩者互相抵消，雇主對於被關廠的員工似無任何道德責任。

但是，從另一角度來看，企業在一個地區設廠，勞資雙方共同奮鬥，造就了資方的財富，雖然財產的所有權屬於資方，但在資方自由處分其財產的過程中，難道不應承擔些許對勞方的道德責任？另一方面，資方在一個地區設廠、招募員工，隱含了勞資雙方對此一工作的承諾，資方在道德上沒有退出不玩的權利，因為若員工事先知道會被資方如此對待，則一開始就不會加入這份工作，員工基於善意的參與，雇主的關廠對當地員工即有其道德責任。事實上，即使雇主對員工負有抽象的道德責任，在落實上也僅能在關廠決策過程中，讓員工參與、諮詢、納入員工的意見，而非拒員工於千里之外。

三、領導風格與言行

在傳統的中小企業或家族企業中，老闆威權式領導可以算是這類企業的常態，為了服人，老闆的領導風格、言行等，往往形成勞資關係中很重要的一環。在此一議題方面，勞資倫理仍然是建立在傳統的倫理道德價值觀上，亦即老闆必須恪守傳統的倫理道德，才會有良好的勞資關係。

事實上，傳統的中國商人，由於其社會地位不高，位居士、農、

工、商四民之末，根據余英時的研究（註3），在明末清初，一般讀書人遭逢大變，不願出仕轉而從商的大有人在，這些以儒家哲學思想為主體儒商的加入，不僅逐漸扭轉了商人的社會地位，對於當時商人倫理規範的建立與自律，也都帶來了極大的衝擊。至於流傳下來傳統商人的倫理道德內容為何？根據徐木蘭等學者的研究（註4），傳統商人倫理的內涵主要有四：自我道德操守的要求（傳統道德中最基礎的德目，諸如「勤」、「儉」、「仁」、「義」、「和平」等）；對宗族、鄉梓的回饋；對志業的看重（專業化以及立德、立功、立言之追求）；對經營方式的規範（誠信、不欺）。除了部分與勞資倫理無關的倫理規範外，其中的「勤」、「儉」、「仁」、「義」、「和平」、「誠信」、「不欺」等倫理規範，迄今仍為此一領域之勞資倫理的主軸，也是研判「好老闆」的基準。

在歐美，企業的經營以建立制度、組織分工為主，領導者對於員工生活的關切、本身的言行，從未被認為是構成勞資倫理的重要內容。在我國多數企業仍是處於人治階段，所以此一議題就形成勞資倫理中不可或缺的一部分。但是由於整個經營生態的變化，新新人類員工價值觀的改變，這一議題的重要性似正衰退之中。在內容上，家族企業中威權統治的決策型態、人治重於法治的經營風格，以忠誠、年資而非能力決定升遷之人事決策等，這些「大家長（老闆）會安排一切」之類，建立在誠信原則上的勞資倫理，已經受到愈來愈多的質疑。此外，對於員工工作外之生活的照顧，由於涉及員工行為的管教，與私生活的干涉，是否為勞資關係的正面因素，或是屬於侵犯員工權利的負面因素，也引發爭議。而多數家族企業傳子不傳賢的作法，不僅對忠於企業的員工不公平，「老臣少主」之間的心結問題，也使傳統以領導者倫理道德為核心的勞資關係（相信老闆，服從老闆的安排，因為老闆一定會有善意的回應），逐漸將重心轉移到基本責任、員工權利等議題的關注上。

雖然管理者本身的道德、言行在管理上已經不如以前重要，但這並不代表領導風格的重要性降低。事實上，一個工作能夠吸引員工，讓員工願意奉獻心力，價值觀的契合是相當重要的因素，也就是說，如果員工與管理者及整個組織的價值觀契合，則員工將會有較高的組織認同。而在現代的職場中，領導者的言行仍是員工模仿或評價的重要依據，就這一層關係而言，領導者仍須以身作則，為下屬樹立較好的行為榜樣。

03 員工的勞資倫理

　　現代企業中，由於在勞資關係上，員工已經掌握了一定程度的議價力，勞資關係的維持，已經不能僅單靠雇主的善意回應，而須依賴勞資雙方面的良性互動。在此一新階段的勞資關係中，雇主不道德的行為固然會對員工造成傷害，但員工的不道德行為，對於雇主的傷害也是無可彌補。由於員工的行為已經可能對雇主的權利造成傷害，故就員工而言，員工對於雇主應負相對的道德責任，也必須遵循一定的道德規範，從此一層面出發，即是所謂勞方的勞資倫理。

一、員工對企業的基本道德責任

　　基本上員工與雇主間的關係，可以說是建立在委託人與代理人的架構下。在此一代理關係下，代理人必須善盡其職責，來達到委託人的目標，確保委託人的最大利益。然而，在代理關係中，由於存在著資訊不對稱的問題（亦即代理人所擁有的資訊較委託人多），所以往往會有代理人未善盡其責任的爭議。若把勞資關係視為一種代理關係，對員工而言，最主要的倫理規範應該就是善盡其職責（包括服從職權的指揮），以追求企業目標的達成。

　　由於善盡職責本質上依然是相當籠統的概念，由此一概念延伸，員工對於雇主具體化的道德責任應該有二：一為對雇主的忠誠，一為績效的追求。以這兩個作為檢視的標準，對於員工任何行為在道德上的合法性，大致上都可以有明確的結論。所謂對雇主的忠誠，最低限

度的解釋，應該是指員工在確保自己合法權利的前提下，所作所為不會危及雇主的利益。傳統倫理上，對下屬忠誠的要求，往往忽略了其權利的保障；在現代勞資關係中，下屬對於雇主的忠誠，應該是有限的忠誠，而以其自身合法權利的保障為最低限度，當然在道德上，員工對雇主的忠誠可以再進一步的擴充。以員工的離職行為為例，對多數歐美企業甚至於國內企業而言，志願性離職是員工工作選擇權的行使，是法律所保障的權利，故在最低的道德標準上，並不構成對雇主不忠誠的問題。當然，可以有員工願意以更高的道德標準，考慮其對雇主的道義責任、情感等因素，而選擇犧牲其合法保障的工作選擇權，這兩者在道德責任上都是可以接受的。但是，若員工竊取了公司的營業機密，為了較高的薪資而跳槽到競爭對手陣營，此一行為已經逾越了「確保自己合法的權利」的前提，不論法律上的認定如何，在道德上是不負責任的。

績效的追求在意涵上更為主動，忠誠只是消極的不損害雇主的權益，而績效則是更主動地促成組織目標的達成。就此一意涵而言，績效的追求，事實上包含了員工在組織中合作、主動積極、服從、負責以及一切良善的行為（亦有學者泛稱此為組織公民行為），也包含了員工在工作上的創新與工作紀律。許多研究指出，組織公民行為、創新行為都有賴良好管理制度的誘發，但是從勞資倫理的觀點來看，這些行為也應該是員工對雇主應盡的道德責任。同樣的，組織中的政治行為，不論從忠誠或是從追求績效的標準來研判，都是不符合勞資倫理的行為。

在忠誠與追求績效的標準下，對於一些職場上經常發生的現象，可以從倫理道德的角度，對這些行為作更深入的討論，以便對問題本質有更進一步的了解。這些行為包括：利益衝突、營業機密、公器私用等議題，說明如下。

二、職場上員工主要的倫理議題與本質

（一）利益衝突的問題

　　基於對雇主忠誠的道德要求，員工在工作場合中，所面臨利益衝突問題，在道德的研判上，以雇主的利益爲依歸，應該是沒有爭議的。利益衝突涵蓋的範圍很廣，較常發生的情況包括：工作時間外兼差（尤其是受僱於同業或是競爭對手的公司）、大量購買競爭對手公司的股票（由於同時具有競爭對手公司股東，以及本公司員工的身分，兩者利益相衝突）、徇私（例如：在公司的採購上，照顧自己親朋好友所開設的公司，而不考慮其他的供應商）、索賄或拿回扣等，都是典型的利益衝突問題。從倫理道德的立場來看，由於這些行爲基本上都違背了代理關係中，善盡其職責的原則，所以在道德上是有問題的。

　　稍有爭議的是，員工因職務的關係而收受禮物的行爲。目前在許多國家或企業，對於此一議題的合法性，都已有明確的界定準則。這些準則包括：禮物的價值、收受的場合是否公開、是否有期約或條件交換的行爲、送禮的目的等等。

（二）公器私用

　　爲了執行雇主所交付的任務，員工往往必須使用公司的資源。公司資源的性質涵蓋很廣，舉凡作業場所的材料、文具、機器，到無形軟體程式，甚至於know-how等，都可以算是資源的範圍。道德上，既然這些資源的所有權屬於公司，應該也只能使用在達成公司利潤的目標上，其他個人用途目的之使用，諸如：竊取公司的文具、工具、材料等，拿公司的資源作自己的事，都是不被允許的。

　　在這個議題上，較有爭議的主要是在公司資訊財產的使用上，所謂資訊財產包含了公司營運上所蒐集到的資料、開發的程序，以及

各種程序的設計與管理方法等，由於這些資源是無形的，不會因為員工的竊取而減少或消失，但是這些資源的不當使用，卻會影響公司的利益。就財產權的觀點，財產權事實上包含排除他人使用的權利、使用方式的決定權，以及交易處理等權力，既然公司並未授權員工，可以將這些無形的財產複製使用，員工不當的取用即已經侵犯了公司的財產權。就此一觀點的延伸，員工因為職務上而獲取之公司的營業機密，同樣也不能夠用在不當的目的上，但是較前面的狀況更為複雜的是，營業機密往往會變成員工記憶或經驗的一部分，縱使員工未帶走公司的片紙隻字，營業機密仍有可能因員工的跳槽離職而外洩。在研判上，營業機密的所有權屬於公司，員工不能用作其他用途，所以帶著公司的營業機密跳槽至競爭對手公司，不符合勞方的勞資倫理。

事實上，營業機密的本質亦十分籠統，由於員工的知識本身會因工作而有所創新、合成、增長，這些屬於員工自己知識、技藝增長的部分，並非公司的營業機密，也不應受到使用上的限制，但是最大的問題在於，何者是營業機密、何者是員工自己知識的累積？勞資雙方往往各執一詞。解決此一問題，最根本的方法，恐怕仍在於員工自己的道德自律，當員工了解其對雇主有一定的道德責任，員工自己應該也較清楚了解，所擁有的究竟是經驗或是營業機密，對於是否跳槽，應該就有一個除了利益以外的決策準則。

（三）員工的自由意志權

在現代職場中，員工常常碰到倫理兩難的問題。所謂倫理兩難是指在道德上，員工應該對雇主忠誠，而且應該主動積極的追求績效，但是在另一方面，雇主為了追求利潤，可能會有不道德行為的發生（例如：不實廣告、欺瞞消費者、環境汙染、違反政府相關法令等），由於員工是業務的執行人，其非常清楚雇主行為的不道德，但是究竟要忠於雇主，還是要忠於自己倫理道德的自由意志，往往是一

個很難取捨的問題。

事實上此一問題的本質，涉及了勞資雙方，而非單方面的倫理問題。首先，員工對於雇主的忠誠，除了應建立於員工合法權利的保障之外，亦應該以勞資良性互動為前提，資方的不道德行為，最終往往會損害到員工的合法權利，所以對於雇主的忠誠，基本上是屬於道德上而非法律上的規範，而且其在道德上的約束力，也是有限度的。但是對雇主忠誠畢竟是勞資關係上很重要的一個道德規範，當兩者有所衝突時，程序上員工必須在訴諸所有可能的方法都無效之後，選擇違背對雇者的忠誠，才更有道德上的合法性。

以員工舉發（whistleblowing；亦即吹哨子引發大家的注意）雇主的不道德行為為例，舉發基本上可以分成內部舉發及外部舉發兩種。前者是將公司的不道德行為，經由內部正常的溝通管道反映上去，尋求改善的可能；而外部舉發則是將此一不道德行為公布於外界，讓社會大眾或法律來制止此一行為。從忠誠的道德規範來看，外部舉發與員工忠誠有極大的違背，因此程序上先循內部舉發，無效之後再行外部舉發，在道德上將較為適當。而外部舉發的目的，也必須以「制止公司繼續進行不道德行為」為前提，在此一前提下，對於公司過去從事但現在不從事的行為，就不應採行外部舉發，否則其結果只是醜化了公司的形象，也不符合員工對雇主忠誠的道德規範。

在雇主方面，不道德行為的發生，可能只是少數員工的個人行為，所以從資方的倫理層面來看，資方有必要建立良好的內部溝通管道，以便讓員工可以在不違背忠誠的道德責任下，也能有道德上的自由意志權，經由內部妥善的處理，而化解兩者的衝突。當然，如果是雇主蓄意的不道德行為，內部舉發恐怕就無法發揮其應有的效果，而面臨員工的外部舉發時，以開除來懲戒員工的不忠誠，也是不符合勞資倫理的處理方式。

三、利益衝突問題的解決

利益衝突的問題，大概是員工在工作上面臨最多的問題了，不過就本質來看，利益衝突其實還可以進一步分成兩大類：一類為員工的利益與道德規範衝突（例如收賄、不當使用雇者的財產等），這種類型的利益衝突，認知上員工是以不道德行為來幫助自己獲利，是非對錯的本質較為明確。另一種類型的利益衝突，卻是員工的基本權利與道德規範衝突的問題，這種問題本質是員工為了遵守道德規範，卻必須以其本身權利的損失作為代價，有時這種代價很大（包括失去工作），在這種情況下，是否只要考慮道德層面，而完全不必考慮現實問題，在實踐上就較有爭議。

前述自身權利因為道德考慮而受到損失的問題，在思考上，個人利益損失無論如何都是不能夠凌駕道德考量的，可是此一原則並不是說，我們要不計代價的遵守道德規範，這本身其實仍存有個人認知的問題。一方面對於個人權利損失的認知，往往會流於誇大，也就是說，當面臨道德與自身權利兩難的選擇時，由於恐懼、未知等因素，往往會使當事人覺得如果選擇道德一方，可能必須付出相當高的代價。可是，企業畢竟是理性的組織，有時候選擇道德即使未受到推崇，也不一定就會有太大的權利損失，所以當事人在評估權利損失時應該更客觀，才不會造成執行上的盲點。另一方面，有時候當事人也會過於誇大道德議題的嚴重性，也就是說道德代價評量的錯誤，組織中有些行為雖涉及道德問題，但是道德層面雖很窄，也不會影響到任何人的權益（例如組織中善意的謊言），當事人如果將道德層面無限上綱，無疑的也會影響評估的客觀性。而事實上，組織中不是每一件事情都會涉及道德問題，有些涉及的層次很低、層面不廣，執行上不必以大犧牲來成就小道德。

當然，最根本的解決之道，仍是在工作系絡中，建立一個容忍不

道德揭發行為的環境，以降低員工個人因為選擇道德所造成的傷害。雖然，在很多情況下，員工選擇道德的一邊，對組織無可避免的造成傷害，要組織表彰或實質鼓勵這類行為有其困難，但至少對於這類行為的處理，必須更為寬容，不能夠讓員工因為選擇道德，使其權利受到不利的影響。在過去的經驗中，員工舉發公司的不道德行為之後，往往面臨的是公司無情的處置（開除、調職等）。但近年來，公司報復性措施，已經引起愈來愈多人的關注，員工選擇道德的代價將可以有效的降低。

注 釋

註1：引自Velasquez, M. G. (1992), Business Ethics: Concept and Cases, 3rd Ed., Englewood Cliffs, NJ: Prentice Hall.

註2：同註1。

註3：引自余英時（民76），中國近世宗教倫理與商人精神，臺北：聯經出版社。

註4：引自余坤東、徐木蘭（民83），傳統文化中企業倫理之探討 —— 以明清之商人為例，第一屆中國文化與企業管理學術會議。

關鍵詞彙

勞資倫理　勞動三權　勞資互動的勞資關係　風險共享
同等工作價值　員工隱私權　員工自由意志權　舉發　員工工作權
可被僱用性

自我評量題目

一、工業化以來，勞資關係發生了哪些變化？

二、為什麼勞資關係會走向目前勞資互動的階段？

三、經營者在勞資關係上基本的道德責任有哪些？

四、公司員工在勞資關係上基本的道德責任有哪些？

五、從倫理的觀點，員工薪資制度的設計要考慮哪些原則？

六、當員工自由意志權與對公司忠誠義務衝突時，員工應該如何取捨？

七、從倫理的觀點，資方遷廠或關廠，除了經濟因素外，還應考慮到哪些問題？

八、為什麼經營者有義務要確保員工的可被僱用性？

宏達電洩密案

　　2013年8月宏達電董事長王雪紅向檢調提告，指副總兼首席設計師簡志霖、處長吳建宏、設計師黃弘毅等3人，明知NEW HTC ONE機殼是自己的設計團隊設計，卻勾結「威信電通科技」，佯稱是委託威信設計，由威信出具假發票，交給簡志霖等人向宏達電請款，廠商領走設計費後，再將現金分次交給簡志霖等3人，估計3人自共詐領1,000多萬元設計費。

　　另宏達電指稱，簡、黃兩人參與過ONE系列手機研發，懷疑簡、黃等人把2013年下半年將研發推出的HTC SENSE 6.0之UI介面程式、螢幕介面程式等重大商業機密計畫在離職後攜往其在臺灣所開設的手機設計公司，甚至懷疑簡志霖疑事先與大陸手機業者談妥，打算把商業機密攜往大陸研發（註1）。

　　簡志霖於2001年加入宏達電，受到執行長周永明重用，不到40歲就當上副總經理，年薪1,500萬元新臺幣（以下同之），如再加上紅利，簡一年可領高達3,000萬元的收入，但簡仍不以此為滿。2013年，簡志霖由妻子掛名，在臺成立「曉玉」公司。簡志霖與工業設計部處長吳建宏有意離職，並企圖挖角宏達電多名工程師前往中國發展。2013年6月，簡志霖攜走宏達電尚未公開之操作介面中的ICON圖形設計，赴中國北京向合作團隊簡報，進行洽商合作，企圖帶槍投靠，作為雙方將在中國成立「玉科技」新公司所用（註2）。

2013年8月30日臺北地檢署檢察官徐則賢指揮調查局北機站，搜索HTC位於新北市新店區的研發總部，包括簡志霖、吳建宏、黃弘毅3人辦公室及住處，並約談3人及汐止區「威信電通科技」負責人張俊宜與4名證人到案，漏夜訊問（註1）。8月31日清晨臺北地檢署聲押HTC副總簡志霖及設計部處長吳建宏。臺北地方法院審理後，下午裁定2人羈押禁見（註3）。

9月13日承辦檢察官徐則賢再度指揮北機站發動搜索，分持4張搜索票，同步赴萬富隆位在桃園的2個辦公室及洪琮鎰位在新北市住處搜索，查扣相關會計帳冊，並約談洪男等人，以釐清洪男離職原因是否和簡志霖有關。檢調查出，遭收押的宏達電副總簡志霖、處長吳建宏被控涉嫌盜拷宏達電新機的圖形介面，向中國四川成都的國營企業簡報，另收取廠商威信公司上千萬元回扣，檢調目前已查扣簡志霖等人近2,000萬元現款（註4）。檢調偵訊後，發現宏達電製造設計部前資深經理洪琮鎰離職後，開設萬富隆公司，與遭收押的宏達電首席設計師簡志霖合作，承攬手機鑽孔業務，簡志霖還暗中收取回扣600萬元。認定洪宗鎰涉犯背信等罪，9月14日凌晨諭令以100萬元交保（註5）。

臺北地檢署查出在押的HTC前副總簡志霖，曾兩度要求另一家下游廠商佳元企業製作800萬元的不實發票，再向宏達電報假帳，至今收取回扣和浮報的假交易金額逾3,700萬元，2013年11月8日臺北地檢署指揮調查局搜索，約談佳元企業廠長陳忠貴、股東和會計等5人，晚間訊後依違反《商業會計法》，將陳忠貴以3萬元交保候傳，其他證人均請回（註6）。

2013年12月27日臺北地檢署偵結，以違反商業祕密罪起訴簡志霖等6人及張俊宜、陳榮元、陳忠貴等3供應商。簡志霖犯罪後仍飾

詞狡辯，並否認部分犯行，承辦檢察官認為惡性非輕，建請法院對簡志霖從重量刑。洪琮鎰則是一再飾詞狡辯，犯後態度不佳，顯見毫無悔意，檢察官也建請法院從重量刑，以資懲儆（註7）。

黃國清、黃弘毅、陳枏佐、陳榮元、陳忠貴、張俊宜等人，在犯後自白犯行，態度良好，且黃國清、黃弘毅均已與宏達電公司達成和解，並獲得宏達電公司原諒，檢方對黃國清、黃弘毅、陳枏佐、陳榮元、陳忠貴、張俊宜，建請法院從輕量刑；其中，黃國清、黃弘毅部分，另建請宣告緩刑，以啓自新（註7）。

2015年8月21日臺北地檢署調查後，認定簡將1,530萬元回扣分別藏在家中、車上並匯至「曉玉」公司帳户，依違反《洗錢防制法》將簡起訴，至於吳建宏及設計製造部經理洪琮鎰則因罪嫌不足，予以不起訴處分（註2）。

註釋

註1：陳志賢，王雪紅揪HTC內鬼，2013年08月31日，中國時報，，取自網址：http://www.chinatimes.com/newspapers/20130831000877-260102

註2：謝君臨，HTC內鬼案 簡志霖涉洗錢被起訴，2015年08月21日，自由時報，取自網址：http://news.ltn.com.tw/news/society/breakingnews/1420011

註3：劉世怡，HTC內賊案，副總遭羈押禁見，2013年8月31日，中央通訊社，取自網址：http://www.cna.com.tw/news/firstnews/201308310047-1.aspx

註4：林俊宏，查宏達電內鬼，檢調再搜索，2013年9月13日，中央通訊社，取自網址：http://news.ltn.com.tw/news/society/

breakingnews/868926

註5：綜合報導，宏達電內鬼案，前資深經理百萬交保，2013年9月
14日，自由時報，取自網址：http://news.ltn.com.tw/news/life/
breakingnews/869269

註6：林俊宏，宏達電內鬼案，再搜一廠商，2013年11月9日，
自由時報，取自網址：http://news.ltn.com.tw/news/business/
paper/729051

註7：孫曜樟，竊取htc商業機密外洩，首席設計師簡志霖起訴求重
刑，2013年12月27日，東森新聞雲，取自網址：http://www.
ettoday.net/news/20131227/310828.htm

台積電洩密案

2015年8月25日《工商時報》報導台積電對前研發處資深處長梁
孟松跳槽韓國三星提出排除侵權訴訟，最高法院昨天判決台積電勝
訴。梁孟松今年年底以前禁止到南韓三星工作，不能洩漏在台積電
知悉的營業祕密，不能洩漏台積電參與研發先進製程人員名單，全
案定讞（註1）。

梁孟松在1992年加入台積電，2007年擔任專案處長，2009年2月
離開台積電，進入國立清華大學任教半年後，於2010年10月到韓國
三星投資的成均館大學當老師（註1），成均館大學為三星內部的企
業培訓大學。2011年2月，梁孟松競業禁止條款期滿，梁孟松還向台
積電領取遵守競業禁止條款的4,600萬元台積電股票，2011年7月三星
聘梁孟松為該公司研發部門副總（註1）。

梁孟松在任職台積電的17年間，個人參與發明的專利半導體技
術，有181件獲美國專利局核准之專利，數量上好像沒什麼，但這

181項全部都是最先進、最專業、最重要先進製程的技術研發（註2）。台積電在2003年，以自主技術擊敗IBM，一舉揚名全球的一三○奈米「銅製程」一役，即獲行政院表揚台積電研發團隊，當時負責先進模組的梁孟松名列第二，功勞僅次於資深研發副總蔣尚義（註3）。梁孟松參與了台積電多年來的各項重要技術的研發工作，表現卓越，是台積電研發團隊中的重要人物，自然成了台積電的競爭對手，技術落後於台積電的韓國三星之挖角目標。梁孟松在台積電的17年期間，薪資暨股票及現金紅利，合計高達6億2,693萬新臺幣，平均年所得超過3,600萬元（註3）。梁孟松這麼厲害的人，薪水又高，怎麼會離開台積電呢？

梁孟松有個「心結」，來自與他多年激烈競爭的同儕、現任台積電技術長孫元成。兩人年紀相近，立功升遷都亦步亦趨，也都當選國際電機電子學會（IEEE）院士。掌舵研發多年的蔣尚義在2006年退休，因為台積電研發組織日益龐大，規劃由兩個研發副總，以「Two in a Box」的方式，分擔技術長的職責。一位則由來自英特爾，輩分較高的羅唯仁擔任。「我相信他有相當大的期望，我離開時，他會是其中一個（研發副總）」，現任台積電董事長顧問的蔣尚義說，但最後卻是孫元成得到升遷，梁孟松成了羅唯仁的下屬，梁孟松的不滿溢於言表。為何最後是孫元成出線？蔣尚義解釋，主要是專長使然。孫元成負責製程整合，較有全局觀，本來就較適合當副總級主管。梁孟松的技術能力則較精深，但也較窄（註3）。

梁孟松在2009年2月離開台積電後，從2009年8月到2011年4月的630天內，梁孟松實際在韓國逗留的時間高達340天。然而，他真正任教的是三星內部的企業培訓大學——三星半導體理工學院（SSIT），校址就設在三星廠區（註3）。

早在2010年5月，台積電當時的人事副總杜隆欽曾發電郵給梁孟松，說見報紙報導他已加入三星，將視為違反《競業禁止條款》，股票將照規定全數捐給台積電基金會。梁孟松立刻回信告訴他，「過去不曾，現在沒有，未來也不會，做出對不起公司的事」。一個月後，當時的法務副總杜東佑和杜隆欽連袂與梁孟松會談，他當場保證「當時及未來都不會加入三星」。次日，他甚至發信給與他熟識的杜東佑，表示考慮辭去成均館大學訪問教授的職務。在此期間，梁孟松甚至曾寫信給張忠謀喊冤，說他「身上流著台積人的血液」（註3）。

　　台積電的高階主管皆相信梁孟松的話「不會加入三星」。而三星對梁孟松開出的條件是，「在台積電十年能賺到的錢，在三星三年就能賺到」。以梁孟松的位階，這個金額不會輸給美國公司的CEO（註2）。在2011年7月13日，梁孟松正式擔任三星電子LSI部門技術長，台積電即於同年10月對梁孟松提告違反《競業禁止條款》（註4）。台積電聲請禁止梁孟松行為事項有三，一、禁止梁使用或洩漏台積電9項營業祕密及向台積電員工、供應商或客戶刺探或取得台積電營業祕密；二、即日起至2015年12月31日止，禁止梁以任職或其他方式為南韓三星公司提供服務；三、梁不得提供台積電研發部門人員相關資訊給三星，且不得協助誘使台積電研發人員離職並為三星工作（註5）。

　　2012年3月30日法官何君豪的假處分裁定中，被梁孟松認為對他不利的內容，是指關於台積電聲請禁止梁孟松洩漏營業祕密與研發人員名單部分。梁孟松提起抗告，表示向來尊重台積電營業祕密，也不爭執與台積電簽署合約所衍生的保護義務，但他認為，台積電所指出的特定技術與藍圖，不是營業祕密，也無法認同洩漏這

些不具祕密性的資訊，會使台積電蒙受重大損害。台積電所列部分是公開資訊，不屬《營業祕密法》定義下的營業祕密，而研發人員名單，台積電並未釋明已確實採取保密措施，也不能認為是營業祕密。智慧法院第二庭審判長陳忠行、曾啓謀及熊誦梅等3名法官組成的合議庭，在2012年8月30日裁定駁回梁孟松的抗告；裁定書中揭露梁孟松在2011年5月轉任三星當副總的事實（註6）。

2013年6月21日智慧財產法院判決梁孟松須遵守包括不得洩漏、不當取得台積電相關營業祕密，且不得洩漏台積電研發部門人員相關資訊予三星。至於命梁孟松不得為三星工作部分，因牴觸憲法工作權保障而遭駁回。本案仍可上訴。

2015年8月24日最高法院判決梁孟松禁止使用、洩漏台積電的營業祕密及人事資料，而且判決他在「競業禁止期限結束後」，在2015年年底前仍不准到三星工作，全案定讞（註7）。台積電對提告前研發處資深處長梁孟松違反《競業禁止條款》終於勝訴。

註 釋

註1：劉峻谷，台積電告梁孟松，勝訴定讞，2015年08月25日，工商時報，取自網址：http://www.chinatimes.com/newspapers/20150825000157-260204

註2：新聞龍捲風，當tsmc梁孟松研發天才變叛將　三星激怒張忠謀？2014年5月23日，東森新聞雲，取自網址：http://www.ettoday.net/news/20140523/360666.htm#ixzz43oCtyyG2

註3：陳良榕，獵殺叛將—揭密梁孟松投效三星始末，2015年01月20日，天下雜誌565期，取自網址：http://www.cw.com.tw/article/article.action?id=5063951

註4：趙凱期，三星拔樁梁孟松台積電提告，2011年10月27日，DigiTimes電子時報，取自網址：http://www.digitimes.com.tw/tw/dt/n/shwnws.asp?CnlID=10&id=0000256484_V873FYRG9F5YQ93NLO0WK

註5：陳俊雄，台積電主管跳槽三星，判不得洩密，2013年06月22日，中國時報，取自網址：http://www.chinatimes.com/newspapers/20130622000981-260106

註6：張國仁，回擊台積，梁孟松抗告遭駁回，2012年9月13日，工商時報，取自網址：https://tw.news.yahoo.com/%E5%9B%9E%E6%93%8A%E5%8F%B0%E7%A9%8D-%E6%A2%81%E5%AD%9F%E6%9D%BE%E6%8A%97%E5%91%8A%E9%81%AD%E9%A7%81%E5%9B%9E-213000561.html

註7：林志函、蘇位榮，台積電張忠謀復仇 告贏叛將梁孟松，2015年8月25日，聯合報，取自網址：http://udn.com/news/story/8316/1142875-%E5%8F%B0%E7%A9%8D%E9%9B%BB%E5%BC%B5%E5%BF%A0%E8%AC%80%E5%BE%A9%E4%BB%87-%E5%91%8A%E8%B4%8F%E5%8F%9B%E5%B0%87%E6%A2%81%E5%AD%9F%E6%9D%BE

Chapter 7

經營管理的倫理

學習目標

——研讀本章內容之後，學習者應能達成下列目標：

1. 了解專業經理人的定義與社會角色。
2. 認識代理問題與代理成本。
3. 了解專業經理人為何會做出不道德的決策。
4. 學習如何防止專業經理人做出不道德的決策。
5. 說明專業經理人要奉行哪些倫理信條。

摘 要

隨著企業發展的四個不同階段，專業經理人所要扮演的角色、所應具備的條件，以及期望專業經理人擔負的社會責任層次等等，皆有所不同。當專業經理人主宰了企業的重要資源，成爲企業的統治者，專業經理人不僅是扮演股東資本主的代理人角色，同時又是社會利益的協調整合者。

在股東與經理人之間的代理關係，產生了三種代理成本，包括：

1. 主理人的監督成本；

2. 代理人的約束成本；

3. 剩餘損失。

爲防止經理人作出「對個人有利、對公司不利」的決策，除了要激發經理人的職業倫理道德良知以外，還可透過制度上的設計以降低代理成本，例如：

1. 透過市場機制或誘因機制來運作；

2. 形成主代理人之間長期的共同利益關係。

專業經理人的倫理信條，可分兩部分：

（一）對股東主理人的職業倫理信條不應做出對公司不利、對自己有利的決策，包括：

1. 財富倫理；

2. 忠誠倫理。

（二）對社會大眾的經營管理倫理信條，不應做出對公司有利、對社會不利的決策，包括：

1. 財務報表的眞實性與充分揭露；

2. 專業倫理；

3. 競爭倫理；

4. 相關利益團體整合的倫理。

01 專業經理人的意義與角色

一、專業經理人的定義

「專業（professional）」，指的是勝任某一個工作領域職位所需具備的知識與技能。所指的知識，包括該產業與某一個企業功能的知識。例如：要勝任某汽車公司的行銷經理職位，必須具備汽車產業與行銷管理的知識；要勝任某藥廠的研發經理職位，必須具備製藥產業與研發管理的知識。

經理人（manager）指的是透過他人完成工作，並執行規劃、組織、用人、領導與控制等五大管理功能的人。專業經理人（professional manager）之所以為專業經理人，必須是因為其個人具有做好某項經理人角色所需專業領域之相關知識及必要之管理知識與技巧，由組織所任命之經理人。某些情況所獲聘的專業經理人，不能稱之為專業經理人，而應歸類為「資本主經理人」或「業餘經理人」，包括：因為他擁有公司的多數股權、或是企業主對他的酬庸、或是因為他是老闆親信、或是該企業為建立與政府的特定關係，而聘請政府單位之退職人員等等因素。

專業經理人必須扮演好股東經營的代理人角色，其工作任務是運用其專業知識與管理技能，以提高決策品質，提升企業經營績效，增進股東收益，並進而促進整體國家經濟發展。專業經理人有時也簡稱為經理人。

二、專業經理人的角色

專業經理人所要扮演的角色，以Henry Mintzberg所提出三大類十大角色最具代表性，分別為：人際角色類（interpersonal），包括頭臉角色（figure head）、領導角色（leader）、連絡人角色（liaison）；資訊角色類（informational），包括偵察者角色（monitor）、傳播者角色（disseminator）、發言人角色（spokesman）；決策角色類（decisional），包括企業家角色（entrepreneur）、紛爭處理者角色（disturbance handler）、資源分配者角色（resource allocator）、談判者角色（negotiator）。

一個專業經理人理想與理論上應能扮演上述十大角色，然而往往事與願違，其原因有以下三點：

（一）老闆（也就是主理人）對不同經理職位的角色預期不同

公司老闆聘請某人來擔任專業經理人時，是否希望該專業經理人來扮演全部十大角色？還是只期望扮演其中一個角色而已？例如：只希望扮演一個發言人角色就好了。

（二）組織的制度規章及企業文化

組織是不是有一個很好的制度與文化，讓這位專業經理人有充分發揮的餘地？我們常常會發現一個專業經理人有滿腹經綸，但卻龍困淺灘，英雄無用武之地。

（三）專業經理人的養成教育

要能扮演好上述十大經理人的角色，這位經理人必須經過長時間的養成教育，包括理論與實務的訓練，而實務上的經理人往往訓練不夠。

專業經理人應具備的工作態度是敬業樂業、具有工作的使命感，在爭取公司利益時，也能不犧牲社會大眾的利益，也就是要有社會利

益導向的使命感。

三、企業發展階段與專業經理人社會角色之關聯

企業社會的發展劃分為四個階段（吳思華，1989），專業經理人所要扮演的角色、所應具備的條件，以及期望專業經理人擔負的社會責任層次……等等，隨著不同的階段而皆有所不同，如表7-1所示。

表7-1　企業發展階段與專業經理人社會角色之關聯

企業發展階段	資本主階段	經營權與所有權分離階段	所有權分散階段	社會利益覺醒階段（stakeholders）
企業的所有權	集中於少數資本主	集中於少數資本主	分散於社會大眾	分散於社會大眾
企業的決策權	資本主	專業經理人	專業經理人	各利益團體參與
企業的定位	封閉性經濟個體 ←———————————————→ 開放性社會體			
代表性企業類型	中小企業、家庭企業	中大型企業	股票上市公司、國營事業	股票上市公司、國營事業
專業經理人的角色	資本主經理	業主的代言人	企業的統治者	社會利益的協調者
專業經理人應具備的條件	專業知識、勝任能力	專業知識、勝任能力、敬業	專業知識、勝任能力、敬業、自律	專業知識、勝任能力、敬業、自律、社會利益取向
期望專業經理人擔負的社會責任層次	經濟責任法律責任	經濟責任法律責任倫理責任	經濟責任法律責任倫理責任	經濟責任法律責任倫理責任自裁責任

（資料來源：取自吳思華，1989）

在「資本主階段」，企業多為中小企業與家族企業，所有權與經營權合而為一，專業經理人事實上就是資本主經理（owner manager），專業經理人主要的責任為經濟與法律責任。

然而隨著企業的規模愈來愈擴大，資本主無力單獨負擔所有的管理工作，而必須授權分工給專業經理人，經營權與所有權漸形分離，形成資本主與專業經理人的代理問題，企業進入了第二階段的「經營權與所有權分離階段」與第三階段的「所有權分散階段」。

公司的經營權理論上是屬於資本主或股東，不論是自己經營或委託他人經營，資本主或股東都是握有實權的人，公司經營的目標是經濟性的，然而當公司的股權漸分散，資本主或股東的控制權也隨之削弱，專業經理人主宰了企業的重要資源，做企業的各種重要性決策，在企業中的影響力甚至高過資本主，成為企業的統治者。典型的例子，如美國蘋果電腦公司，聘請原於百事可樂公司任職的John Sculley出任蘋果電腦公司的最高主管，John Sculley接掌公司幾年後，不僅可全權決定公司的發展策略，竟也能將該公司的創辦人Steve Jobs趕出公司。專業經理人既掌有重要的企業資源，社會大眾對專業經理人的期望責任，除了原先的經濟與法律責任外，更多了一項倫理責任。

到了「社會利益覺醒階段」，各個不同的利益團體，諸如勞工、消費者、股東、社區居民……等等，皆企圖影響企業的決策權，企業的定位由原先的封閉性經濟個體，轉換為開放性社會體，專業經理人在做企業的決策時，變成要同時考慮各種不同利益團體的利益調和，專業經理人不僅是資本主的代理人，同時又是社會利益的協調整合者。社會大眾對專業經理人的期望責任，除了原先的經濟、法律、倫理責任外，還要多加一項自裁責任，此為一種出自於企業本身主動自發性的責任，而不是受到外在的壓力，才不得不被動地盡一些象徵性的社會責任。

就企業發展的階段而言，國內的中小企業絕大部分是處於資本主

階段。無論是所有權或決策權多集中在少數出資者手中，也就是說資本主擁有公司，同時對於公司的重大決策也有決定權。由於資本主就是在公司內實際發號施令的老闆，企業內較少有專業經理人發揮的空間，家族式經營是最常見的，老闆是總經理，管財務、會計的通常是老闆娘或老闆的妹妹，管業務、管人事的多半也是兄弟叔伯妻舅等等親戚的關係，這種現象在國內企業界幾乎是最常見的。

不過隨著證券市場的發展愈趨健全，國市上市、上櫃公司家數也日益增加。就企業發展階段而言，上市櫃公司與未上市的中小企業一個相當大的差異在於前者的股東為一般投資人，不僅經營權與所有權分離，所有權還是分散於社會大眾的。一般而言，上市櫃公司由於規模較大，在專業分工上的確需要專業經理人的協助，因此企業的決策權會在專業經理人手上。但是在實務上，國人「家天下」的觀念不易改變，即使在上市上櫃公司中，家族化經營的情形亦所在多有。

即使以限制最嚴格的銀行業來看，雖有「同一人持有同一銀行之股份，不得超過其已發行股份總數5%。同一關係人持有之股份總數不得超過15%」等股權上的規定，然而實際上仍有許多奇怪的現象存在。例如有些銀行財團掌控，財團能控制的股份比例高達20%、30%，甚至更多。某些決策權掌握在少數股份多的資本主手上，專業經理人仍難有置喙的餘地。

基本上公司的所有權愈分散，股東愈可能將公司委由專業經理人經營。專業經理人應扮演Henry Mintzberg的經理人三大類型角色。然而，由於國內企業界相對較有交際應酬的習性，有決策權的專業經理人在人際關係類及資訊角色類的角色扮演較為稱職，但在紛爭處理及資源分配角色上較弱。此外，在社會利益的觀念尚不普及下，不少企業於私有利益輸送的情況，於公卻較少做對社會公益有利之事。

國內許多上市櫃公司屢有於重大投資虧損實現情事後，才調降財測之事，卻從未聞有人因此須負責。過去許多地雷股爆發，不僅投資

人受損，許多一般大眾也間接受害。企業出事、金融機構壞帳增加、政府調降營業稅等以濟助金融機構，最後倒楣的是一般大眾。企業缺乏社會利益的觀念多少是這種狀況的原因之一。預期在社會進展以及資訊愈益透明下，未來企業專業經理人對於社會利益應該會愈來愈重視。

國內企業的發展階段有如金字塔型的分布結構，大部分的企業就像眾多的中小企業，都座落在金字塔的底部，也就是「資本主階段」。再往上的「經營權與所有權分離階段」是企業規模成長或是多角化集團化後，企業主不得不採取的方式，數量上還不少。但第三階段的「所有權分散階段」，事實上並不多，包括大部分的股票上市公司，其實股權都還相當集中，證券管理機關要求的「股權分散」原則，多是虛應故事而已。至於處於第四階段的「社會利益覺醒階段」則更是鳳毛麟角。

社會上普遍認為專業經理人只是資本主的代理人而已，專業經理人只是執行資本主所交付之任務，並非是完全自覺且具主導性的個體，所以檯面上見到的多是企業資本主而非專業經理人，過去所頻繁發生的企業金融危機也都由資本主所主導，專業經理人很無奈地只是扮演配合的角色。

02 股東對專業經理人的代理問題

一、代理問題

在知識爆炸的時代，各行各業的知識愈來愈精密複雜，所謂的「術業有專攻」，因此最有效的經濟體系運作方式是採用「專業化分工」，因此產生了主理人（principals）必須依賴代理人（agents）之代理關係，主理人有「權」，而代理人有「能」，形成「權能區分」的代理分工關係，例如：

（一）病人依賴醫生

病人（主理人）生病了，身上有錢但不懂得醫學專業知識，必須登門求醫，依賴醫生（代理人）來幫他看病，醫生診斷的對不對，用藥正確與否，病人事實上也難以知道，也只能全權委託依賴醫生了。

（二）股東依賴專業經理人

股東（主理人）出資設立一家公司企業，股東對該企業的專業知識不甚了解，即使是了解，但也受限於股東的有限時間，因此必須用高薪聘請專業經理人（代理人）來代替股東經營管理該企業公司，股東必須依賴專業經理人能好好經營公司，讓公司賺錢，以分配利潤給股東。

（三）主管依賴部屬

主管（主理人）承擔某一個部門的成敗，部門的事務繁雜，主管

不可能事必躬親，因此必須任用部屬（代理人）來分層負責做事，主管（主理人）有權來任用考核賞罰部屬，部屬（代理人）有專業知識能力來完成任務，因此形成了主管依賴部屬的代理關係。

（四）債權人依賴債務人

在銀行貸款給企業的借貸關係中，在借貸關係尚未發生前的階段，也許企業是有求於銀行，依賴銀行把錢借給企業。但在借貸契約簽訂以後的雙方關係，就形成了銀行債權人（主理人）委託依賴貸款者企業（代理人）的代理關係。銀行有多餘的資金，不知道如何運用這些多餘的資金，而企業知道把這些資金投資在生產事業上，以賺到高於貸款利息的投資報酬率，所以銀行就把資金委託借給企業，並且希望借款的人能好好經營企業，如期償還所借的本息，所以形成了銀行（主理人）必須依賴企業（代理人）的關係。

類似上述的主、理代理關係現象，普遍存在於專業化的分工社會中，而專業經理人之所以會做出違反經營管理倫理的不道德現象，乃因代理關係所衍生出來的。

二、代理成本

股東委託專業經理人經營管理所形成的代理關係，會產生以下三種代理成本（Jensen & Meckling, 1976）：

（一）主理人的監督成本

專業經理人是股東的代理人，由於股東不可能事必躬親，因此要委託專業經理人經營公司。專業經理人負責公司的運作，對公司的實際狀況最了解，專業經理人相對於股東較專業，也掌握較多的資訊，形成股東與專業經理人成為一種主、代理人之間資訊的不對稱現象。專業經理人的基本薪資固定，毋須負擔經營風險，股東雖負責出資但卻不管營運，專業經理人對於企業經營結果的盈虧卻反映在股東的投

資收益（或損失）上。因此出資的股東必然要設法了解、監督並掌握專業經理人的行為，所以主理人要監督代理人的行為，以防代理人做出不利於主理人的決策，因而產生了主理人監督代理人的監督成本。

這些為了掌握相關資訊所需付出的即為監督成本，例如：上市上櫃公司的財務報表必須經會計師簽證、公司必須印製致股東的營運報告書、召開股東會以議決相關事項等等，這些相關的費用均屬監督成本。如果公司是獨資公司，就沒有這些監督成本。

（二）代理人的約束成本

指的是主理人為使代理人盡可能為其立場利益著想，而設法以相關制度誘因來約束、籠絡代理人所多付出的成本。

主理人（股東）為了籠絡代理人（專業經理人），主理人會設計相關制度，以促使代理人多為公司利益著想，例如：公司可設計分紅入股制度、股票選擇權以及依公司損益比例分發獎金、紅利等方式，使得專業經理人願意為公司利益多盡心。當專業經理人愈盡心、公司營運績效愈佳、淨利愈高以及公司股票股價愈高時，其所能分得的紅利會愈優渥、或是握有的股票或選擇權會愈值錢。由於入袋的金錢與其績效息息相關，多數經理人確實會因此努力做事。

（三）剩餘損失

指的是主理人的最大價值與委託代理人後所獲價值的差距。若股東是獨資，自行經營而不假手他人，經營權與所有權合而為一，成為「資本主經理（owner-manager）」，毋須聘請專業經理人代為經營，因此所有的利益均可獨享不必與人分享。而當股東委託專業經理人代為經營管理時，所有因此而衍生的成本，使得股東的價值會有一部分的損失，此損失部分即為「剩餘損失」，例如：專業經理人的薪資、其他相關支出等等。

03 專業經理人的倫理

一、社會對專業經理人的期許與批評

　　企業發展到了表7-1的所有權或社會利益覺醒階段時，專業經理人成為社會上優勢的一群，取之於社會的資源與其對社會的影響層面，都較其他族群來得深與廣。因此，社會大眾對專業經理人的期許也逐漸遞增，在對專業經理人高度期望的同時，社會上對專業經理人批評的聲浪也偶有所聞。例如：質疑批評專業經理人的經營能力，過於注重短期的公司利益，忽視了長期的社會福祉；批評專業經理人由於其個人權力的擴張，成為企業社會的統治階級，很容易為私利而犧牲股東的長期利益；批評專業經理人缺乏道德的使命感，忽視了企業應盡的社會責任；批評專業經理人以過度的行銷費用支出，擴張個人的權勢與慾望，使得資源的配置受到嚴重的扭曲，造成資源的浪費。

二、專業經理人為何會做出不道德的決策？

　　專業經理人在做企業決策時，對於個人、公司、社會三方面的利益，有著以下不同的情境：

對個人＼各種情境做法＼對公司社會	公司有利社會有利	公司有利社會不利	公司不利社會有利	公司不利社會不利
有利	狀況(1)人人皆會做	狀況(2)？？	狀況(3)？？	狀況(4)天誅地滅
不利	狀況(5)犧牲小我，完成大我			狀況(6)人人皆不會做

　　對個人、公司、社會三方面利益有不同的決策情境：狀況(1)，對個人、公司、社會皆有利的事情，任一個經理人皆會去做；狀況(6)，對個人、公司、社會皆不利的事情，任一個經理人皆不會去做；狀況(5)，對個人不利而對公司或社會有利的事情，必須要有「犧牲小我，完成大我」奉獻精神的經理人才會去做；狀況(4)，對個人有利但對公司與社會皆不利的事情，經理人若做了，會遭天誅地滅。

　　經理人「合乎人類本性」的正常決策是在個人有利的情境下，而對公司、社會的利益情境，有下列兩項值得探討說明。

（一）對個人有利、對公司有利、對社會不利（狀況(2)）

　　經理人有時為了公司的利益而犧牲了一些社會大眾的利益，而做出對公司有利、對社會不利的不道德決策。例如：違背一般行銷倫理、違背環保意識……等等，其可能原因為：認為這種行為雖然不道德但並不違法，同時，公司主管也會默許縱容他這種行為，認為動機既然是為公司好，雖然手段方式有違倫理道德，也就裝著沒看到經理人在做這種行為，反正對公司有利，對公司員工幹部也都相對有利。在大多數人心目中，都認為「天下烏鴉一般黑」，不這麼做才是傻子，所謂的「可做不可說」，就是這樣縱容姑息這些不道德的行為。

（二）對個人有利、對公司不利、對社會有利（狀況(3)）

國內現階段瀰漫著一股功利主義的風氣，部分專業經理人沉迷於一夜致富的幻想，使得個人的職業倫理道德淪喪無遺，傷害了整個社會的公平與正義，也惡化了社會的風氣。

一般經理人即使持有公司某種比率的股份，但此種或多或少的比率對其個人而言，都不可能讓其感覺公司的利益等於個人的利益，除非該公司是經理人百分之百的獨資，使得所有權與經營權合而為一。因此，部分公司專業經理人有時會為了個人私利，昧著職業倫理道德的良知去做出對個人有利、對公司不利的不道德決策。

三、專業經理人會做出哪些不道德的決策？

以證券業的專業經理人為例，會做出不道德決策的機會，例如：業界所謂的「鎖單」，有時是某家（或數家）自營商或是投信聯合（或不聯合）上市公司炒作股票的行為。當股票籌碼較少且較集中時，聯合鎖單的行為有時確實能在短期操縱特定股票的股價。如此一來，聯合炒作者當然會有相當的利益，因此有些較具市場派色彩的業者會默許經理人作此不道德的決策。另一方面，投資大眾的利益當然會因而受損。類似的情況有時也會發生在承銷商包銷股票的時候。承銷商在包銷股票後，有時會與上市或上櫃公司聯合以發布利多或利空消息的方式操縱股價。同樣地，早早上轎者也許能獲利，但一般投資大眾往往受傷慘重。這是專業經理人做出不道德決策圖利公司而有損社會利益最典型的例子。

另外的例子是有些投信的基金經理人，在所管理的基金要買進某支股票前先行買進，再以投資大眾集資的基金買進、為自己抬轎。反之，自己先行賣出後，再出脫投信所持有的股票。這種行為明顯圖利基金經理人自身，雖對投資人的損傷不一定大，但仍屬不道德的決策。

如何防止證券業的專業經理人做出這類不道德決策呢？可透過法令規定、資訊透明化，以及投資大眾給予制裁等方式減少這類行為。實際上，聯合炒作股票在《證券交易法》中的確有明文禁止（《證交法》第155條規定對於在證券交易所上市之有價證券，不得有左列各款之行為……）：

第4款：意圖抬高或壓低集中交易市場某種有價證券之交易價格，自行或以他人名義，對該有價證券，連續以高價買入或以低價賣出者。

第5款：意圖影響集中交易市場有價證券交易價格，而散布流言或不實資料者。

第6款：直接或間接從事其他影響集中交易市場某種有價證券交易價格之操縱行為者。

但是執行時，往往結果為查無實據。因此單靠法令規定很難禁止專業經理人做出這類不道德的決策。國外以資訊透明化防範相關行為的作法可以參考。例如：將投信投顧人員相關帳戶的進出情形均列報管理，則相關人員比較不會公器私用。這種作法就類似目前《公務人員財產申報法》，將政府官員、立委等財產列報管理或交付信託的陽光法案。在資訊透明下，專業經理人的作法攤在陽光下檢視時，某種程度反而可嚇阻其做出不道德的決策。

再者，若投資大眾對於不時涉入炒作股票者有所認知、不予支持的話，以鈔票──股票的方式對相關行為投以不信任票，應可減少相關行為。例如：對做出不道德決策、有損投資人利益的證券業者，投信業者以不投資、不跟進的方式因應，則炒作者將無法得逞，此類圖利事件應可減少。

四、防止專業經理人違反倫理道德的決策

專業經理人也是人，是一個追求利益的個體，當專業經理人與其

企業體發生了利益衝突，而所處的環境中又缺乏足夠的約束工具時，專業經理人就有可能做出不道德的決策。

如何防止專業經理人做出「對公司有利、對社會不利」的決策，一方面要透過激發公司經理人的社會責任感，另一方面要透過社會大眾的輿論力量，形成對企業及其經理人的倫理道德約束。

如何防止經理人做出「對個人有利、對公司不利」的決策，屬於降低代理成本與代理風險的問題。除了要激發經理人的職業倫理道德良知以外，還可透過一些制度上的設計，降低主理人（股東）對代理人（經理人）的代理成本：

（一）制約工具的訂定

針對個人或法人，制定出相關的約束法規與制度，利用此項工具來防止專業經理人做出不道德的決策，除了在條文內容要清楚詳盡外，條文的可衡量性及可執行性是很重要的。例如：針對每位專業經理人設計一套其個人的「信用累積紀錄表」，此紀錄表記載了該位專業經理人任職過的每家公司對其信用評等紀錄，以作為下一位雇主的參考，若該位專業經理人提不出其個人的「信用累積紀錄表」，那麼，下一位雇主將不予以聘用。如此的制度，相信能對經理人的行為有所約制。

（二）透過市場機制或誘因機制來運作，主理人不需要監督代理人的過程行為，而僅監督其產出結果

例如：業務員改以佣金制代替底薪制來降低監督成本。

（三）共同利益環境的創造

組織願景的創造，以形成主、代理人之間共同利益的長期關係，促使專業經理人的個人利益與公司利益之間的差距縮小，也就是讓每位經理人都能覺得公司屬於他自己的「財產權」，而有種「歸屬」、

「組織承諾」的認同感。例如：給經理人股票購買選擇權（stock option）、績效股（performance stock）、盈餘分紅（profit-sharing）等各項管理激勵計畫。

1. 股票購買選擇權

在公司創立時，依員工不同職位，分別給予不同額度之選擇權，明定在5或10年內，員工可依上述給予之額度，以票面金額（每股10元）認購公司股票。如此一來，當公司業績愈好，股票之帳面價值及市場價值將愈高，其超出面額之差價將愈多，員工所得之利益將愈大，如此，員工自然而然會更為公司賣力。

2. 績效股

對於長期優良之經理幹部，公司可以給予特別之股份獎勵，以激勵員工。績效股與前述股票購買選擇權不同的是，績效股是公司無償給予員工，股票購買選擇權則是員工以某一個認購價格（例如票面額），認購當時市價的股票。

3. 盈餘分紅

一般的公司章程皆會明定公司的盈餘分配方式，除了彌補虧損、提列法定公積以外，還有董監事酬勞、員工紅利、股東股利如何分配。一般公司的章程，對員工紅利之分配平均約在3—5%，而對於高科技公司，或為了優厚獎勵員工，亦可適度酌量提高員工分紅的比率。

五、專業經理人的倫理信條

有關專業經理人的倫理信條，可分兩方面來說明：一為對股東主理人的職業倫理信條，不應做出對公司不利、對自己有利的決策；二為對社會大眾的經營管理倫理信條，不應做出對公司有利、對社會不利的決策。

（一）對股東主理人的職業倫理信條

1. 財富倫理

追求利潤固然是企業基本的經濟目的，同樣的，個人也可以追求財富。企業或個人追求財富利潤並不是罪過，但在追求財富利潤過程中所用的手段必須符合正當性。專業經理人由於掌握了企業的資源與權力，往往有機會從中獲取利益，而人性中，「貪」是最難克服的弱點之一，也因此，財富倫理是專業經理人特別要謹守的。專業經理人在追求個人財富（小我目的）與公司利益（大我目的）之間不宜有所衝突，不宜做出任何有損公司的不當利益輸送。於此略舉一些實務上常發生的現象：

(1)不當的投資

操作公司投資基金的某甲經理人，由於自己或親友手中握有A公司股票，為拉抬A公司股票，使自己獲利，而影響公司投資購買A公司股票，而理論分析上，投資A公司股票對公司是不利的。將私人所有的土地等不動產或動產，以高價賣給公司、從中牟利，即是企業中不時發生的利益輸送之例。類似這種不當的投資決策，還包括不當的投資購買某塊土地、建築物、機器設備、技術know-how……等等，之所以會使得公司做出不當的決策，皆起因於決策者「個人利益」作祟。

(2)不當的融資

公司的融資管道來源包括銀行金融機構以及民間的借貸，對公司的資金成本而言，金融機構的利率顯然會比民間借貸低，但也有些財務決策主管並沒有盡力為公司尋找金融機構的融資，而採取較高利率水準向民間借貸，而所借貸的民間單位，事實上與該財務決策主管有極密切關係。即使該民間單位借貸給該公司屬於無擔保信用借款，但該財務決策主管對公司的財務情況相當熟悉，即使一旦公司發生財務危機，該財務決策主管也會優先籌款償還該民間單位，這就是財務決策主管做出不符倫理的融資決策。

(3)不當的費用報銷

公司的專業經理人在經營企業的過程中，必然會發生各項管銷費用，而向公司申請報銷這些費用，然而這些費用究竟是因公事而發生的？或是因個人的私事而發生的？專業經理人對於費用的報銷不宜將私事發生之費用由公司來負擔。不當的費用報銷，例如：浮報交際費、宴請私人朋友之交際費報銷公費、公器私用、公務車做為私人私事使用……等等。

事實上除了有上述公器私用的情形外，也有私器公用的情形。例如：使用個人的非上班私人時間處理公事、使用家中電話連絡公事、運用個人的私人交情人際關係來幫忙處理公務上的困難……等等。因此，對於此部分的公私分際之尺度，較難以一個明確的標準來衡量，而只能訴諸於每個人心中的一把尺。

2. 忠誠倫理

不當獲取他事業營業秘密以圖利自己所服務的公司，屬於對社會不利、對公司有利的「不公平競爭」倫理（此部分將於競爭倫理介紹）；不當獲取自己所服務公司的營業秘密以圖利自己，則屬於「職業德的忠誠倫理」。

「營業秘密」或稱專門技術、know-how，指的是一種方法、技術、製程、配方、程式、設計或其他可用於生產、銷售或經營的資訊。我國的《營業秘密法》是在民國85年1月17日立法通過實施，對於不當竊取營業秘密課以刑責，也有些公司與所屬員工經理幹部簽訂「競業條款」，或稱旋轉門條款，限制所屬員工於離職後，幾年內（例：三年內）不得受僱於公司的競爭廠商，並謹守在公司服務期間內所獲知有關公司的營業秘密。

近年來，由於科技事業的蓬勃發展，服務於相關事業的科技人員跳槽之風頗盛，就有不少將在前一家公司服務時所取得的科技機密洩漏給後一家公司的事情發生。前陣子就有某科技公司發現異常的電子

郵件遞送，經查後發現有員工將公司的技術機密外傳，因而訴諸法律的新聞。這種行為是相當不應該的，專業經理人掌握了許多公司的機密，應該戒慎小心，謹守忠誠倫理。

（二）對社會大眾的經營管理倫理信條

1. 財務報表的真實性與充分揭露（full disclosure）

專業經理人必須面對公司的債權人以及投資大眾股東，而債權人及投資大眾對於公司的了解，最直接的方式就是透過公司對外的財務報表所顯現出來的經營情況資訊。公司的實際經營狀況與書面上的財務報表之間，或許仍難免會存在一些「落差」，這個落差的大小只有專業經理人最清楚，因為專業經理人與債權人、投資大眾之間存在著「資訊不對稱」的現象，專業經理人基於經營管理的倫理，有義務、有責任將上述的「落差」縮小，也就是盡可能將實際經營情況忠實的表現在財務報表上，對於各項有利、不利的財務資訊宜「充分揭露」，以免債權人及投資大眾蒙受不必要的損失。

2. 專業倫理

專業經理人擁有其專業的知識與技能，應正確的使用其專業知識於事業經營以增進經營績效，並進而造福社會福利，專業經理人不應誤用其專業知識來犯罪，聰明反被聰明誤。不同功能部門的經理人要遵守的行銷倫理、勞資之間的倫理……等等，將在本書其他章節中敘述。

3. 競爭倫理

專業經理人在經營企業時，應遵守競爭遊戲規則，採用合法、合理的手段，尊重競爭者、不排擠競爭者，不用造謠中傷的手段。關於公平競爭的倫理規範，在《公平交易法》中對於有妨礙公平競爭行為之虞的規範部分（第19條），採取了法律的約束規範，包括以下六款行為：

(1)杯葛行為

杯葛行為的成立包括有三方面的人：當「杯葛發起人」以損害「受杯葛人」為目的，邀請促使「杯葛參與人」對「受杯葛人」採取斷絕供給、購買或其他交易之行為，使得「受杯葛人」蒙受損失。

(2)差別待遇

差別定價事實上也普遍存在於行銷作法，依不同的時間、地點、對象……等，採取不同的定價。但事業若「無正當理由」且「有妨礙公平競爭之虞」，對他事業給予差別待遇之行為，仍屬於違法行為。

(3)不當爭取交易相對人

以脅迫、利誘或其他不正當之方法，使競爭者之交易相對人與自己交易，而有妨礙公平競爭之虞的行為。其中所謂「利誘」係指「事業不以品質、價格或服務爭取顧客，而利用顧客的僥倖、暴利心理，以利益影響顧客對商品或服務為正當之選擇，從而誘使顧客與自己為交易之行為」。

例如：企業舉辦贈獎促銷等活動，法令規定獎品的金額是有上限的，如最大獎項不得超過基本工資的120倍等。以免有些大企業挾其充沛的資金，將客戶全部吸引過來，導致小企業無法存活的不公平競爭現象，此即屬不當爭取交易相對人。採取贈品（摸彩）、買一送一……等行為是否違法，其認定依公平會所訂的「處理贈品贈獎促銷案件原則」。這是專業經理人在擬定企業競爭策略時，必須注意到的競爭倫理。

(4)迫使參與限制競爭行為

以脅迫、利誘或其他不正當之方法，使他事業不為價格之競爭、參與結合或聯合之行為，其目的在於藉由營業競爭活動的限制，達成共同利益的目的。

(5)不當獲取他事業營業秘密

在民國85年所立法通過實施的《營業秘密法》，對於不當竊取營

業秘密課以刑責，以防止公司與公司之間，用不正當手段竊取營業秘密，並防止從業人員的離職、跳槽、挖角，使得公司的營業秘密外洩給競爭者。另外，在《公平交易法》中，對此亦有所規範：以脅迫、利誘或其他不正當之方法，獲取他事業之產銷機密、交易相對人資料或其他有關技術秘密之行為，違反《公平交易法》。

除了法律的約束外，為防止類似事情的發生，更需要透過倫理道德的規範與約束。

(6)不當限制交易相對人事業活動

以不正當方式限制交易相對人之事業活動為條件，而與其交易之行為。例如：賣方（甲公司）限制買方（乙公司）在買A產品的同時，也要同時搭配購買B產品；甲公司限制乙公司只能販賣甲品牌產品，不能販賣丙品牌；甲公司限制乙公司只能在某一特定區域內銷售，或只能販賣給某一類型的客戶……等等。

4. 相關利益團體整合的倫理

專業經理人在一個企業組織內進行經營及管理活動時，事實上也可以說是在做「協調與整合」的角色，首先面對著代表不同利益團體的董事會成員們，各有不同的需求與期望，必須設法去整合相關團體代表的利益與期望，專業經理人不宜受到某一方面利益團體或個人的籠絡收買，而做出不公正不適當的決策；接下來對於任何一項經營決策，例如：產品的定價、公司盈餘的分配，也往往關聯到各種不同的團體，包括顧客、員工、股東……等等，因此，有人說專業經理人如同一個「石磨心」，承受不同來源的壓力。

總而言之，專業經理人因職位而取得了權力及資源，應遵守某些倫理信條以免濫用。但專業經理人亦非聖賢，因此除了自律外，法律及社會的制裁力量仍是必要的。反之，在專業經理人扮演好自己的角色之時，企業主、社會也應不吝給予鼓勵，如此專業經理人將會更珍惜所擁有的資源，更重視社會責任，我們的社會才會更美好。

關鍵詞彙

專業經理人　企業發展階段　主理人　代理人　代理成本
財富倫理　忠誠倫理　專業倫理　競爭倫理

自我評量題目

一、請說明專業經理人的定義？以及應具備何種條件？

二、企業發展分為哪四個階段？專業經理人在不同階段中各扮演哪些
　　角色？

三、請說明社會中存在哪些代理關係？有哪些代理成本？如何降低代
　　理成本？

四、就你所知，專業經理人為何會做出一些不道德的決策？應該如何
　　防止？

五、專業經理人身為股東的代理人，有哪些職業倫理信條應該要注意
　　的？

六、社會大眾期望專業經理人要奉行哪些經營管理的倫理信條？

參考書目

吳思華（1989），專業經理人的社會角色與培育方式──企業發展階
段論，第二屆管理教育研討會論文集。

吳思華（1991），企業道德的內涵與教學，中國行政，49期。

嚴奇峰譯（1988），優秀經理人為何會做出不道德的決策？，世界經
理文摘，第21期，1988年2月1日。

李田樹譯（1988），生意經就是道德經，世界經理文摘，第21期，
1988年2月1日。

李田樹譯（1988），企業吹起道德重整風，世界經理文摘，第21期，
1988年2月1日。

徐聯恩譯（1988），經理人如何秉持道德原則，世界經理文摘，第21
期，1988年2月1日。

Eisenhardt, K. M. (1989), Agency Theory: An Assessment and Review, Academy of Management Review, 14(1), pp.57-74.

Jensen M. C. & W. H. Meckling (1976), Theory of the Firm: Management Behavior, Agency Cost, and Ownership Structure, Journal of Fincial Economics, 3(4), pp.305-360.

Pratt, J.H. & R.J. Zeckhauser (1991), Principales and Agents: The Structure of Business, Harvard Business School Press.

胖達人股票內線交易

　　2010年12月，胖達人（パン達人）手感烘焙麵包店在臺北市南京東路成立，公司登記的正式名稱是「麵包達人」，創辦者為麵包師傅莊鴻銘、蔡昆成，實收資本額僅130萬元。胖達人麵包好吃，並聲明麵包中並無添加人工香精及防腐劑，該店之廣告標榜「天然酵母，無添加人工香料」。

　　在2012年3月之前胖達人麵包店名氣不大。2012年4月，生技醫療上櫃公司──基因國際生醫公司（以下簡稱基因生醫）入股「麵包達人」公司1,500萬元，改名為生技達人股份有限公司，實收資本額增為3,000萬元。基因生醫在2010年年底透過借殼方式上櫃。基因生醫的大股東，就是醫美整形大亨徐洵平。基因生醫業務包括韓風整形外科診所、薇閣坐月子中心、戴爾牙醫聯盟、醫美品牌「dr. DNA」等項目（註1）。

　　市場估計，胖達人原始的南京東路店，一年營收就有5,000萬元，在2012年開到13家分店，若以單店平均月營收360萬元推估，未來年營收可達5億元。以基因生醫去年營收4億1,000萬元估算，一旦財務報表合併申報，胖達人至少能讓母公司營收暴增50%（註1）！

　　胖達人成為人氣商店，除了標榜純天然酵母製作，賣麵包的行銷方式大打「名人牌」。胖達人剛開始創立時，把麵包送給許多名人試吃，結果一試成為主顧，包括連勝文、新光三越總經理吳昕達

等名人不時坐著瑪莎拉蒂（Maserati）、保時捷（Porsche）或雙B等高貴名車到店裡選購，形成一股名人消費的風潮。基因生醫股東之一的許雅鈞更找來藝人妻子小S現身站臺，偶像明星親臨店裡買麵包，使沒沒無名的胖達人麵包店爆紅（註1）。

基因生醫入股胖達人後，因促銷得法，胖達人麵包開始在市場大賣，使母公司基因生醫的業績亦沾光，營收開始增加，2012年第3季營收1.75億元，第4季營收2.41億元，2013年第1季營收2.96億元，第2季營收3.27億元。使投資人看好基因生醫的未來發展，基因生醫亦隨營業額的成長，股票亦快速上漲（註2）。

基因生醫在入股胖達人時，2012年4月2日股價為77元，2012年8月24日為60.2元，之後開始逐步上漲，至11月9日漲到新高價133.5元，至2013年3月25日創最高價212元（註3）。2013年8月22日臺北市衛生局在胖達人臺北敦南店乾料儲藏室發現大量人工香精事件之前（註4），16日股價為100.5元，發生「使用人工香精」事件之後，股價一路下跌，9月10日跌至60.6元，12月31日跌至46.2元（註3）（註4）。

8月28日臺北地檢署表示，媒體報導胖達人案疑有人放空股價，坑殺投資人一事，已指示承辦檢察官了解，是否涉嫌違反《證交法》。僅莊鴻銘轉列被告，以100萬元交保，限制出境（註5）。

2014年1月28日北檢偵結胖達人案，起訴藝人小S老公許雅鈞、許父許慶祥等4人，其中僅許雅鈞否認內線避損逾千萬元，檢方建請從重量刑。

檢方表示，許雅鈞等人在2013年8月1日至19日間陸續出脫持股，許雅鈞規避損失新臺幣1,301萬3,739元，為金額最高者，徐洵平、姜麗芬2人則避損1,232萬6,300元、許慶祥避損657萬529元。檢

方說，許慶祥、徐洵平、姜麗芬等3人，已自白犯行。許慶祥去年12月24日繳交犯罪金額657萬529元，徐洵平、姜麗芬則於去年12月27日繳交犯罪金額1,232萬6,300元，檢方建請法院減輕其刑，3人將面臨本刑1年半以上徒刑，也有機會獲緩刑（註6）。

　　2015年8月28日臺北地院審結本案，判決藝人小S丈夫許雅鈞無罪，另依違反《證券交易法》判處許慶祥2年徒刑；徐洵平2年徒刑，緩刑3年；徐妻姜麗芬1年8月徒刑，緩刑3年，仍可上訴（註7）。

註 釋

註1：鄧麗萍，整形大亨入主，「胖達人」變生技金雞，2012年11月，商業周刊1302期，取自網址：http://www.businessweekly.com.tw/KArticle.aspx?id=48343

註2：6130基因財報股利，上櫃生技類股，玩股網，取自網址：http://www.wantgoo.com/Stock/report/basic_is?StockNo=6130

註3：個股剖析，全球快e網，2016年3月30日，凱基綜合證券股份有限公司，取自網站：http://www.kgieworld.com.tw/Stock/stock_4_1.aspx?findex=3

註4：台北報導，誤以為廠商提供天然香料　胖達人總經理鞠躬致歉，2013年8月23日，東森新聞雲，取自網址：http://www.ettoday.net/news/20130823/260929.htm#ixzz42E34gr3r

註5：劉世怡，胖達人案疑放空股價　北檢要查，2013年08月28日，中央通訊社，取自網址：http://www.cna.com.tw/news/firstnews/201308280024-1.aspx

註6：劉世怡，胖達人涉內線　僅許雅鈞不認罪，2014年1月28

日，中央通訊社，取自網址：http://www.cna.com.tw/news/
firstnews/201401280011-1.aspx

註7：蔡沛琪，胖達人內線交易案 小S老公判無罪，中央通訊社，取
自網址：http://www.cna.com.tw/news/firstnews/201508285021-1.
aspx

Chapter 8

國際化的倫理議題

學習目標

——研讀本章內容之後，學習者應能達成下列目標：

1. 了解國際化趨勢的發展及國際化所帶來的衝擊。

2. 了解國際企業所面臨的倫理問題及應對的原則。

3. 了解全球一致之道德標準的必要性。

4. 了解全球一致之道德標準應如何建立與落實。

5. 了解國際企業在面對各種不同的價值標準時，可能的因應原則。

6. 了解一個跨國企業如何建立其全球化的經營價值，以及落實的手段。

摘　要

　　國際化雖然促成了經濟的發達，但是此一從未發生過的現象，卻也在推動初期，造成了若干調適不良的問題。而在這些問題中，不少更是由於企業過於追求國際化目的，而在國際化推動上不擇手段所造成。

　　在現今的國際化活動中，國際企業所面臨之最大問題，就在於全世界各地價值標準不同。由於價值標準的差異，國際企業是否應該在不同的國家，採行不同的價值標準，基本上存在著三種不同的觀點：倫理相對論、目的互動論，以及泛道德論。其中，倫理相對論者的立場雖然較有彈性，但是也招致較多的批評，尤其是當企業以倫理相對論為由，美其名為尊重地主國的價值標準，卻以此作為逃避社會責任的藉口，倫理相對論的採行就更為可議。

　　隨著國際化的展開，各國的交流日益頻繁，一個全球共同道德標準的建立，似乎也愈來愈可行。因此，只要企業有誠意，願以較高的標準來自律，國際化所造成的問題，自然就可以迎刃而解。

國際企業倫理之本質

一、全球化趨勢

　　由於全球工業化腳步加快、資訊技術的應用以及科技的進步，對於人類的生活型態與經濟活動，都產生了極為深遠的影響。在政治情勢方面，世界各國不論其政治體制為何，民主與開放在20世紀儼然成為人類價值觀的主流，共產集團的瓦解，國與國之間的界域逐漸消失，形成以經濟為主體的地區性經濟體系，取代了政治目的之結盟，而其中歐盟又是最典型的代表，除了歐盟之外，北美自由貿易區、大中華經濟圈，乃至於亞太經濟體系的概念也都日益明確化。

　　政治開放以及經濟自由化、地區化的結果，對於各國企業的營運都產生了極大的衝擊。首先，政治自由化、民主開放的結果，啟動了國與國之間人力資源、貨物、資金的流動，再加上資訊技術的應用，促成了資訊傳遞的便利與無遠弗屆，而使得國際化、全球化形成一股無可抵擋的潮流，其中人力資源、貨物、資金及資訊四大要素的跨國性交流，更是全球化的一大特色。

　　在人力資源方面，國與國之間界域的消除，促成了各國人力資源的交流，以高級技術人員、主管人員而言，國界的觀念已經逐漸被打破，全球化的人力資源市場正在形成，在臺灣的跨國企業中，來自全球各地的員工，在同一辦公室、實驗室工作的情況已經十分普遍。基層作業人力方面，雖然因為各國社會環境差異的考量，而無法全面

性的開放交流，但在整個人力供需不平衡的情況下，基層人力的交流亦在緩慢的進行當中（我國有限度的開放外勞進口即是一例）。人力資源市場的全球化與企業國際化，兩者在良性互動下，都正在蓬勃發展之中，各國所積聚、發展之人力資源的不同，也形成了國際分工現象，而國際分工正是企業國際化很重要的基礎。

在貨物的流動方面，貿易自由化的大潮流所趨，各國之間的關稅及非關稅貿易障礙正快速消除。貨物流動障礙的消除，一方面意味著市場機會的增大，只要具有競爭力，全球各地的市場都非遙不可及；另一方面卻也意味著企業之間競爭的更加激烈，一個地區性的小公司，可能要面臨跨國企業的強力挑戰。不論是正面的市場開放，或是負面的競爭問題，在此一趨勢下，企業競爭力的提升，將是刻不容緩的議題。而走向國際化開拓國際市場，以及利用國際分工上的比較利益，創造自己的競爭優勢，都將是企業不得不然的選擇，其最終的結果，也將是各種型態之國際企業的形成。

在資金的流動方面，政治民主化及經濟自由化的結果，亦將壓迫金融市場的自由化，以便因應經濟活動的需要，而使得資金移動更為快速。資金移動管制的減少，造成資金可以有效率的往具競爭力、高獲利的領域移動，此一效果更將可能造成強者愈強，弱者不易翻身的情況（強者在國際金融市場上可以獲得充裕的資金，而弱者無法獲取資金）。而資金選擇性的移動，會使各國以目前的專長為基礎，繼續努力創新，而放棄自己不擅長的領域（因無法獲得資金、人力資源上的奧援），因此也將更為強化目前的國際分工的情勢，而國際分工形成，企業就必須走向國際化，以各種型態整合不同的專長，才能創造國際性的競爭優勢。

在資訊的交流方面，由於資訊本質上就不受國界的限制，再加上資訊技術的進步，網際網路的使用，更強化了資訊傳播能力。過去傳統的地區型企業在面臨國際市場時，可能會因為資金、人力等因素的

考量，而無法跨出國際化的步伐，但隨著資訊技術及網路的應用，資訊傳播的成本大爲降低，同樣也降低了跨入國際市場的門檻。而整合網路技術所發展出來的電子購物、通訊上班、電子會議等應用，也對企業國際化造成推波助瀾的效果。

二、國際化趨勢下的衝擊與問題

在整個國際化的潮流衝擊下，由於各國的社會、文化、政治體制，乃至於經濟發展的基礎與條件都不相同，國際化的推動必然也會造成一些問題，這些問題可以分爲整體與個體兩個層次，分別說明如下。

（一）整體層次

就國家整體層面來看，人力、資金、貨物、資訊的自由化，固然促成了國際化，但相對的卻也帶來了不少的問題。

1. 人力資源自由化的衝擊

人力資源自由化，使得人力可以自由地跨國移動，但是同樣的卻也造成了移民、種族歧視與族群融合等各種問題。在人類尚未建立種族平等的價值觀，尚未學會如何尊重彼此間的差異之前，由於人力資源移動的自由化，必然也會引發社會上以及企業內部新的紛爭與衝突。

2. 資金自由化的衝擊

在資金自由化方面，資金自由化雖然可以促使資金的有效利用，但是過於注重資金的使用效率，也會造成某些問題。以企業資金來源來看，銀行體系以及資本市場是現代企業的兩大資金來源管道，就資金的使用效率而言，銀行所借貸出去的資金，只是借貸雙方面議價的結果，其投資報酬率往往並不是最高的。但就資本市場而言，理論上是可以將資金置於投資報酬率最高的標的，所以在資金使用效率上，

資本市場優於銀行體系。而銀行體系效率不好，壞帳偏高，固然會發生問題。例如：日本、韓國金融風暴的原因之一，就在於銀行資金使用效率不彰所致。

相反的，資本市場的自由化，使得資金的使用更有效率，不會發生類似日、韓兩國的問題，但是過於注重資金的使用效率，卻也造成了資金的流動快速與不穩定，形成國際間所謂的熱錢。亞洲金融風暴的起源，簡單的說就是先前外資（資本市場中的資金）流進太多，造成日後外資同時撤出，以至於對匯市及股市產生強烈衝擊。而外資進出這些亞洲國家，主要是受到亞洲國家在九○年代初期，都有優越的經濟成長表現所吸引，但是當這些亞洲國家的總體經濟與匯率政策錯誤，使其出口競爭力降低，而國際（尤其是美國）利率卻上漲且美元走強時，熱錢投資人便迅速撤資，於是股市慘跌，外匯市場出現強大的美元買盤，乃形成一波金融風暴，這也是資金自由化之下的副作用。

3. 貿易自由化的衝擊

在貿易自由化方面，隨著關稅壁壘的消除，各國企業間的競爭更為直接，但各國間工業基礎不同，經濟發展狀況、技術能力、市場規模都有差異，自由化的結果等於是不考慮這些差異，讓大家在同樣的基礎上競爭，其目的本在追求公平，但另一方面卻也忽略了各國的立足點原本就不平等的事實。過於激進的貿易自由化，對於開發中國家，或是一些需要時間才能轉型的產業，都會有一定程度的影響，甚至於造成經濟上的不穩定。

4. 資訊自由化的衝擊

在資訊自由化方面，各種資訊經由不同的管道散播，資訊的交流有助於促進彼此間的了解，但由於國家間資訊交流不論在質或量上，不同國家的差異很大，先進國家往往藉由資訊傳播的優勢，成為資訊與文化的出口國，進一步改變（或扭曲）了資訊接收國的文化、價值

觀，乃至於語言使用習慣等，從某種形式上，成為一種「文化帝國主義」，造成對發展中國家之文化尊重的問題。

在抽象的觀念下，國際化是正確也是值得發展的趨勢，但實際在執行上卻有不少副作用必須克服。就如同經濟上的自由競爭一樣，隨著企業的自由競爭，生產效率提高，固然許多人因而受惠，但自由競爭下，優勝劣敗，造成弱勢群體的被淘汰，卻也令許多人因而受害。當然，在追求主要目標與副作用的衝突中，我們不可能因為國際化的副作用，而放棄國際化的目標，但態度上卻應該更謹慎地面對國際化所產生的問題，盡可能的加以解決消弭，在這方面不論是政府的宏觀層面，或是個別企業的微觀層面，都應該更負責任地面對國際化的問題。尤其是上述的問題中，不少更是由於企業過於追求國際化目的，而在國際化推動上不擇手段所造成。因此，只要企業有誠意，願以較高的標準來自律，國際化所造成的問題，自然就可以迎刃而解。

（二）個體層次

從單一多國企業的觀點來探討，由於經濟動機、價值觀、法律規範的差異，多國企業在他國的行為，也會有意無意間，造成對地主國以及自己運作上的問題。除了在道德價值觀上根本的差異外，最大的衝擊則是態度上或行為上對於地主國不尊重所造成的傷害。例如：在已開發的先進國家，對於環境保護、消費者保護、員工權利的保障等，在法律上都已經有了明確的規範，當國際企業進入另一個開發中國家時，地主國或由於經濟發展上的需要，或由於技術執行能力上的困難，對於上述議題往往都無法律的規範，或是以比較寬鬆的法律來規範，於是國際化往往變成多國企業逃避法律規範的捷徑。例如：對地主國輸出或在地主國生產先進國家已經禁止的化學藥品；販售已經過期或檢查不合格的商品到開發中國家；在當地製造高汙染的產品、化學或核廢料的輸出，進行不當的行銷（如在開發中國家促銷奶粉，

改變原先的授母乳習慣）等，這些問題的發生，基本上都源於不尊重地主國人民的權利，不論行為上的合法與否，都是國際企業蓬勃發達所造成的主要問題。

除了在當地國的問題外，國際企業是以追求效率與利潤為主，投資決策是出於理性的考量，情感上亦未必認同或對地主國有歸屬感。在自由化的環境下，國際企業的進駐與退出成本不高，但這些行為往往也對地主國造成傷害。在實體的投資方面，由於投資時間較長、回收較慢，進進出出的情況較為少見（即使如此，一個國際企業的撤資對於當地的就業機會、經濟發展，也都會造成相當的衝擊）。在金融商品的投資方面，由於資金的進入與退出，幾乎不存在時間成本與作業成本，往往對於地主國造成無可彌補的傷害。這一波金融風暴中，泰國、馬來西亞，以及民國78年國內股票的崩跌，部分原因都是外資的進入，投資房地產以及其他金融商品，獲利後退出所引發的後遺症。更有部分企業，藉國際化的名義，不從事投資設廠生產，而以其雄厚的資金炒作地主國的房地產以牟利，又藉獎勵投資的名目，規避應該承擔的稅賦，不僅造成地主國居民生活上的困難（物價、房地產上漲、無殼蝸牛增加），也不符企業家的精神，這種強欺弱、大欺小的現象，應該也是在國際化推動上會發生的問題。

三、國際企業的倫理規範

從上述的背景描述中可以發現，由於涉及了不同的國家，到目前為止，在法律層面上對於上述問題，仍然無法有效的加以規範。本質上，國際企業與一般企業一樣，必須尊重其所面對的社會大眾，對於其所在的社會，也負有一定程度的社會責任，此一事實不能因為國際企業面對的是多個不同的社會，而刻意的加以模糊或規避。

在此一認知下，國際企業除了有其必須遵循的法律規範外，更應該有一套可行的國際企業倫理準則，作為道德上自律的參考。然而，

由於國際企業所面對的並非單一的社會文化體系，國際企業倫理準則的建立也較一般企業更為複雜。例如：國際企業在面對多元化的社會價值體系時，應不應該修正本國的倫理價值觀，以便入境隨俗，去適應不同的社會價值體系。若不採行多元化的倫理價值觀，則當本土價值觀與當地價值觀發生衝突時，又要如何取捨？如何面對？就全球的觀點，在最基本的道德根源中，究竟存不存在有共同一致的價值觀？還是每一種價值觀都只是地域性之文化與宗教的應對？若人類在道德的根源上有其共同的價值標準，一套全球一致的國際企業倫理是否可行？是否值得期待？最後，在一致性的國際企業倫理仍不存在的現今，國際企業對於其社會之基本道德責任的內容又是什麼？以下的章節即擬對這些問題作進一步的討論與釐清。

02 國際企業倫理的主要問題

對多數國際企業而言，經營上最常面臨的倫理議題，應該是兩國道德價值觀差異所造成的倫理困境問題。由於文化、宗教，甚至於生活背景的不同，母國與地主國之間在倫理議題上，往往有著不小的差異，而國際企業的倫理兩難則是：究竟要堅持自己的道德價值觀，毫無妥協地退出雙方合作的市場；還是要有所妥協，以保留可能的商機。這一問題的答案，可能不只是「是」與「非」的選擇，其本質上有其更深的意涵與探討的空間。

一、倫理差異的形成原因

由於倫理差異是國際企業經營上所面臨的最主要議題，倫理差異形成原因的了解，有助於倫理困境問題的解決。至於倫理差異的形成背景，主要來自於兩部分。其中，一部分的差異是由於環境因素不同所造成的；另一部分則是由於道德價值觀的差異所形成的（註1）。

環境因素所造成的倫理差異問題，主要是因為地主國的貧窮、無知、技術能力不足等因素，而對於某些問題有所妥協，採行較為寬鬆的標準，所造成倫理標準上的差異。例如：開發中國家往往制定較低的環境保護標準，甚至於在某些議題上，完全沒有規範，但是這一現象並不代表這些國家對於環保議題的價值標準，與已開發國家有所不同，也不代表這些國家認為破壞環境是道德的，只是由於經濟發展上的需要，在現實上的妥協而已。同樣的情況還包括：有些國家同意

國際企業輸入有害物質、販售過期產品、製造高汙染或高危險性的產品，同意儲存化學廢料或核廢料，同意外商以較差的勞動條件僱用當地的員工，這些情景對於已經從開發中國家走過的臺灣，是否印象深刻呢？當年我們同意的這些議題，部分是因為經濟發展上的需要，部分是因為技術與知識能力的不足，但絕不代表我們的道德價值觀認同這種作法。所以在本質上，這些差異是由於非道德因素造成的，道德價值觀上，兩者間的差異並不存在。

另一方面，確實也有一些倫理上的議題，是因為傳統文化、彼此間的道德價值不同所產生的，例如：對於男女平權的觀念，東西方之間的道德價值標準即有很大的不同，這類議題上，又有一些是可從道德上來研判（如男女平等議題），但是也有一些與風俗文化夾雜不清，道德本質上是相當中立的（如終身僱用制度、師徒制等）。所以探討這些差異，就必須再考慮我方與對方在道德爭議上的立場，了解雙方的差異是否涉及道德上的議題，還是只是風俗文化上的不同而已。若雙方的差異確實涉及道德問題（如性別歧視），則可以進一步考慮兩者的道德標準何者較高，了解了雙方的立場，才能夠決定如何解決倫理差異所產生的倫理困境。

二、國際企業倫理困境之解決對策

（一）解決倫理困境的基本觀點

關於前述之跨文化差異所形成的倫理困境，基本上存在三種不同的觀點，這三種觀點恰可彙整如圖8-1的連續帶所示。

1. 倫理相對論

倫理相對論者認為，世界上並不存在絕對的「是與非」、「對與錯」的認知，基本上這些認知，都是源自於文化、宗教、生活習慣的差異所造成，既然世界上不存在絕對的對錯，對國際企業的經營者或

倫理相對論	目的互動論	泛道德論
完全以地主國 的標準為依歸	彼此互動協調 找出雙贏的準則	完全以一致性 的標準為依歸

圖8-1　兩種極端對立的解決倫理困境觀點

員工而言，當然應該入境隨俗，在倫理道德觀上保持彈性。亦即，對一個國際企業而言，不應持絕對的倫理價值觀，若存在也應該是相對的。

　　所以根據倫理相對論者的觀點，賄賂在某些國家可能是可以接受的（某些國家的道德價值觀中認為，賄賂是對於低收入的一種補償），若地主國認為可以接受，國際企業經營者在道德研判上也要尊重、認同這種價值觀。當然，若到其他不認同賄賂行為的國家，其道德研判上也同樣要調整，以尊重另一種價值觀，此一論點在倫理兩難的研判上，其答案是簡單的是與否。

2. 泛道德論

　　相對於倫理相對論者，泛道德論者的觀點則是倫理議題在研判上，有其一定的遵循法則（例如：權利論者以是否損及他人之權利，作為依循的法則；而公平論者則以事情對當事人是否公平，作為依循的法則），所以凡事都有一相當清楚的準則，而在任何情況下，這些準則是不會變動的。因此，不論到哪一個國家，都應該依循相同的倫理道德準則，不能有所例外。以相同的賄賂行為而言，若賄賂本質上是不公平、損害他人權利的事情，則不論地主國對於賄賂所採行的道德標準為何，經營者都應該堅持不賄賂的原則。所以對於倫理兩難的解決之道，泛道德論者的答案也很直接肯定，但結論卻與倫理相對論者完全相反。

3. 目的互動論

相對於兩個極端，目的互動論者的基本主張，主要是以康德（Kant）的論點為基礎，康德認為，在社會上的每一個個體，其文化背景的差異都應該要予以尊重，源自於文化背景的差異，發展出不同的目標，但是其目標達成的過程，必須與其他人完全不相容的目標相調和，而非只看自己的目標。所以，每個人之目標的達成，基本上都是一種互動、融合、妥協的過程。

以股東與員工為例，股東的目標在追求利潤最大化，而員工的目標則是薪水的提高，兩者的目標是衝突的，經過互動、融合、妥協的過程，建立一個有效度的績效評估系統與獎金分配制度，可能是雙方都可接受的作法。同樣的，在國際企業的營運環境下，亦是充斥著不同的目標，以賄賂一事為例，地主國與國際企業兩者的目標是衝突的。因此在互動的過程中，首先必須界定清楚雙方的目標，其次再找出合理的解決方案，在這一過程中，如果可以找到合理的解決方法，則事情圓滿解決，否則再退出交易。所以，在目的互動論者的觀點上，賄賂是不道德的，雖然明確，但不一定表示企業必然要退出該市場，是否有其他妥協的作法，全靠雙方互動的結果而定。當然，是否妥協恐怕仍然要視議題之道德嚴重性而定，在「道德嚴重性較低」的議題上，妥協的可能性較高，在「道德嚴重性較高」的議題上，除非對方能讓步，否則退出的可能性較高。

所以，雖然在結果上，目的互動論者最終的結果，可能與倫理相對論或泛道德論者相同，但在意義上卻是絕對不一樣的。目的互動論者的妥協，並不是在價值觀上認同對方，只是目標衝突互動下所作的讓步。同樣的，目的互動論者的退出，是尋求妥協的互動過程中，雙方的目標差距過大，無法讓步，而不是如泛道德論者一般，持絕對的道德標準，絲毫沒有協商的空間。

除了以上所提的三種不同觀點外，也有人提出類似的架構，認

為國際企業事實上可以有四種不同的選擇：以地主國的規範、價值為標準；以本國的規範、價值為標準；以對大家最有利的規範為標準；以最符合道德原則的規範為標準。在這四種不同的選擇中，第一種及第四種與原先所提之倫理相對論、泛道德論的立場是相同的，而在第二及第三個論點中，基本上也是反映了部分目的互動論者的觀點。例如：選擇對大家最有利的規範為標準，事實上就是經由互動，找出彼此都可以接受的作法。

（二）倫理相對論之批判

　　了解了前述跨國間倫理差異的本質與來源，對於倫理相對論者的觀點，也就有了批判的立場。基本上若差異是由於前述之環境因素所造成，在道德標準上雙方沒有差異，則倫理相對論者就不能以尊重對方的倫理、遵守當地法律等理由，作為搪塞其倫理責任的藉口。既然倫理相對論者尊重對方的倫理判斷，就應該了解雙方的道德標準是一樣的，只是在落實上或表達上的不足而已，由於道德標準是一樣的，所以也就沒有倫理相對論的問題。當然，對方由於環境的因素，在法律上反映出較低的道德標準，即使是合法的營運，國際企業在道義上也要負起更多的責任以作為補償，亦即國際企業對於產品的責任，不能因為對方法律上沒有規範，而能夠免除（觀念上是生產者責任而非消費者責任）。這些責任包括：仍然是以較高的道德標準來自律，對於所生產或販售的產品，如果地主國能夠證明該產品的生產或消費對於某些人造成傷害，即使是在合於當地法令的情況下，生產者仍然必須負起賠償的責任。

　　即使在倫理差異是由於道德價值觀不同的情況下，倫理相對論者的立場亦有可議之處。當對方的道德標準高於我方，或是在道德中性之議題上（雙方的道德標準都可以接受），以尊重對方的態度，接受對方的倫理規範，應該是沒有爭議的。但是，若我方的道德標準高於

對方，倫理道德之所以存在的價值，就在於長期而言其有助於大眾利益，同理以較高的道德標準，長期而言對於整個國際企業營運環境的改善，也有其助益，倫理相對論者的立場或許短期內對於自己的利益有幫助，但長期而言並無好處。

　　由於倫理相對論者在思考此一問題時，並未深究問題的本質（包括雙方倫理差異的原因，以及分析雙方的道德立場），而是以道德並無絕對標準為理由，接受倫理相對論的立場。但從上述的分析中，撇開道德有無絕對標準的爭議，就倫理差異的原因來看，倫理相對論者確實有修正其觀點的必要。

　　在不同的倫理觀點中，學者們對於倫理相對論是持較為保守的態度，然而既然採行倫理相對論在作法上有不妥當的地方，而泛道德論在很多議題上又流於過度僵化，而且單方面的泛道德論，也會給對方君臨天下、不重視對方的感受（尤其在道德爭議是因文化不同而引起的議題上，或是雙方的道德標準都可以接受的情形下，例如前面提到的一夫多妻制、終身僱用等）。

　　既然兩個極端都不甚可行，則倫理道德是否就應該毫無底線，隨著雙方議價的過程來決定呢？在前面章節中已經討論過，目的互動論者是以道德嚴重性為底線，來進行雙方的互動。但在真實世界，或是在國際企業營運的環境中，究竟有沒有一些最基本的底線，這些底線是可以放諸四海皆準，在任何情況、任何地區都有一致性的對錯，在道德上大家都同意而毫無爭議的？如果有這些底線的存在，等於是大家都具備了共同的道德基礎，則其餘的分歧應該是可以經由互動協商來解決。因此，在以下的討論中，首先就此一共同道德標準的底線可不可能存在提出探討，若可能，則再探討建立此一共同道德標準的可行性與對策。

（三）全球一致之道德標準是否可能存在

對於全球一致之道德標準是否存在的問題，看法上仍有不少的分歧，基本的差異主要在於是、非、對、錯究竟是取決於何種因素，由誰來認定的。在目前主流的觀點有兩種，一種認爲是、非、對、錯是由文化、族群背景所決定的（即文化相對論），認爲社會上的一切事物、行爲，以及其意涵，都是人類賦予的，故本質上都是主觀的。如果一個文化或一個族群認爲某件事情是對的（賦予這件事情正面的意涵），則它就是對的；反之如果認爲它是錯的（賦予這件事情負面的意涵），則這件事就是錯的，文化的本質即在於意涵的賦予。若從此一觀點，則是、非、對、錯是依文化的差異而變動，所以不可能有共同一致的道德標準。

另一方面，泛道德論者則認爲，維持人類生存、社會發展，必然有其一定的準則可供依循，否則人類社會必然混亂。某些議題上的是、非、對、錯之認定，也不應該是由某種族群或文化所能片面決定的，否則社會秩序將無法維持。從這個觀點而言，人類對於是、非、對、錯的研判，應該是存在著一致的準則。

如果文化相對論者的主張是正確的，對國際企業的經營者而言，既然文化之間沒有絕對的優劣，經營上似乎不應該把自己的文化價值，強加到對方身上。如果在某一個國家，其文化價值認同賄賂的行爲，經營者沒有理由認爲自己的文化價值（不賄賂）有較高的優越性，可以凌駕於他國的文化價值。所以從文化相對論者的觀點，雖然邏輯上有所不同，將推論出與倫理相對論相同的結果。

然而，文化相對論的觀點是否正確，可以從以下幾個不同的角度，作另類的思考。首先，文化相對論者認爲，是、非、對、錯的認定，是由共同的文化價值來決定，文化之間沒有絕對的優劣。若把此一觀點再推導到更爲極端，在同一文化體系下，也存在了許多不同的個人或次文化，那麼根據個人相對論的觀點，是、非、對、錯的認

定，是否應該尊重每個人的特質，任其自行決定呢？而且根據文化相對論者，文化之間無絕對的優劣，同樣的，人與人之間也無絕對的優劣，所以一個人的道德研判，也不應強加諸於另一個人的身上，今天若有一個人認為殺人是合於道德的，是否大家都要尊重其觀點，而不將其他人或整個社會的價值認定標準加諸於此人呢？如果文化相對論者同意，此一個人的道德觀點，造成了文化群體內運作上的混亂與不穩定。同樣地，就地球村的角度來看，文化相對論者對於道德認定上的歧異，也將造成整個人類社會的混亂與不穩定。個人相對論對於文化相對論，就如同文化相對論之於泛道德論一般，如果文化相對論者認為，維持同一文化內，共同的道德標準有其必要，而反對個人相對論的存在，則從泛道德論者的觀點，維持全球同樣的道德標準也是有其必要的。

上述的論點雖然沒有直接駁斥文化相對論者的觀點，但卻間接點出一套共同依循之道德標準的重要性。如果世界上對於某些關鍵性的議題，沒有一套共同依循的標準，而任由不同文化價值體系，甚至於個人價值體系逕行研判，必然造成混亂與災難。例如：第二次世界大戰期間，德國納粹對於猶太人的屠殺，就是本於日耳曼民族優越感，以此一文化價值體系，對於特定議題所作出的價值判斷；日本發動的太平洋戰爭、侵略中國，也是出於其文化價值觀的判斷，這些歷史也都驗證了相同的結論。因此，不論是政治或經濟體系中，如果沒有一套共同的道德標準，人類社會將陷於混亂與不穩定，而危及群體的生存。對個別的族群而言，族群演化發展的過程中，也是由個人相對論的混亂（每個人都有認定是非對錯的立場），而走向共同的文化價值體系。如今，再將格局拉大到整個地球村，文化相對論不正如同當年的個人相對論嗎？個人相對論的混亂，經由共同文化價值體系的建立而消弭，文化相對論所產生的混亂，也必將經由共同道德標準（泛道德標準）的建立，而消弭於無形。

03 國際企業基本道德法則之探討

從第二節的探討中可以發現，國際企業面臨的倫理議題，主要是在於倫理差異的問題上，亦即在不同的國家或地區，由於道德標準的不同，造成國際企業運作上的倫理困境，而目前解決的方法，則是個別國際企業視情況來作調適。當然，另一種可能的解決之道，則是由企業自己、產業或國家、甚至於國際組織，自行訂定一套最起碼但可被全球接受的國際企業倫理法則，讓國際企業在面對不同的營運環境時，有一個最基礎的依循標準，明確的告訴員工，低於此一最起碼的道德標準，不論在何種情況下都是不對的，其餘的倫理差異則可以有較大的空間，甚至於採行倫理相對論之入境隨俗的作法。

此一解決方式，無疑地較前者讓企業自行依個案來研判更好，但是基本上仍有兩個問題有待釐清。首先，真實的營運環境中，客觀上是否可能存在絕對的道德標準，還是任何議題都有對與錯的一體兩面？如果絕對的道德不應存在，則全球一致的國際企業倫理法則只是奢談（不論是以企業或以國家的立場來制定，此一法則並不能被不同地區的人所接受，企業仍需面對倫理的困境）。其次，若真的存在國際企業倫理法則，應該要如何建立？其他的國際企業會遵循嗎？以下就針對這幾個問題進行討論。

一、全球一致之道德標準的建立與可行性

如果一致性的道德標準有其存在的必要，那進一步要問的是，此

一道德標準的內容為何？要如何建立才能免於被文化相對論者批評為文化帝國主義？在此，作者不能也無法以條列的方式，提出一致性道德標準的內容，而僅能從「若要建立一致性的道德標準，應該納入那些考量的準則」的觀點，提供一個標準的建立架構。在建立此一架構之前，首先就建立全球一致道德標準的可行性先作一探討。

（一）全球一致道德標準的可行性

全球一致之道德標準的必要性雖然可以確定，但其可行性仍是現階段國際企業所要思考的問題。要探討全球一致道德標準的建立可不可行，可以先檢視在目前各種不同的文化價值體系下，道德價值觀上有沒有共同的部分，若有，則表示人類雖然生活在不同的文化環境下，但是人性在某些根本的議題上，仍然是「人同此心，心同此理」，因此建立全球一致道德標準，就只是時間上及技術上的問題。反之，若人性中不存在一些共同的價值觀，在追求人類道德標準的最大公約數方面，就會有相當大的問題。然而從一些真實現象的觀察中，這一問題的答案是相當肯定而且樂觀的。

在政治議題方面，民主已經是21世紀的潮流，雖然在此一潮流下，尚有許多國家仍然未實行民主制度，批評民主制度的缺點，所以民主仍然稱不上是政治議題上共同的道德標準，但是，不論民主國家或是非民主國家，不論其人權的現狀為何，對於人權的尊重，似乎已經成了政治上共同的價值觀（至少目前世界上沒有一個國家願意承認自己不重視人權）。在經濟議題方面，鼓勵對企業家精神、對私有財產權的尊重，也已經成為21世紀的主要價值。在其他專業議題方面，諸如對於智慧財產權的尊重、對於人身安全的重視等，也已經成為共享的價值觀。最後，在個人權利方面，對於人類的基本人權、受教權等權利的尊重，都是構成共同道德標準的一部分，而且隨著人類交流的頻繁，這些共同的部分也將會愈來愈多。所以，就此一觀點來看，

全球一致道德標準的建立，應該是相當可行的。

（二）全球一致道德標準的架構

考慮國際企業的共同道德責任，全球一致道德標準的建立，大致上可以分為內容構面以及層次構面兩大部分（註4）：

1. 內容構面

在內容構面方面，國際企業的共同道德標準，應該包括三個主要內容：各國共同尊重、認同的人類核心道德，例如人權、安全、尊重生命等，這些是維持人類生存最基本的道德標準；維持一個社會運作，所必須具備最起碼的道德，例如互助、信用、公平、誠實等；維持一個企業運作，所必須具備最起碼的道德，例如遵守合約、企業家精神等。亦即國際企業之共同道德標準，是以人性最根本的道德為核心，再考慮到社會運作與企業運作上所需具備的共同道德規範，更重要的是，這些道德標準應該都是大家所認同的，因為只有各國都能夠體認到，欠缺了這些基本的道德標準，人類的生活、各種社會體制（不論何種體制）、各型企業的運作，都將陷於混亂與不穩，這些道德標準才會真正發揮其約束力。

此外，這些共同的道德標準，原則上都是相當抽象的（抽象的部分較容易有共識，太過具體往往會有例外），但國際企業有責任將其落實到執行的層面，例如：公平如果是共同的道德原則，落實上由於賄賂行為破壞了社會公平，所以國際企業就有道德責任不從事此一行為。

2. 層次構面

道德標準原則性內容的提出，的確指引了國際企業發展其一致性道德規範的方針，但如同前面所言，這些道德標準本質上是相當抽象的，另一方面，這些道德標準既然是維持人類的生活、社會與企業的運作所必需，維護與遵守這些內容的道德責任，就不能只考慮企業

一方，而應該是由國家政府、企業、國民三者來共同承擔。至於國際企業在這三者中，應該承擔多少責任，公平以及負擔得起應該是最起碼的兩個原則。如果國際企業對於人權、安全、尊重生命、互助、信用、公平、誠實等道德負有責任，其責任可以分成三個層次：

(1)不去侵犯、違背、剝奪他人這些道德權利，這也是最基本的層次；

(2)保護其他人這些道德權利；

(3)積極協助別人爭取這些道德權利。

就國際企業的目標來看，企業基本上仍是以營利為目的，而不在於改造社會，因此就公平與負擔得起兩個原則來看，國際企業的責任應該落於第一個層次，最多不超過第二個層次。亦即對於這些道德內容，國際企業的責任在於不違背以及不剝奪他人的權利，有時候必須被動的保護其員工相關權利（層次二），但不應將企業資源及心力投入協助爭取這些道德權利，因為這是國家、國民以及企業的共同責任，而非企業單獨的責任。

（三）全球一致道德標準的建立

釐清了共同道德標準的重要性及其內容之後，隨之而來的問題是，此一共同道德標準是由誰設立的。在實務上，設立共同道德標準的層次可以是一家國際企業、一個產業、一個國家，或是一個國際組織，當然，層次愈高，其影響的範圍也將愈深遠。一家國際企業當然可以考量前述的步驟與內容，設定自己的國際企業倫理準則，但其影響力只限於自己公司內的各跨國子公司。同樣的產業可以結合眾多同業之力，設定產業可遵循的國際企業倫理準則，其影響力無疑地將較單一企業更為深遠。國家政府可以結合全國企業之力，設定全國企業應該遵循的國際企業倫理準則（往往以法律的形式產生），同樣的，國際組織（如聯合國）也可以結合全球企業之力，設定全球企業應該

遵循的國際企業倫理準則。實務上，美國政府早已經立法，規範其國際企業的賄賂行為，基本上可以算是國家層次的共同道德標準，而聯合國及其他的國際組織，對於這方面的努力，也是一直在持續進行當中。

二、全球一致道德標準的落實與其規範效力

建立全球一致性道德規範的另一個問題是，當此一規範建立了，對於其他國際企業的規範效力問題。若道德標準無法發揮其規範效力，對於國際企業之倫理困境的解決，依然只能停留在個別企業單打獨鬥的層次上，效果就十分有限。思考此一問題，事實上可以從兩個層面來看。首先，如果制定全球一致道德標準的層次愈高（例如由政府或國際組織來制定），由於參與者較多，合法性較高，無形的約束力也較強。例如：當有一個企業想要以不遵守這些倫理規範來獲利，但考慮到違反了此一規定，可能受到全球或全國企業道德上的責難，在不與眾人為敵的考量下，就會自我約束其行為，則倫理規範的效力就會顯現。反之，如若制定規範的層次不高（如公司自己制定），除了合法性不夠之外，任一家企業不遵守規定，最多只會受到制定該規範之企業的抵制，它可以轉而與其他國家、其他公司合作，輕易逃避掉道德、經濟上的責難，所以其約束力就大大減小。另一方面，若制定的層次高，則受規範的範圍較廣，所有國際企業都可以在平等的立場上競爭，遵守規範的意願就會提高。例如：美國制定對於國際企業賄賂行為的規範（法令），就引起不少企業的反彈而一再修改，所持的理由是，此一法規只是規範了美國籍國際企業的賄賂行為，對於他國之企業無法規範，造成不公平競爭，對美國企業有不利的影響。若此一規範是由國際組織所訂定，上述的問題將會獲得改善，規範效力也會提高。

就個別國際企業的角度來看，不論外部規範效力存在與否，遵

守此一道德標準，亦符合自身的長期利益。由於道德標準的存在，有利於社會及企業的運作，相反的，若違反此一道德標準，則將造成社會及企業運作上的困難。就個體的層面來看，單獨違反道德規範，短期而言會因為不公平競爭而獲利，但是長期而言，競爭對手也必將跟進，終至營運環境的破壞而自食惡果，所以就長期的利益來看，遵守既定的倫理法則也是自利利人的行為。

三、全球化倫理的落實

在落實全球化倫理方面，不論企業所遵奉的是何種價值，首先，企業必須了解到，全球化倫理的落實，基本上是一種長期的自利行為，對於海外市場負責任的經營，不僅符合當地國家的利益，也符合公司本身長期的利益，如果一家跨國公司不能夠符合當地國家社會的利益，他將會面臨當地企業最嚴酷的挑戰，長期下來，也無法獲得存在的正當性。

大致上，一個企業全球化倫理的落實可以分成兩部分，首先企業必須建立一套價值標準，一套不論到哪裡都不會輕易改變的價值標準；根據此一價值標準可以建立政策指導及控制機制，以確保企業的全球化倫理價值真正被落實。

（一）價值的建立

如同前面章節的描述，全球化經營中，所面臨最大的挑戰，就是標準化或是當地化的爭議了，在產品以及企業各功能的運作上，當地化由於能夠符合當地社會的需求，所以似乎獲得較大的優勢，一些大型的跨國企業，即使如麥當勞、IBM等，在全球市場的經營上，也不敢以標準化產品來面對其消費者，反而還是小心謹慎的以當地化產品來討好當地的需求。然而，產品以及各功能運作上的當地化，並不代表在各地經營所持的價值觀可以不一致。當然，此一價值觀如何確立，

又要如何落實，都是相當複雜的議題，但此一價值觀卻是企業存在與經營正當性的基礎，是企業經營者必須面對的。

1. 價值標準如何決定

隨著全球化發展趨勢，全球一致價值標準的形成，應該是可以預期，但在目前企業若要落實全球化倫理，仍應該要建立自己的倫理價值。由於，各地的價值標準不一，在倫理價值的建立方面，可行性的考量應該重於理想性，也就是說，在全球化經營倫理的努力過程中，可以建立一個標準不高，但是堅持全球一致的倫理價值，確實將此一價值傳遞到全球各地。所以，在起步階段，倫理價值的可行性與堅持才是最重要的，不必以高道德標準來建立此一倫理價值，一旦價值標準建立之後，就必須堅持不輕易妥協。

另一方面，企業經營攸關多方面的利益關係人（股東、員工、消費者、社會大眾……等），不同的利益關係人立場不同，思考倫理價值的角度也不一樣，在企業全球化經營之後，涉及的利益關係人更多，問題的本質也更為複雜。但不論如何，全球化經營的價值標準，仍必須考量各利益關係人的立場，而不能僅僅從股東或任何一種利益關係人的角度來思考。然而，各利益關係人的價值衝突問題要如何解決呢？一般說來，經營者可以給予利益關係人不同的權重。例如：有些公司認為組織中「人」是最重要的議題，因此，倫理標準中關於員工權益的權重，可以適度的提高，甚至於凌駕其他的價值。在許多情況下，利益關係人的立場衝突，往往是屬於短期性的，長期而言，彼此的利益仍然是一致，如果此一情況屬實，就可以從較長遠的觀點，來建立此一倫理價值，以長期的利益化解短期的衝突將較有說服力。

當然，倫理價值標準建立之後並非一成不變，仍需要隨時針對倫理衝擊進行分析檢討，以了解倫理價值是否遭受挑戰，是否已經不符合需要，如果是的話，則應該要加以詮釋或修改，賦予其最新的意涵，以反映最主流的價值。

2. 價值標準適用性的問題

價值標準適用性問題，一直是全球化倫理推動上的疑慮，關於此一問題，如果一家企業已經訂出其最低標準的倫理價值，某種程度上，此一倫理價值反映出企業經營的道德底線，也就是說，如果此一套價值標準在道德程度較低落的國家遭遇挑戰，經營者要有犧牲經濟利益的心理準備。相對的，如果企業訂出的倫理價值標準，低於當地國家的道德標準，則所面臨的是自身倫理道德的提升，甚至於是當地國法律的規範，這是進入經營一個海外市場所必須面對的問題，對企業本身的道德價值，也沒有任何的損失。

（二）建立政策導引或控制機制

倫理價值標準反映出企業經營的理想性或原則，但在跨國經營上，若要進一步落實，可以考慮將此一價值具體化，形成相關的政策指引或控制機制，就可以將價值標準反映在日常運作方面。一般說來，一個外國企業如果給予當地民眾搜括、掠奪的印象，或是沒有永續經營的意圖，對於企業在當地存在的正當性，就會有相當不利的影響。為了反映企業的道德倫理，企業可以制定一些政策指引。例如：承諾將在當地的獲利繼續投資於當地的企業，不會將全部的獲利移出，另外在用人政策上，也可以承諾用人當地化的比率，以建立公平用人的機制。在美國，甚至於提出蘇利文原則，建議廠商在跨國經營上，應該致力於消滅在工作環境、待遇、任用、教育訓練等各方面的種族不公平，以避免當地民眾形成對美國企業的反感。

在控制機制方面，跨國企業必須確保在其決策機制中，應該同時包括經濟與倫理議題，以免任何決策都是基於經濟上的動機，將倫理的考量納入決策機制中，如果經濟利益與倫理價值衝突，倫理價值的功用在此一情況下應該適度的發揮。

注　釋

註1：引自Bowie, E. Normam (1993), The Moral Obligation of Multinational Corporations, In Beauchamp, L. Tom & Bowie, E. Norman Eds., Ethical Theory and Business, Englewood Cliffs, NJ: Prentice Hall, pp.519-531.

註2：引自Beauchamp, L. Tom & Bowie, E. Norman (1993), Ethical Theory and Business, 4th Eds. Englewood Cliffs, NJ: Prentice Hall.

註3：同註1。

註4：引自 Donaldson, T. (1993), Fundamental Rights and Multinational Duties, In Beauchamp, L. Tom & Bowie, E. Norman Eds., Ethical Theory and Business, Englewood Cliffs, NJ: Prentice Hall, pp.532-542., Bowie, E. Normam (1993), The Moral Obligation of Multinational Corporations, In Beauchamp, L. Tom & Bowie, E. Norman Eds., Ethical Theory and Business, Englewood Cliffs, NJ: Prentice Hall, pp.519-531.

註5：同註1。

關鍵詞彙

倫理差異　　倫理相對論　　目的互動論　　泛道德論　　文化帝國主義

自我評量題目

一、國際化趨勢下，可能對人類社會造成哪些衝擊？

二、請列舉企業的國際化活動，有可能對地主國造成哪些傷害？

三、造成各國之間倫理差異形成的原因有哪些？

四、國際企業如何面對及處理各國之間倫理差異的問題？

五、為什麼倫理相對論的觀點，並不能完全適用於國際企業？

六、全球一致的道德標準是否可能存在？

七、建構全球一致的道德標準應包括哪些構面，各構面的內容又為何？

八、全球化價值標準的建立應該考慮哪些因素？

Chapter 9
資訊倫理

學習目標

——研讀本章內容之後，學習者應能達成下列目標：

1. 了解資訊技術對人類生活與道德議題的影響。
2. 了解應該如何有道德的進行資料蒐集、擷取與管理，並且了解這些活動所可能引發的倫理問題。
3. 了解一個有道德的資訊專業人員，對於社會所應承擔的專業倫理。
4. 了解資訊產品供應商所應承擔的相關道德責任。
5. 了解網路普遍使用之後，對於人類道德倫理法則的衝擊，以及如何建立一套新的網路倫理法則。

摘　要

　　隨著資訊技術的普及，資訊應用不僅提高了人類的生產力，更改變了人類工作與生活的方式。面對從未曾發生過的資訊化社會，資料變成資訊社會中最重要的生產要素，此一情形改變了過去以人力、土地為主的經濟活動模式，也因此引發了人與人之間、人與資料之間新的倫理關係。

　　由於資訊技術的發達，資料的蒐集變得更加便利，然而，所引發隱私權侵犯的問題，資料所有權歸屬的問題，都是資訊社會中日益普遍的議題。而且資料本身的價值，更加重了資料蒐集者對於資料保管、安全性維護等方面的責任，如何使資料的價值最大化，卻又不會造成不必要的傷害，應該是資訊社會中必須面臨的問題，也是資訊倫理思考的核心所在。

　　除了資料使用方面，資訊專業人員對於產品、資訊也負有連帶的責任，此一責任的內容，因為資訊技術的進步而複雜化，但如何在交易過程中，落實資訊產品的產品責任，將會是資訊人員專業倫理的挑戰。

　　最後，網路化的環境中，改變了人類工作、購物，甚至於交往的模式，由於在虛擬的空間中，人類的行為模式迥異於在日常面對面的互動模式，此亦造成網路上不道德行為層出不窮，究竟應該建立何種的網路倫理，以規範相關的言行，這也是本世紀人類所必須面臨的議題。

01 資訊使用的倫理議題

　　隨著資訊技術的進步，資訊應用的普及，資訊化已經成為現代人生活上的特徵，資訊使用更與我們的生活有著密不可分的關係。在資訊使用不方便的古代，資訊的擷取與傳遞，都需要相當高的成本。例如：影響中國人思想甚鉅之《論語》一書的產生與傳遞，乃是以人力將文字刻在竹簡上面，相關「知識」的傳遞十分不方便，而在資訊技術發達的現代，《論語》全文不僅可以儲存在體積很小的磁片（或光碟）上面，經由數位通訊的方式，更可以光速快速的擴散。也正由於資訊儲存、使用、傳遞的方式都發生了突破性的變化，資訊與人類的關係不僅前所未有的密切，對人類生活也造成了極大的衝擊。面對前所未有的資訊化環境，人類與資訊之間的關係卻尚未建立新的規範，以至於資訊與生活的道德爭議不斷，如何建立一套道德規範，有效規範資訊技術在人類社會中的角色，以便能善用資訊技術所帶來的利益，應該會是本世紀中人類所面臨的重大議題之一。

　　由於資訊技術仍在持續發展進步當中，在此一過程中，傳統的道德價值有時仍不足以規範資訊相關的議題。因此，關於資訊倫理事實上在很多層面上，都還沒有一致性的道德研判標準。在本章中，主要目的是提出資訊使用上可能面臨的道德議題，在某些領域上，這些議題的是非對錯仍不一定有十分明確的見解，但經由相關議題的了解，將可以幫助企業經營者、資訊技術供應商、一般社會大眾，以更負責任的態度，正視資訊社會中各成員的道德責任，進而發展出一套適用

的道德研判法則。

一、資料蒐集方面

資訊的有效使用必須建立在資料蒐集上面，隨著資訊技術的進步，相關資料的蒐集不僅更為快速，技術上也更為可行。在資料蒐集方面，所衍生的問題不少。例如：以不當的手段，蒐集個人相關的金融資料進行犯罪，近年來金融卡盜刷、盜領等事件層出不窮，主要問題都源自於金融相關資料被不當蒐集所導致。這類的事件中，因為行為違反法律，道德爭議性不高，本質上十分單純。另外，卻有一些資料蒐集活動因為涉及了不同權利之間的衝突，反而道德性的爭議十分明顯。

（一）資料蒐集與個人隱私

由於資訊與通訊技術的發達，一些過去不容易蒐集的資料都可以順利的蒐集，但有能力蒐集這方面的資料，並不意味著蒐集這些資料的道德合法性，關於何種資料應該蒐集，一直有很大的爭議，其中員工工作狀況資料的監控、狗仔隊的跟監與偷拍、一些行銷公司針對特定對象的資料蒐集，往往被認為有道德上的爭議。

1. 工作監控

傳統藍領工作者，由於標準化程度高、工作產出明確，管理者容易從工作產出來進行控管，所以不必針對工作過程進行太多的監控。近年來，知識工作者、情緒工作者（店員、服務業相關的服務人員等）人數大幅增加，這種工作者的績效不容易從短期的成果來衡量，因此工作過程的監控成為管理上的必要手段。一些常見的監控措施，包括打卡簽到、缺勤管控、工作進度控管等等，大致上都沒有隱私權侵犯的問題，也是可以被接受的。然而，利用資訊技術卻可以更進一步的蒐集員工相關資料，進行更為有效的監控。

一個比較常見的爭議是，為了防範員工在上班時間混水摸魚，雇主在辦公室中加裝監視錄影設備，如此可以隨時了解員工的工作情形，包括：有沒有與同事聊天、有沒有蹺班等情形，無形中讓員工的活動受到極大的心理壓力。更進一步的，管理層級也可以利用資訊技術，記錄、追蹤員工在上班時間上過哪些網站；利用公司的電話與哪些對象接觸，接觸的內容；甚至於針對員工電子郵件進行篩選、內容控管等等。在某個層面上，員工在工作時間確實應該認真盡責，不應該從事與私人有關的活動，或是不利於雇主的活動，然而，此一議題屬於員工工作倫理層面的問題，雖然員工應該為其未能遵守工作倫理遭受譴責，但並不代表雇主可以不擇手段侵犯員工的隱私權，因網站、電話、電子郵件等屬性都涉及個人極為脆弱與隱私的一面，這方面的資訊，雇主或管理層級是否可以管理權行使為名，有系統的蒐集、利用，仍十分具有爭議。

2. 新聞媒體的報導取材

除了在職場上關於資料蒐集有道德爭議之外，新聞媒體的資料蒐集往往也與個人隱私權有所衝突，近年來社會上常發生名人被狗仔隊跟監、偷拍，就新聞媒體的角度而言，民眾有知的自由，問題是知的自由究竟要到何種程度，是否必須以偷窺的方式來滿足民眾知的權利？而公眾人物隱私權與民眾知的權利之界線應該在哪裡？又應該如何建立一套共同性的道德規範？這方面新聞媒體已經有一套新聞報導的專業倫理規範，然而，由於資訊科技的發展，以及商業競爭等因素，又使得相關議題的本質變得更加複雜。

3. 未告知意圖的資料蒐集

在資料蒐集的倫理方面，一個相當重要的原則就是，資料蒐集者必須清楚告訴資料提供者資料的用途，而且在當事人同意、有知覺的情況下進行資料蒐集，唯有在這些前提下，資料提供者的隱私權才能受到合理的保障。但真實生活中，一些資料蒐集活動卻完全不符合此

一原則，上述的職場監控或新聞媒體的報導，在程度上就違背了相關的原則。

這種未告知或隱瞞資料蒐集意圖的活動，隨著網路的興起、資料庫行銷等相關活動的盛行而日益普及，就國內的現象而言，部分街頭問卷調查的活動，都未清楚告知受訪者資料蒐集的意圖，有時則是以贈送小禮品等方式，隱瞞了資料蒐集的真正意圖。在網路上，尤其是針對特定年齡層的網站（青少年、兒童……等），往往也會利用上網對象的無知、疏於注意，要求上網者提供其家庭與家長經濟、生活等相關資料，以作為特定的行銷決策依據，而此種資料蒐集大致上也都不符合事先告知資料蒐集用途的原則。

（二）資料蒐集與公平競爭

資料蒐集的對象，不僅及於一般社會大眾或是員工，在商場上競爭對手資料的蒐集與分析，往往事關競爭優勢的消長，由於每一家公司都有其營業機密，相關機密資料如果洩漏，將對企業造成傷害，因此公平競爭的前提，部分建立在「道德的」蒐集競爭對手資料的前提下，如果以不正當手段蒐集競爭對手的資料，競爭的本質就無公平可言。

關於企業智慧財產權、商業機密的保護，在政府立法層面，以及公司在員工的規範層面都有所著墨，但也都面臨到一些權利衝突上的爭議。例如：某些公司以合約限制員工離職後在特定時間內，不得任職於相同性質的公司，往往造成員工工作權利與公司利益之間的衝突；政府以相關立法保障公司的智慧財產權，賦予公司獨占的權利，有時候也會與一般消費者的權利有所衝突。但是，不論相關法令如何規定，公司如何防範，對於現代商業間諜活動的遏止仍有其不足，這方面除了政府、公司的規範之外，應該要在企業經營上，建立合理的競爭對手資料蒐集規範，以避免彼此間惡性資料蒐集活動，造成不利

的競爭環境。從事競爭的企業應該要了解，避免不當的商業情報蒐集，長期而言將會是一種自利的行為，因為如果不適當的規範，任何企業都不能免於商業機密洩漏的威脅，為了反制不當資料蒐集活動，所投入的時間、資源、心力都將增加，長期而言並不符合企業的利益。

（三）資料蒐集的附帶責任

　　資訊（information）與資料（data）的本質不同，一些散亂無章的資料經由系統化的蒐集過程，將可能變成十分有用的資訊。因此，就資料蒐集活動而言，不僅要考慮資料蒐集過程中的道德爭議問題（哪些資料應該蒐集，哪些資料不應該蒐集），對於所蒐集到的資料，更附帶有一定程度的責任與道德上的義務。

　　以一般商業活動為例，日常生活中經常看到一些填寫資料送贈品，或是舉辦特定的抽獎活動，這些活動基本上都涉及資料的蒐集，而其他經常申請信用卡、手機、會員等等，也不可避免的必須填寫某些資料，假設這些資料蒐集過程都符合明確告知的原則，則在相關活動結束（例如抽獎活動已經結束），或是雙方權利義務消失之後（例如已經退出組織的會員），資料蒐集的一方是否還有權利使用這些資料呢？即使資料蒐集的一方沒有意圖進一步使用或擁有相關的資料，還是應該妥善處理已經蒐集到的相關資料。以抽獎活動為例，抽獎結束之後，對於未獲獎參加者的資料，應該予以適當的處理，而不能將資料任意棄置不聞不問。

　　或許從一般人的角度認為，這些資料本身並未涉及太多個人隱私資料，並不需要過於認真，但由於資料與資訊之間的差異，或許就僅僅在於集合的工夫，單獨無用的資料，經過蒐集、集合之後，價值就會大大提升。對於專業的行銷公司而言，這些所謂無用的基本資料，正是其有價值的資訊，但這些公司事實上並沒有權利使用這些資料。

資料蒐集者除了對資料的棄置應該負擔一定程度的責任之外，關於蒐集資料的使用與保管，也有不可逃避的責任，其中，如何防範蒐集到的資料被不當的擷取，也是資料蒐集之後伴隨的重要責任。在職場中，雇主無可避免的一定會蒐集一些關於員工私人的資料，這些資料有可能包括員工的健康紀錄、家庭狀況、經濟情況、婚姻狀況等，上述資料的蒐集，基本上都有一些道德爭議，不論如何，假使這些資料已經蒐集，則雇主盡一步的責任，就是要確保這些資料不會被輕易的擷取，尤其是在網路的工作環境之下，對於何種身分、何種用途、應該經由何種程序才能取得哪些特定資料，更負有絕對的責任。員工資料如此，顧客資料也是一樣，由於顧客資料的蒐集是在特定目的下所完成，雖然資料的所有權屬於公司，但對於資料的應用與販售，卻仍應該有所規範，以避免資料流向無關的第三者，造成消費者的損失，至於將資料販賣圖利，不僅在道德上不被允許，甚至於會受到法律上的規範。

　　所以綜合以上的說明，公司資料蒐集活動的道德責任，不僅在於何種資料應該蒐集、如何蒐集的層次，更對於所蒐集的資料負有道德責任，此一責任包括考慮會不會造成資料的不當使用、有沒有能力保護資料，以及是否建立明確的資料政策（data policy），針對資料的蒐集、彙整、流程進行控管，以確保資料正確與安全的使用。

二、資料擷取方面

　　關於資料擷取的道德規範，大致上在資料被蒐集的那一刻就已經確定，資料蒐集者必須承擔某種程度的道德責任，以確保蒐集的資料可以被適當的擷取。關於資料擷取除了前面的討論之外，大致上又可以分成以下幾個重要議題。

（一）資料保護

資料蒐集者對於蒐集到的資料，必須善盡保護的責任，不能任由資料被不當的擷取使用，這方面關於職場上員工相關資料的保護、商場上顧客資料的保護等，資料蒐集者都有一定的道德責任。

（二）資料所有權的爭議

資料蒐集者利用各種方式所蒐集的資料，其所有權究竟是屬於資料提供者，還是資料蒐集者，一直沒有明確的結論。近年來，關於所蒐集的資料能否進一步整合、加工，並且運用於原先資料提供者沒有承諾的目的，一直有不同觀點的討論。一方面認為，資料蒐集者並不是百分之百擁有資料的所有權，資料提供者也擁有一部分的資料所有權，在所有權不完整的情況下，資料的使用就應該要予以適當的限制。然而，不同的觀點指出，資料蒐集者沒有資料所有權的主張，將會限制次級資料的使用，所謂次級資料就是不是第一手，而是經由別人蒐集而來的資料，例如政府發表的統計報告、調查資料等等，本質上都是屬於次級資料，如果主張政府不是百分之百擁有這些資料的話，那政府也沒有權利將資料公開，也不允許相關的團體或個人擷取這些資料，進行各種目的之資料分析整合。更進一步，如果此一推論正確，則目前一些顧問公司、產業分析公司、行銷公司，部分業務就是蒐集資料，加以適當的整合處理之後，再進行資料的販售，此一販售行為又應該要如何來規範？

由於上述爭論一時不容易有結論，因此，不論何種觀點的擁護者，基本上都應該建立其道德準則的底線，認為資料蒐集者完全擁有資料所有權的人，不應該忘記資料蒐集所伴隨的道德責任，包括確保資料被正確公平的擷取使用，不令資料的擷取使用侵擾資料提供者，應該是研判資料所有權行使是否正當的底線。相對的，對於主張資料蒐集者沒擁有完全所有權的人也應該要了解，即使資料蒐集者沒有百

分之百的所有權，卻是最有權利使用該資料的人，因此，使用權利的限制是有其範圍與情境的，而非毫無條件的限制，否則對於資料蒐集者也是另一種的不公平。

（三）公平擷取的問題

與上述情形正好相反，所蒐集的資料除了要確保被正當的人、正當的目的擷取之外，有時也必須確保所蒐集的資料被公平的擷取使用，以避免造成資訊不對稱現象，而影響第三者的公平權利。此一情形較常見於政府部門資訊的揭露，以公帑進行資料蒐集，將所有資料提供者的資料加以整合，除非有特定的考量，否則資料蒐集者有責任確保資料被公平的擷取，而不會被壟斷。消極方面，應該避免資料揭露在對象上、時間上的歧視或差別待遇，對政府而言，更積極一點，甚至於還可以主動消除一些不利於資料公平擷取的因素（例如：通訊設備、專業知識障礙等等），確保資料公平使用，此一措施在網路化的社會中，更有其必要性。

02 資訊專業倫理議題

　　資訊技術應用所涉及的層面很廣，除了供應軟硬體的廠商之外，使用者這端往往也有資訊相關專業部門的設立，也就是說，資訊產品不僅本身形成一個很大的產業，資訊的使用與管理，也是企業管理中不可或缺的重要功能。因此，在影響人類生活極為深遠的資訊化過程中，資訊相關人員專業倫理的建立，應該是確保資訊技術能夠造福人類而非危害人類的基礎。關於資訊專業倫理，大致上可以從兩方面來看，一為資訊相關產品生產與研發人員的專業倫理，一為資訊使用者端，資訊管理的相關人員。

一、資訊產品供應商的專業倫理

（一）產品責任

　　在西元2000年之際，很多在七、八○年代開發的資訊產品，由於在設計上未考慮到年代的表達方式，會與傳統程式設計習慣發生混淆，甚至產生執行上的問題，引發了資訊使用上的千禧年危機，許多資訊產品使用者投入了大量的人力與金錢，進行相關產品的更新，以避免因為資訊產品運作的失誤，造成人類生活上、經濟活動上，乃至於生命上的危害。在資訊的時代裡，由於人類生活與資訊技術日益密切，資訊產品如果不能夠準確的執行預期的功能，對現代人的生活無疑都將造成極大的災難，也正因為資訊產品瑕疵所造成的影響深遠，資訊產品供應商的產品責任，就比一般消費型的產品更為重大，也引

起更多社會利害關係人的關切。

　　在產品責任中，資訊硬體產品的責任較為明確，即使有產品瑕疵的風險，使用者可以考量所能承擔的風險，裝設備分機組，以避免可能的危害擴大。而在軟體產品中，軟體產品責任不僅包括產品「如預期的」執行某些功能，更包括產品不會「不如預期的」執行某些未被預定的功能。以飛航系統的相關產品為例，即使是被認為無關緊要的飛機娛樂系統軟體的開發，也必須經過嚴格的品管測試，以便能確保在軟體執行過程中，不會意外地干擾到飛航系統的運作。因此，資訊產品責任的建立，應該是資訊專業倫理上最重要的議題。

　　撇開資訊產品專業程度很高的特性不談，資訊產品（尤其是軟體產品）本質上也是產品的一種，因此產品的交易也應該遵守一定的道德規範。軟體產品中由於產品的觀念較為抽象，功能也不容易有明確的定義，有些客製化的軟體產品甚至於必須在與顧客密切互動下才能開發完成，這些特性往往造成產品品質不易稽核的問題。如果有部分廠商不能遵守產品開發所應該遵循的規範，採行低價競爭策略，以品質不佳的次級品交付顧客使用，在產品品質無法事先明確約定的情況下，常常發生廠商與使用者之間的爭議。此一現象的發展，一方面造成劣幣驅逐良幣的效應；一些遵守專業倫理的廠商，因為較高的成本而被迫退出市場，存活在市場上的廠商由於惡性競爭，亦無法長久發展，終導致產業的沒落。另一方面，如果此一現象持續，由於外購軟體產品之交易成本提高，為了避免可能的風險，使用者將會選擇以自行開發的方式，來開發自己所需的軟體產品，此一結果終究也會造成相關產業發展上的危機。因此，從長期自利的觀點而言，善盡應有的產品責任，應該是產業維持永續發展必要的規範。

　　然而，資訊倫理中產品責任在落實上，仍然有部分不同的見解。主要的問題在於產生所須承擔產品責任的程度。一個資訊廠商應該為其產品負擔百分之百的責任嗎？如果廠商已經盡了一切可能的努力，

針對產品進行必要的品管與測試，但是產品依然出現瑕疵，是否廠商就能夠主張免於產品責任？從另一個層面來看，由於產品的複雜性日增，且又涉及系統整合上不同系統相容性的問題，廠商是否只能就其應注意而未能注意的部分，承擔其應有的產品責任？目前上述論點的爭執，已經是法律層面的問題，但就資訊專業廠商或專業人員而言，遵守應有的資訊倫理，包括隨時提升自己的專業，以便有能力改善產品品質，消除產品可能的瑕疵，至少是最起碼的責任。而就資訊廠商而言，資訊品的交易，在道德上並不能把產品的交付視為義務的免除，反而仍然應該隨時注意後續產品使用上的相關問題，更有義務教育消費者，確保產品功能的穩定，承擔可能的產品責任。

（二）智慧財產權

　　資訊產品生命週期短，因此相關技術的掌握與領先，往往決定一家公司的興衰，也正由於產業競爭的激烈，在強大的競爭壓力下，往往形成以不當方式獲取技術資料的誘因，而此一現象也構成對資訊倫理的挑戰。雖然，關於專有技術資料的保護，各國都已經立法，但基本哲學不同，情境不同，在執行上仍有賴資訊倫理來強化。

　　關於技術資料的保護立法，大致上可以分成三個方向：

1. 將技術資料視為營業機密

　　此一保護方式，乃是將公司內所有未公開、尚在進行研發的構想、半成品、產品原型等內容，都一律視為公司的商業機密，予以法律上的保護，雖然可以保障相關技術被不當的竊取，但既然定位為商業機密，則一旦產品公開，也同時意味著商業機密不再存在，競爭對手可以根據既有的產品概念，採取漸進式的改良，以提高產品效能，與原發展公司進行合法競爭，對於公司研發投資的回收較沒有保障。

2. 以專利權保護技術

　　專利權則是由政府賦予產品開發者一個獨占的機會，在專利權的

有效年限之內，競爭對手不能夠開發相同的產品，此一獨占的保護，對於廠商產品開發過程中，財務投資的回收有相當大的幫助，但是由於是以獨占的方式來保護技術，對於產業的發展也有不利的影響，所以也招致反競爭的批評。主要反對的理由包括：專利權的給予，由於限制了其他公司進行產品改良的投入，不僅對於產業創新沒有幫助，更會因獨占權利的授與，反而降低原創公司的生產力。另一方面，如果一個產品獲得專利權之後，就限制其他廠商投入相關產品的研發，競爭對手只能被迫開發與原來產品截然不同的技術，如此不但不能累積相關的技術經驗，對於產業標準的形成，也有不利的影響，而產業標準的建立，則是市場是否進入成長階段的一個重要指標。

3. 以智慧財產權保護技術

第三種保護技術資料的方式，則是將有關的技術視為智慧財產權，根據智慧財產權的界定，智慧財產權所保障的，並不是構想或是創意本身，而是構想（或創意）所表達出來的方式。也就是說，相同的創意、構想，可以經由不同的表達方式呈現，每一種表達方式都會受到法律的保護，此一作法可以有效解決專利權保護下所衍生出來的產業競爭力下降問題。

然而，智慧財產權構想在落實上，也有一定程度的問題。例如：構想或創意與表達的形式，其間的區分往往並不容易，一件流行服裝的設計，何者是構想，何者是表達形式，在無法區分的情況下，原創者的智慧財產權又如何獲得保護？另一方面，關於表達形式的界定上，往往也有爭議，在美國曾經有軟體廠商控告競爭對手侵犯其智慧財產權，理由是競爭對手的產品給消費者相同的感覺（feel like），而其主張感覺也是表達方式的一種，應該受到智慧財產權的保障。除了感覺相同之外，看起來相同（look like）等需要主觀判定的表達方式，是否屬於智慧財產權保護的範圍，又應該保護到何種程度，往往不是顯而易見的。

另一方面，關於智慧財產權的保護，各國所持的態度也不一致。在歐洲的一般觀點，注重作者對於創作產品的責任，產品是作者聲望、誠信的象徵，只有在創作者承擔合理產品責任的前提下，才有智慧財產權保護的問題，換句話說，智慧財產權的保障必須建立在創作者的產品責任上。在美國則是將創作視為一種財產，既然是財產，就可以合法的轉移，而且應該受到一定的保障。至於日本則是將創作視為一種社會資產，此一社會資產可以幫助或誘發更多的創新，模仿是創作發生的過程。由於基本哲學不同，在立法的精神上也呈現出截然不同的形式，日本人比較認為智慧財產權適度的開放，將有助於知識擴散，也對整體社會有幫助，而美國則重視創作個人投入的保障，國際觀點的差異，使得智慧財產權在落實上更為複雜。

二、資訊管理人員的專業倫理

由於資訊已經成為人類生活與經濟活動的重要元素，如何有效管理資訊，以確保資訊能夠造福人類，而非危害人類，一直是資訊管理人員的重要任務，當一個公司擁有了相關資料，並且進一步將資料整合變成資訊之後，伴隨而來的是後續資訊管理的問題，在資訊管理中也存在不少道德上的灰色地帶。因此，資訊管理人員專業倫理的建立，將有助於道德困局的突破。

（一）資訊保管的責任

由於資訊有其時效性，而資訊內容也會隨著時間不斷的變化，所以，就一個資訊管理人員而言，其工作最重要的價值，就在於提供即時且正確無誤的資訊，以確保組織中相關人員運用資訊時，不會被不正確的資訊所誤導。除了提供及時與正確資訊的責任之外，由於目前企業組織中，大都是採取分散式的資料庫，不同資料庫之間的資訊內容，往往會有不一致的狀況，此一不一致情況的消除，也是資訊管理

人員重要的工作項目。

　　雖然，資訊管理的相關責任，從文字上來看相當清楚，但是在眞正落實上，仍然有一些問題存在，首先，資訊內容百分之百正確，理論上雖然可行，但如果從成本效益的觀點，將95%正確度的資訊提升到99%正確度的資訊，所必須花費的代價，可能是將資訊從50%提升到95%正確度的數十倍之多。當然，隨著全面品管制度的推動，各企業都已經將品質提升視爲持續且永不終止的活動，資訊管理人員當然也必須持續提升資訊品質，只是究竟要承擔到何種可能的責任，從資訊專業而言，卻不是很容易釐清的。相似的情況，也發生於即時資訊的定義上，以存貨管理系統而言，過去資訊技術不發達，存貨資訊的掌握大都是利用年終進行盤點，可以說較精準的存貨資訊並不存在，目前資訊技術進步，美國大型的百貨零售業者，甚至於已經利用衛星技術，精準的掌控在高速公路上貨車的存貨；也就是說，這類型公司所掌握的存貨資料，幾乎是每個小時就更正一次，這種資料的即時性，遠遠非傳統存貨盤點的方式可比擬。但是，一套即時且精準的存貨資訊之建立，有時設計整個公司作業流程的改變，資訊人員對於資訊即時性、正確性的責任，也不容易明確界定。

　　資訊管理人員在資料保管上所應承擔另一個重要責任，則是確保資料不會被不當的配對、組合，以產生新的資訊，而此一資訊對於公司或個人會產生不良的後果。在網路環境下，使用者對資料庫資訊的擷取更爲頻繁，但如果沒有適當的控管，讓使用者將不同資料庫中的資料進行比較、配對、組合，可能會產生一些未曾預期的資訊，而這些資訊如果對於個人隱私、公司的營業機密有所侵害的話，資訊管理人員將有管理上的責任，以避免可能的危害發生。

（二）資訊安全

　　資訊安全主要包括實體的安全（水、火災、地震、停電等可能

災害的損失），以及使用上的安全。實體的安全已經有相當具體的措施，在落實上比較沒有問題。使用安全的防護方面，隨著電腦病毒、駭客入侵等事件的層出不窮，似乎嚴酷的考驗著資訊專業人員。在責任上，資訊管理人員有保護其所屬資訊的義務，以避免資訊洩漏或破壞，造成第三者的損失。不過在網路環境下，相關安全防護措施的落實，已不是資訊管理人員所能夠獨自承擔，使用者及系統提供者都有不可避免的道德責任。

綜合以上的觀點，身為資訊專業人員，不論是資訊產品的開發人員，或是資訊管理人員，就其專業提供使用者公平擷取正確、即時資訊，應該是責無旁貸的義務，但此一目標的達成，不論在專業訓練上，或是在道德責任上，應該都有一定程度的要求，在專業訓練方面，資訊專業人員的訓練應該強調以下幾點：

1. 思辨道德衝突議題的能力。
2. 建立對於所服務對象（個人或群體）的責任感。
3. 尊重多元化的差異。
4. 建立專業知識以及倫理價值觀。
5. 尊重個人，包括個人的隱私、平等、獨特性等權利。
6. 保護營業機密。

03 資訊倫理與社會

　　過去，人類從農業社會步入工業社會，由於工業化、都市化的結果，不僅改變了人類的社會結構與生活方式，也改變了人與人之間相處的倫理規範。相同的情況，人類從工業社會步入資訊化社會，以資訊、資訊技術為主體的經濟體系，不僅改變了工業社會的生活形式，也對傳統道德價值造成了顛覆性的衝擊。由於資訊技術的應用已經無所不在，資訊技術究竟對人類生活帶來何種衝擊，人類又應該建立何種的道德標準，以規範資訊化社會的各種活動，就成為社會結構轉型中，最重要的議題之一。

一、資訊技術對職場環境的衝擊

　　資訊技術的引進，不僅改變了企業的經營模式，也顛覆了傳統的競爭模式，以及工作的方式。在職場上，資訊技術所帶來的衝擊，可以分別從以下幾方面來探討。

　　首先，隨著資訊技術的運用，傳統組織管理中高度仰賴中階幹部來執行的督導、控制機能，已經被資訊技術所取代，再加上環境的快速變遷，組織扁平化已經成為組織結構的重要特徵。因為資訊技術引發了組織扁平化，亦引發了部分道德上的問題。例如：在組織扁平化中首當其衝的中間幹部，因為組織的精簡，造成人員裁減、轉型等管理上的問題，而此一問題的處理，又伴隨著「終身僱用」等傳統價值觀的改變，員工的組織忠誠逐漸消失，維繫勞資關係中最重要的信任

隨著資訊技術的引入，卻有逐漸下降的趨勢。

　　資訊技術不僅改變組織結構，也改變了員工的工作方式，通訊上班、機動辦公室等新的工作環境，使得辦公室的觀念逐漸虛擬化，虛擬組織的概念也呼之欲出，在虛擬組織中，不只組織認同逐漸消失，更由於虛擬的工作環境下，人際互動減少，從工作中無法獲得社會、人際關係的滿足，而欠缺員工之間的互動，也會有組織信任動搖的危機。

　　在管理活動上，藉由資訊技術的引進，對員工的監控將更為可行，電話、電子郵件的監控，上網網站的分級篩選，加深了勞資間的對立氣氛，而管理權與員工隱私權的衝突也日益白熱化。另一方面，資訊技術大量取代人力，也造成了公司裁員的問題，種種事件都凸顯出資訊技術與現代職場基本價值的矛盾，如同人類從農業社會步入工業社會中，所產生的紛擾與道德衝突，在資訊社會中，此一衝突仍無法避免，而短期內也難有一致性的道德準則產生。

二、資訊技術對生活方式的衝擊

　　資訊技術的導入始於工作領域，但也逐漸擴及日常生活層面，有人把資訊化比擬成工業革命，即可以看出資訊技術對人類生活的重大影響。在生活層面，資訊技術的導入，可能已經逐漸改變人類的生活方式。例如：通訊上班、通訊購物等相關技術的成熟，將造成人口不再聚集於都會，而會往鄉下擴散的現象，此一反都市化的現象恰好與當年工業化之後，人口由鄉下湧向都市的趨勢相反。然而，不論是都市化或是反都市化，一旦人群的移動、生活方式的改變，一些已經建立的倫理道德規範，都將會面臨新的挑戰。就如同人類從農業社會進入工業社會一般，農業社會中所推崇的倫理道德（例如中國人極為重視的五倫），應用到新環境往往會有調適上的問題，如果資訊化社會對人類影響不亞於工業化社會，則此一倫理道德觀的調整，應該是必

然的趨勢。

　　在此一大趨勢之下，可以進一步從微觀的角度，觀察資訊化所帶來生活上的變化，以及可能引發的道德議題，其中最值得討論的，應該是網路技術應用之後，將人與人之間的關係，由實際接觸帶入了虛擬的境界，而此一境界在過去農業社會或工業社會中，則是前所未有的體驗。圖9-1中可以充分表達此一觀念，在農業社會時，人群關係是以血緣、地緣關係為基礎，步入工業化社會之後，由於都市化發展結果，產生了僱傭、社區等新的關係，然而隨著資訊化社會的來臨，都市化將逐漸解構，但人群關係並不會回到單純的農業社會關係，反而會發展出建立在網路基礎上虛擬化的人際關係，而面對前所未有的環境，也需要有資訊社會的倫理道德規範。

農業社會	工業社會	資訊化社會
人群關係建立在 血緣、地緣的基礎上	人群關係建立在 與陌生人的互動上	人群關係建立在 虛擬世界的互動上

圖9-1　不同時代背景之人群關係的變化

三、網路倫理

（一）虛擬商店

　　經歷了九〇年代網路泡沫化的危機，使得運用資訊網路為媒介的電子商務更加蓬勃而穩健發展。一些知名公司如：Amazon、阿里巴巴等不同性質網路商店的成功，更證明了虛擬商店時代的來臨。一般而言，任何交易的進行必然存在著資訊不對稱以及交易成本的問題，資訊不對稱乃因為買賣雙方對於交易的性質、內容等相關資訊掌握的程度不一樣而造成，當資訊不對稱現象的發生，資訊少的一方往往必須花費額外的成本來蒐集相關資訊，以避免在交易過程中吃虧。在虛擬

商店中，買方由於無法檢視交易的商品，在虛擬世界中，與陌生人交易也無法建立任何的互信基礎，因此，對買方（資訊較少的一方）而言，如何在資訊不對稱的情況下，降低可能的交易風險，應該是虛擬商店經營上最大的問題。

過去透過虛擬商店的交易中，確實曾經出現詐欺、誇大不實的宣傳、產品有瑕疵等等問題，這也是阻礙網路商店發展的重要因素。對於經營網路商店的業者而言，如果可以承擔一定程度的道德責任，取信於消費者，讓消費者有信心在資訊不對稱的條件下進行交易，則對市場的擴展將有極大的幫助。所以，此一道德責任的承擔，長期而言也是促進市場成長、成熟必要的措施。事實上，虛擬商店的經營型態雖然與傳統商店有所不同，但經營相關的道德倫理，卻仍然是大同小異，誠實、服務、負責任等相關道德責任，仍是虛擬商店中重要的倫理規範。

（二）網路言論

網路的傳播無遠弗屆，在虛擬的世界中，任何不實的言論經過網路的傳播，影響的層面可能超出預期，再加上網路中相關言論責任的追究不易，近年來社會中發生了一些重大的網路言論事件，也使得網路言論的道德責任，更加引人注意。

1. 言論攻擊與誹謗

在臺灣曾經發生大學教授因為不滿學生以電子郵件，散發謾罵攻擊學校及個人的文字，而向地方法院提起自訴，控告學生誹謗的案例。類似的事件近年來層出不窮，其中，在網路上針對他人發表誣衊性的文字等，就曾引起相當大的關注。基本上，網路虛擬世界中所必須遵循的道德責任，與現實生活中並無太大的差異，但有學者指出，不同的溝通情境，往往會讓當事人產生不同的倫理標準，中國人有所謂「見面三分情」，也就是說當處於面對面溝通的情境下，當事人對

於溝通的用字遣詞會比較注意，而在書信或文章中，用詞的斟酌有所不同。在虛擬的網路世界中，由於高度的隱密性與自由性，使得當事人的言論，往往會超出現實生活的尺度，而虛擬世界與現實生活中完全不同的地位秩序，也誘使當事人勇於以較激進的言論譁眾取寵，爭取其在虛擬世界的地位。由於溝通情境的差異，使得現實生活中可以規範的攻擊言論，在虛擬的網路世界氾濫，網路情境確實已經影響到傳統的倫理關係。然而，當事人必須明白，人畢竟是活在現實的社會中，在虛擬世界中所發表的各種言論，終究仍然必須回歸到現實生活，並且承擔必要的法律與道德責任。

2. 網路賭博與色情

經由網路的連結，國家之間的疆界也變得更為模糊，在經濟活動上，虛擬公司就可以跨越國界，從事各種合法或非法的交易活動。近年來，網路色情、賭博等相關網站氾濫，基本上這些網站的經營在當地多為不合法，但技術上可以將公司登記在甲地，再透過網路與乙地的消費者進行交易。這種形式的經濟活動，不僅止於非法的交易行為，如果網路可以跨越國家的界域，合法公司的成立，也將可以比照前述的模式，將公司登記在稅率最低的國家，以降低租稅的負擔，而對當地的政府而言，稅收的減少將是網路化之後可能帶來的後遺症。

關於如何控管色情、賭博網路氾濫的問題，一般的思維，大致上都是從技術層面來著手，藉由更高級的電腦技術防堵或是監督網路上的不法行為，讓其犯罪行為無法得逞，不過在技術的競爭中，執法者實居於「守勢」的不利地位，犯罪行為不容易事先偵測，也不易採取預防性的措施，能否奏效見仁見智。不過，卻有學者指出，這種利用更高級的資訊技術來駕馭網路犯罪的策略，由於公權力的高度介入，可能會造成政府（尤其是獨裁國家）更容易壟斷訊息的問題，對於網路世界中重視言論自由、資訊分享與交流的基本價值，可能會造成極大的傷害，甚至於未蒙其利先受其害，網路犯罪依然逍遙，而合法的

言論自由卻受到箝制。

四、當代社會的資訊倫理

資訊技術對當代人的影響層面，不僅止於技術層面，涉及的對象也不限於資訊專業人員，面對人類生活上革命性的變革，資訊時代倫理法則的建立有其必要。然而，與過去道德規範的形成一樣，在面臨新的環境時，傳統倫理道德承載著過去的價值與思維，另一方面，人類藉由科技的運用，對於環境掌控能力增加，自主性的增加又進一步改變了人與環境之間的關係，也重新塑造了人類對於事物的看法，在傳統與創新的衝擊下，現代社會的資訊倫理內涵，也將逐漸的明確化。

在資訊倫理形成的方式上，傳統倫理道德形成，往往出於權威式、由上而下的擴散模式，也就是儒家倫理思想從士大夫擴及於販夫走卒，從理論層面擴及生活層面的擴散模式。目前，雖然資訊倫理的具體內容仍有很多的空白，但可以確定，由於資訊的本質強調分享、自由，相關倫理的形成與擴散，將會是以溝通、討論、交流為形成與擴散的主要模式。

不過就社會的需求而言，資訊倫理涵蓋的層面極廣，雖然無法規範性的預估資訊倫理的內容，至少就目前的發展上，以下幾個領域的倫理法則，都將因資訊技術的擴散，而將會有更新的意涵：

1. 大眾傳播的倫理：資料蒐集上，隱私權與大眾知的權利之界定，新聞媒體在資訊社會中的社會責任等。

2. 資訊科技發展的倫理：資訊技術開發的產品責任、智慧財產權、資訊專業倫理。

3. 資訊管理倫理：資料保管的基本道德責任。

4. 商業資訊倫理：資訊創造與販售等相關議題的倫理議題。

5. 網路倫理：網路社群倫理、網路道德規範。

關鍵詞彙

資料蒐集倫理　　資料擷取倫理　　資訊安全　　智慧財產權　　網路倫理
資訊產品責任　　虛擬商店　　網路言論

自我評量題目

一、利用資訊技術蒐集資料，往往會引發侵犯個人隱私權的爭議，請
　　舉出這方面較爲嚴重的爭議？

二、關於公司技術資料的保護，大致上有哪三種不同的途徑，各有何
　　缺點？

三、身爲一個資訊專業人員，其專業訓練中應該包括哪些倫理議題的
　　訓練？

四、隨著網路應用的普及，所引發出來較嚴重的道德議題有哪些？

五、隨著資訊技術的運用愈來愈廣，當代資訊倫理議題中，至少應該
　　包括哪些重要的項目？這些項目的內容爲何？

六、資訊技術的應用，對人類生活方式、工作方式將造成哪些重大的
　　衝擊？

Chapter 10

倫理決策品質之強化

學習目標

——研讀本章內容之後，學習者應能達成下列目標：

1. 了解決策的本質及倫理決策模式。
2. 區分企業決策與個人倫理決策的差異。
3. 了解員工道德特質與其倫理決策的關聯。
4. 了解情境因素與倫理決策的關聯。
5. 了解如何提升倫理決策的品質。
6. 了解如何解決群體決策中價值差異的問題，以達成較好的決策品質。

摘　要

決策是企業營運上經常性的活動之一，但由於決策的結果，對於社會大眾或其他關係人的影響深遠，其決策是否合乎一般的倫理法則，即成為眾人關注的焦點。在決策行為中，企業決策多是經由一定的程序來進行，是為理性的活動，但問題則是欠缺倫理議題的考量，本質上企業決策並非單純之是非對錯之選擇的倫理決策。

個人層次的決策雖有明確的倫理規則可供參考，但影響此一決策的因素也較為複雜，除了決策者本身的道德特質外，決策者所處的情境包括：個人情境、群體情境、組織情境、以及倫理決策的過程等因素，都有可能影響倫理決策的品質。

若將倫理決策視為一個生產的過程，倫理決策品質的提高，可以分別從資訊接收門檻、倫理意圖形成過程，以及意圖與行動間的門檻三方面來加強。資訊接收門檻主要著眼於凸顯重要的倫理訊息，使決策者不會忽視此一問題的存在，而意圖與行動間的門檻，則是強調阻嚇效果的建立，使員工不道德意圖無法實現。整體而言，倫理決策品質的提高，可以從員工道德水準的提高、淨化員工所接觸的社會資訊、消除整個組織結構性的不良因素等幾方面同時進行。

在企業倫理議題中，常見的倫理問題，主要可以分成兩種類型。一種是企業員工個人的不道德行為，這些不道德行為企業經營者本身並不知情，但因員工的個人行為，往往造成公司的形象受損，甚至於經濟上的損失。社會上經常看到的，股票營業員盜賣客戶股票、銀行行員捲款潛逃、員工的受賄或拿回扣等，都是屬於這類的問題。除了企業員工個人的不道德行為之外，整個企業機構性、系統性的不道德行為，往往也是倫理問題的根源，這一問題主要是因為企業在營利的壓力下，整個組織運作偏差所造成的不道德問題。這類問題諸如環境汙染、侵犯員工權利、欺瞞消費者等，由於企業所擁有的資源龐大，其不道德行為的影響，也較員工個別行為的影響更為深遠。

針對這兩個不同層次的問題，大致上可以有以下幾種對策。首先，在員工不道德行為的防範上，可以經由倫理決策品質的改善，減少員工的不道德行為。而在企業不道德行為的議題上，則可以經由社會、政府的規範，來減少類似行為的發生。當然，除了這兩種管道之外，企業的自律，經由其倫理政策的制定，不僅可以釐清企業的倫理目標，也是影響員工倫理決策的重要原因。因此，在以下的章節中，即分別就員工的倫理決策、企業倫理政策，以及社會、政府的規範三方面，分別探討這些對策對於企業倫理的影響。

一、倫理決策的本質

決策是現代企業中重要的活動之一，然而，由於企業每天必須面對各種不同議題的選擇，有些議題的選擇，涉及了不同立場群體利益的消長，而這些處理方式若又與傳統上是非對錯的研判有關，則這種性質的決策，就有人將之稱爲倫理決策，並且對於如何提升倫理決策的品質作深入的研究。然而，在眞實的企業營運環境中，幾乎所有的決策都會涉及到不同立場之群體利益的消長，以及是非對錯上的判斷，也因此什麼是倫理決策常常引發相當的混淆。一家公司決定把臺灣的工廠遷移到大陸的決策，算是倫理決策嗎？一則隱瞞消費者部分事實眞相的廣告，當初決定製作此一廣告的決策，是倫理決策嗎？一個員工出賣公司機密給競爭對手，此一決定屬於倫理決策嗎？員工把公司內使用的文具、工具帶回家據爲己有，此一決定又屬於倫理決策嗎？以上的問題，嚴格說來都觸及企業倫理的議題，但是就決策的本質而言，有些決策頂多只能稱爲「涉及倫理議題的遷廠決策」、「涉及倫理議題的廣告決策」，若將這些決策冠以倫理決策之名，不僅令人有本末倒置的感覺，也造成了倫理決策問題的複雜化。

造成上述倫理決策意涵的混淆，最大的原因恐在於決策主體沒有區分所致。以上所舉的例子中，有些是爲公司層次的決策，有些則爲個人層次的決策，若可以有效的區分，則對於倫理決策意涵的釐清，會有很大的助益。

（一）公司層次的決策

對任何一家公司而言，都有一定的決策系統或決策程序，基本上公司決策是一個共同意見交換，以及一致性達成的過程。在公司決策中，由於公司是一個理性的組織，其以利潤追求爲最大目標，因此，在多數的決策過程中，倫理議題都是相當隱晦不明的（不是該決策所要考慮的主要議題），對於倫理相關議題的關切，由於沒有確實量化

的數字，且與公司的營運目標關聯度低，造成整個決策過程中，其他議題的聲音淹沒了對倫理議題的關切，當然所作出的「理性」決策，往往會與社會或其他利益相關群體的價值觀相違背，而發生倫理議題上的衝突。

在公司中，除了少數議題與倫理道德有較直接相關（如行銷方面或某些專業的議題），而在決策的過程中，真正是以倫理法則為考量的主軸外，多數的決策都是如同上述的情形，決策過程中並未將倫理議題作慎重的考量，這種情形下，公司所謂的倫理決策，本質上與個人的倫理決策是有很大的差異。若將這些不同性質的議題，全都當做倫理決策的問題來探討，討論如何提升決策的品質，無疑地在效果上將大打折扣。當然，企業決策程序無法將倫理議題排除在外，但是可行的解決之道，不在於教導決策者如何作好倫理決策，而在於如何在企業系統中，加入各種型式的運作機制（包括倫理政策的制定），使得企業在理性決策過程中，倫理議題的聲音能夠被凸顯、被重視，則決策的結果將更具有倫理的合法性。這些在第十一章的企業倫理政策中，將有更深入的探討。

（二）個人層次的決策

在個人層次的決策方面，所謂決策，是指決策者在不同選擇方案之間蒐集相關資訊，並且對於不同方案的評估及選擇的過程。如果在此一過程中，涉及了不同利益衝突的取捨，而取捨的結果又涉及是非對錯、應不應該的研判，這種決策即是所謂的倫理決策。在個人層級的決策過程中，由於人類不可能完全理性，所以此一過程無可避免將會受到個人價值觀、態度，以及其他情境因素的影響，而由於個人的價值體系在任何決策中，都有其一定程度的影響力，因此，不可能像公司層次的群體決策程序一樣，會在無意間忽略了倫理問題的存在。個人決策中對於不道德行為的選擇，都是在許多正反面影響因素（包

括道德價值觀）交互作用下，有意義的結果（例如：一個收賄的員工，在其決策之際，絕對不可能沒有考慮到收賄的是非對錯問題），既然倫理決策的結果是員工有意識的選擇，而決策結果又有倫理品質的問題，所以針對個人倫理決策的探討，將有助於其此一決策品質的提高。

經由以上的討論，本章將倫理決策界定在員工個人決策的層次，主要在探討個人決策過程，受到那些因素的影響，以及如何提高倫理決策品質等。至於公司層次的決策，由於其問題不在決策過程，而在於整個公司的倫理政策，故留待第十一章再作討論。

二、倫理決策模式

（一）認知觀點的倫理決策模式

關於倫理決策模式，目前已有許多學者提出相關的決策架構，但由於有些觀點並未就公司與個人決策的本質作進一步釐清，導致架構的紊亂及過於複雜，本章以認知及決策模式為基礎，彙整各種不同的觀點，提出以下的倫理決策模式（圖10-1）。

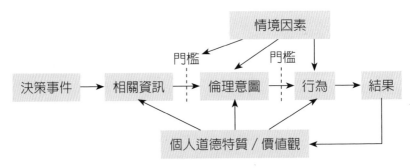

圖10-1　個人倫理決策模式

在圖10-1中，個人層級的倫理決策，大致上可以從時間順序上分成三個階段，第一個階段是事件的發生，第二個階段是意圖的形成，最

後則是行動以及結果回饋階段。

在事件發生階段，主要是指發生了誘發倫理決策的事件，引發決策者採取行動，以解決所發生問題的動機。對決策者而言，此一事件的發生產生了很多不同觀點的資訊，決策者即暴露在眾多不同的資訊來源下，但是在眾多關於事件的資訊中，決策者由於其本身的因素，不可能完全接收到所有的資訊，只有其中某些印象深刻的資訊可能會跨過門檻，而被決策者接收，進入資訊處理及意圖形成的階段，其他無法跨過接收門檻的資訊，則不會進入第二階段。在事件發生階段中，事件本身是客觀存在的，其所散發的資訊，亦包含不同觀點，但是經由處理門檻的篩選，進入第二階段的資訊，已經有所扭曲，而不是客觀的資訊了。這些資訊進入下一階段的處理程序，而決策者則以這些資訊為基礎，對於事件產生特定的態度或意圖。

在資訊處理及意圖產生階段，決策者將跨過門檻的資訊作進一步的處理，在此一處理階段中，決策者的個人特質（包括：人格特質、道德、價值觀、態度、經驗等），以及決策者所處的情境，都會影響意圖的形成（應該怎麼做）。

進入第三階段後，決策者意圖或態度雖然已經形成，但仍只是「應該怎麼做」或「想要怎麼做」等態度形成而已，真正行動上會不會與意圖一樣，要看決策者所處的情境是否允許，以及決策者個人的特質而定（即圖10-1中意圖與行為間的門檻）。隨著決策者採行了適當的行動，若行動的結果為正面，則產生滿意的感覺，若負面則產生認知失調、後悔，不論正面或負面，都將成為決策者經驗的一部分，影響其下一次的決策。

（二）倫理決策的特質

就此一決策模式來看，影響決策結果的環節有三，其一為資訊處理的門檻，每個決策者的特質不同、所處的情境不同，所以其認知到

的重要資訊也會不一樣，例如：對於道德程度較高的決策者，倫理議題相關的資訊可能會被注意到（跨過門檻）；但對於道德程度較低的決策者，其對於倫理議題相關的資訊，則可能視若無睹（無法跨過門檻）。就倫理決策的觀點來看，這一資訊處理門檻，意涵上可以看成倫理的警覺度，對於倫理的警覺度，每個決策者是不一樣的。

影響決策結果的第二個環節，在於倫理意圖形成的過程，此一過程十分複雜，基本上受到個人與情境因素的共同影響，這一部分在第二節將有更深入的探討。最後一個環節，則是在於倫理意圖與實際行動的落差上（意圖與行為之門檻），在本階段中，個人與情境因素仍然是影響意圖與實際行為的重要因素。所以就不道德行為的防制而言，防範不道德行為的發生，可以從提高員工的倫理警覺性（提高不道德資訊的門檻或降低正面資訊的門檻）、強化員工的倫理推論（形成正面的倫理意圖），以及對不道德行為的遏阻規定（防止不道德意圖付諸行動）三方面來進行。然而，不論哪一套對策，基本的影響因素，仍都取決於員工個人因素與情境因素兩大部分。若從預防重於治療的觀點，提高員工的倫理警覺性，可能比重懲不道德行為更為有效可行，關於如何提高倫理決策品質（或防範不道德行為），在第三節中有更進一步的探討。

就決策的過程而言，倫理決策與一般決策的步驟並無太大的不同，其之所以被重視，主要原因有三。首先，由於倫理決策涉及了道德方面的議題，而道德上有爭議的事項，往往涉及他人權益。另一方面則是倫理決策的形成背景與一般決策不同，在現代的職場中，除了員工惡意的不道德行為（如偷盜、貪瀆等），乃是屬於員工「自發性」的倫理決策外，在相當多的情況下，員工都是在不得已的情況下，被迫作出不道德的決策（為了保住工作而欺瞞消費者等），這種決策不僅損害他人的權益，道德層面上也已經侵犯了員工的基本權利（如自由意志權、工作權等），這也是倫理決策引發重視的另一個原

因。最後，由於員工是以公司代理人的身分執行其職務，代理人對於委託人有善盡職責的義務，不道德行為的發生，不僅代表員工未盡到其應盡的義務，往往更造成公司經濟上或形象上的損害，影響的層面頗為深遠，因此隨著企業經營規模的擴大，員工的倫理決策品質也就愈引發重視。

02 影響倫理決策的因素

　　從圖10-1中可以看出，影響倫理決策最基本的兩個因素，一為決策者個人的因素，另一則是整個決策的情境因素。決策者的個人因素方面，影響一般決策的因素眾多，但由於所探討的是倫理決策，其受決策者道德特質因素的影響較大，故先就道德特質對於倫理決策的影響說明如下：

一、個人因素對於倫理決策的影響

（一）道德價值觀與倫理決策的關聯

　　道德特質對於倫理決策的影響，是相當直接而不爭的事實。傳統的哲學領域中，對於人類道德意識型態的研究及分類，基本上就是支持不同道德意識型態的人，對於道德議題的研判，也會隨之而不同。這部分在第二章之倫理道德法則的探討中，對於不同道德意識型態的類型，以及其所形成的態度，都已經有所探討。例如：目的論者（teleology）以一件事情的後果來論斷是非，而義務論（deontology）則強調以行事的手段、過程來判定是非；相對於目的論者的因時制宜，義務論者的道德標準是較固定一致的，所以兩者在倫理決策的差異也是可以預期的。

　　然而，在本章所提的倫理決策模式中，將行動階段亦列入倫理決策的範疇，而前面的討論中也指出，倫理意圖與行動方案的選擇並不一定相同，除了受到環境因素的影響外，也同樣受到個人道德因素的

影響。因此，對於個人道德特質類型的研判，固然可以預測其對於某一件事情的看法（即倫理意圖），但是對於其眞正會採取何種行動，卻不見得能夠清楚掌握。這也說明了道德特質對於倫理決策的影響，有一部分的因素已經被發掘，但卻仍有部分的特質，則尚未被了解。

（二）兩構面道德特質與倫理決策的關聯

部分研究對於倫理意圖與眞正行爲之間差異的原因，提出了解釋（註1）。這些研究認爲，造成兩者不一致的原因，除了環境因素之外，仍有一部分是屬於個人內在的原因，這些原因包括：

1. 個人倫理決策中所採行的標準是爲相對而非絕對，一個人判斷他人行爲所採取的道德標準，與對自己所採取的標準未必一致，所以才會造成倫理意圖與行爲上的落差；

2. 每個人追求理想的程度不同，造成理想與現實間有所差距。

根據此一觀點，可以推論在決策者的內心世界中，除了依循一定的道德意識型態，以形成固定的倫理意圖外，應該還有其他影響倫理行爲的因素有待探討。因此，有學者乃擴大提出了相對性（relativism）以及理想化程度（idealism）兩個構面，來解釋影響倫理決策的另一種心理因素（註2）。相對程度愈高者，其對別人與對自己所採行的道德標準差異就愈大，理想化程度高者，則不易接受一般的道德標準而以其自身所訂的準則爲依歸，此兩構面的高低組成情境主義（situationism）、絕對主義（absolutism）、主觀主義（subjectivism）及例外主義（exceptionalism）四種不同的心理類型，而影響道德觀與行爲的一致性，其特徵可以彙整如表10-1所示。

表10-1　道德分類標準與倫理決策的關聯

分類標準	構面	定義
情境主義	低一致性 高理想性	・本身無絕對的道德準則 ・決策時會依情境因素，考慮該行為是否為眾多方案中的最佳選擇 ・以尋求道德上的相對最佳（而非絕對最佳）為其倫理決策的依據
主觀主義	低一致性 低理想性	・本身無絕對的道德準則 ・決策時會依情境因素，考慮該行為是否為眾多方案中，最符合自我利益者 ・以尋求利益上的相對最佳為其倫理決策的依據
絕對主義	高一致性 高理想性	・本身有堅定而崇高的道德理念 ・決策時，若結果不符合其道德價值觀，不論該方案是否有利，則不會採行此一方案
例外主義	高一致性 低理想性	・依循自己所建立的道德準則 ・決策時會以符合其道德價值觀的方案為優先，但若情境因素不允許，則會傾向放棄其道德價值，遷就例外情況

資料來源：整理自Forsyth, D.R. (1980), "A Taxonomy of Ethical Ideologies," Journal of Personality and Social Psychology, 39, 1, pp.175-184.

（三）道德成熟度與倫理決策的關聯

在前面的說明中，我們將影響倫理決策的道德標準，從一維的道德意識型態，擴充到二維的理想性與相對性兩構面。然而兩構面的道德特質固然可以說明倫理意圖與行為之間的不一致現象，卻仍無法說明個人所依循的道德標準的變動。亦即，在不同的時間裡，由於所持道德標準的高低程度不同，所形成的倫理意圖也不相同。這方面，道德成熟度的觀點則有很清楚的解釋（註3）。道德成熟度的觀點指出，每個人的道德水準都如同智商一樣各有不同，據此，可以把道德水準由低而高分成未受教化（preconventional）、傳統（conventional），以

及自律（principled）三個階段，每一階段又可再細分為二個層級，總共六個層級。學者認為，在此一道德層級中，多數人的道德水準都在三、四階層之間，而此一道德水準，倫理決策受外在因素的影響是無可避免的，但是道德水準可以藉由不斷地學習、訓練而獲得提升，而當到達較高的道德水準時，倫理決策就不易受外力的影響。

二、情境因素對於倫理決策的影響

除了個人的道德特質以外，情境因素往往也是影響倫理決策的重要因素。事實上在上一節中，道德一致性較低者，就很容易受環境因素的影響，而改變其道德立場，而道德成熟度的觀點也指出，一般人的道德水準都在三、四階層之間，在此一階層中，倫理決策受外在因素的影響是無可避免的。

由於個人所處的工作環境十分複雜，因此所謂的情境因素也有進一步區分的必要，作者將情境因素分為：個人情境（除了道德特質以外的人格特質等因素）、群體情境（即決策者所接觸的同儕、客戶、其他人際關係等）、組織情境（包括組織內部的管理環境等），以及整個倫理決策的過程四大類，分別說明如下。

（一）個人情境因素

在個人情境因素方面，行為科學及心理學的構面中，常被用來作為研究影響倫理決策的變項，主要是自我（ego strength）、內外控（locus of control）及馬基維利主義（Machiavellianism）三個變項最為普遍。其中，愈功利主義導向以及愈外控型的決策者，與不道德決策的關聯性愈高（註4）。除了上述三個變項外，許多新的變項也被認為與倫理決策有關，場地依賴（field dependence）之心理變項，如場地依賴較低的決策者，其倫理決策較不易受情境因素的干擾；此外決策者的「社會化」因素，也會影響其倫理決策，其中重要參考對象

（significant others）的言行，對於決策者的決策結果也有其影響力（註5）。

（二）群體情境

由於群體情境因素（包括組織及職業之情境因素）對決策者的衝擊較為直接，故該因素對倫理決策之影響也會較個人情境因素來得更大。群體情境因素中，同儕群體（peer group）的想法、高層主管的看法、同儕群體的行為、機會因素（即工作環境中執行某一不道德決策行為的阻力或障礙）等因素，都是影響倫理決策的可能原因（註6）。在這些因素當中，有研究證實同儕群體的行為及機會因素，和企業不道德行為有很明顯的關聯，當同儕的行為對於某些倫理議題不重視或輕易違反規範時，就會影響決策者作出不道德的決策。另外又根據群體角色理論（role-set figuration）的觀點，高層主管權威的大小、決策者與高層主管及同儕群體的距離、接觸頻率等情境，則會決定上述四個變項之影響程度。換言之，高層主管能否有效影響下屬的倫理決策或行為，端賴當事人與高層主管的距離、接觸頻率及高層主管所擁有的權威而定。當高層主管所擁有的權威愈大、接觸頻率愈高，或與高層主管的距離愈近（包括在組織圖中的管轄距離、實體距離等），其對下屬之倫理決策的影響力也就愈大。

（三）組織情境

在組織情境方面，公司目標、企業文化及公司的倫理政策（ethical policy）等因素，都可能對倫理決策造成影響（註7），這些因素在第十一章中將有更進一步的探討。除了整個公司的大環境外，每一種工作亦有其專屬的職業環境，研究上發現可能會影響倫理決策的職業情境，主要包括以下幾項：工作之競爭壓力、工作的性質（與外界的接觸頻率、工作之結構性等）及倫理行為強化機制（獎酬制度、罰則、

考核方式等）。當工作壓力大時，迫於績效或競爭上的需要，往往會使員工作出不道德的倫理決策；與外界接觸機會較多的職業（如業務部門），其發生不道德倫理決策的機會亦較高；而整個公司的獎金及薪資制度，也是引發不道德倫理決策的原因之一，當薪資制度是採行變動薪（即獎金制），員工較可能為了績效而產生不道德之倫理決策。

（四）倫理決策過程

最後，決策者的決策過程本身，可能也是影響倫理決策的重要因素。根據賽門（Simon）所提之有限理性（bounded rationality）理論，認為決策者受限於人類本身的資訊處理能力（蒐集決策資訊所花的時間、金錢），以及決策作業的時間壓力等因素，決策者原本就無法周延考慮所有的可行方案，逐一評估其後果並找出最佳決策。而且人類對於外來資訊的刺激也會依其特有的認知方式及人格特質加以過濾（即本章倫理決策模式中的資訊處理門檻），並賦予資訊其所認知的意義。同樣的，在倫理決策中此一情況仍然存在，因此可用的資訊、決策者認知及處理資訊的方式、對決策後果之風險評估以及該問題結構化程度等，都可能影響倫理決策的最後結果。

三、道德特質與情境因素對於倫理決策的共同影響

單獨將道德特質或情境因素作探討，或許有助於了解特定因素對於倫理決策的影響情形，但是在實際的倫理決策環境中，道德特質與情境因素乃是在共同作用下，而對倫理決策產生更為複雜的影響。若將倫理決策過程視為個人因素與情境因素交互作用的結果，則在倫理決策中，除了倫理決策本身之外，情境因素也會影響個人因素（如認知、道德成熟度、其他道德特質等），使得整個倫理決策變得十分複雜。在此一過程中，道德成熟度愈高的人，其受情境因素的影響將愈

小，而道德成熟度低者，其倫理決策則完全是情境及個人因素交互作用的產物，有時情境因素占上風，完全主導了倫理決策，而個人的道德特質完全無法發揮影響力，但在情境因素的影響力不強時，個人的道德特質亦有其發揮的空間。另一方面，倫理決策本身是一個動態進行的模式，不僅決策者與情境因素互動，隨時修正情境因素與個人道德特質影響力的消長，過去倫理決策的結果，亦會回饋回來修正個人及情境因素，並改變下一次的倫理決策，使倫理決策形成一綿延不絕的回饋環路，而形成經驗、情境、道德特質交互作用的特殊模式。

03 倫理決策品質之提升

一、改善倫理決策品質之環節

（一）倫理決策流程之探討

在第一節倫理決策模式的介紹中就已經提到，若把倫理決策看成是一個生產的流程，則倫理決策可以視為產生決策結果的流程，為了改善決策的品質，可以從流程中的三個環節來管制規範，以確保品質。這三個環節分別是資訊處理門檻、倫理意圖的形成過程，以及倫理意圖與行為間的門檻。在這三者當中，倫理意圖的形成階段，就如同生產線上的主要裝配作業，如果作業員素質精良，即使進貨的原料有瑕疵，作業員也能夠將不良的原料挑出來，不會影響產品的品質，所以，這一階段可以說是整個生產流程最核心的部分。同樣的，在倫理決策過程中，如果每位員工都能以較高的道德標準，形成正面的倫理意圖，則倫理決策的品質就可以確保。

然而，就如同生產線的作業情形一樣，員工的素質不一定很完美，所以在整個生產線上，另須設定一些管制措施，來確保產品的品質，而進貨之原料的品管，以及出貨之產品的品管，即成為很重要的輔助措施。就倫理決策的觀點亦然，既然無法確保員工在任何情況下，一定會產生正面的倫理意圖，則在決策資訊來源以及意圖與行為之間，設立兩道門檻，應該是輔助倫理決策品質改善的重要措施。

首先，倫理決策模式中的資訊處理門檻，就如同進貨品質的管

制，如果進貨原料品質有問題，雖然仍可以從製程中找問題，但將增加不少後續作業的成本，對倫理決策亦然。所謂的資訊處理門檻，是指員工看待相關決策事件的觀點或立場，前面提到，由於決策事件的相關資訊眾多，決策者不可能接收到所有的資訊，而會選擇性的過濾接收其認為重要的事件，選擇性接收的資訊，基本上就已經不能客觀呈現決策事件的本質。因此，從提高倫理決策品質的觀點，在此一資訊處理門檻中，若能夠增加正面資訊的出現頻率與強度，自然較有機會跨過決策者的資訊處理門檻，而讓決策者覺得該資訊是很重要的決策依據。相反的，對於負面的資訊，若能夠儘量減少其出現的頻率與強度，其亦較無法跨過決策者的資訊處理門檻。

當然，除了外在因素（資訊出現的頻率或強度）的控制外，決策者本身之倫理警覺性，也是篩選資訊的重要影響因素。例如：有些決策者的倫理決策過程，其可能只會注意到正面的資訊，而對負面資訊視若無睹，如此其對於決策事件的本質，也會形成較為正面的觀點。相反的，若決策者只是注意到負面的訊息，對於決策事件即會抱持較負面的觀點。至於決策者在資訊接收過程中如何篩選相關資訊，主要又與其所處的情境、其道德特質，以及其過去經驗有關，這一部分在下一段落中將會有進一步的探討。

倫理決策中，影響倫理意圖形成的因素，主要分為個人的道德特質以及情境因素兩部分，其內容已經在第二節作了說明。倫理決策程序中，第三個環節即是倫理意圖到行動之間的門檻。這一門檻基本上有兩層意涵，首先若所形成的倫理意圖是正面的，則門檻應該要最低，代表決策環境中有積極誘發正面倫理行為的因子。反之，若所形成之倫理意圖是負面的，則門檻應該發揮牽制的功能，使得倫理意圖無法順利落實到行動的層次上，而這也是倫理決策環節中，最後一道防範的關卡。在負面倫理行為的防制方面，若決策者覺得其不道德的倫理意圖在執行時很容易被發現，或行為要承擔很嚴重的後果，則代

表此一門檻較高，而公司所設定的防範機制、罰則，理論上都可以提高此一門檻，惟這些措施在本質上都屬於倫理決策者的外在因素。除了外在因素之外，倫理決策者的內在因素，往往也可以提高從事不道德行為的門檻。當決策者面臨以下三種情形時，意圖與行為間的門檻會降低，亦即意圖很可能變成實際行動，反之則門檻就會提高。

1. 倫理決策者覺得，其所做之不道德行為的責任不完全在他時，意圖很可能變成實際行動。這種情況就像當決策者覺得不道德行為是必要的、無可避免的、若自己不做其他人也會做等心態的形成。

2. 倫理決策者覺得，其不道德行為所造成的損害不大時，意圖亦較有可能變成實際行動。例如：員工將公司的文具據為己有，就是因為文具的價值不高，無形中也降低了其倫理意圖與行為之間的門檻。

3. 倫理決策者覺得，其不從事該不道德行為，必須付出很大的代價時，倫理意圖與行為之間的門檻將大為降低。例如：決策者覺得若不執行此一不道德行為，其將失去工作的認知等，就屬於這種情況。基本上這是內外在因素共同形成的結果，代價高低的認定及可能性，都會因每個員工認知之差異而不同。有些員工可能過於緊張，而高估了不從事不道德行為的代價，而事實上情況並不如想像中的嚴重。

所以在員工道德標準較高的情況下，不良倫理意圖與行動間的門檻會提高。另一方面，道德標準較高的員工，其在不道德行為發生後，將會產生較高的認知失調現象（即因為態度與行為不一致，所產生之心理不平衡的現象），這一認知失調將會誘發其改變行為，以消除此一認知失調，對於下一次之倫理決策品質中，意圖與行為門檻的提高，也會有一定的效果。

（二）倫理決策環節之改善——個人行為或環境的觀點

從以上三個倫理決策環節的討論中，很明顯地看出，資訊處理門檻、倫理意圖形成過程，以及意圖與行動門檻的改善，是提升倫理決

策品質的基本條件。然而如何提升，事實上這三個環節仍是受到個人因素以及情境因素的影響，所以提升的方法不是從個人因素層面，就是從整個組織情境層面來作改進。至於兩者之間，何者為主、何者為輔，也各存在著不同的論點。

強調以個人因素為重的人認為，不道德行為的發生，最主要仍是受到個人因素的影響，當一個人的道德水準低落，或具有可能影響不道德行為的人格特質時（如第二節中提到的馬基維利傾向、內控傾向等），其行為就會趨於不道德。如果這一觀點正確無誤，則改善倫理決策品質的對策——除了在招募員工時——就要謹慎篩選，將可能具有不道德人格特質的員工排除之外，對於公司內的員工進行倫理道德教育，以使其道德層次提高，都是避免不道德行為發生，提高倫理決策品質的方法。

強調組織情境的人認為，雖然個人的人格特質，對於不道德行為有些許的關聯，但是人類因應環境來調整其態度、行為的能力，也不容忽視。當一個人處於倫理的工作環境時，不論其人格特質為何，其行為也會隨之調整；反之，若其處於不利的倫理環境，人格特質的正面影響力也無法發揮。如果這一觀點正確無誤，則改善倫理決策品質的對策，將與前面觀點有相當的差異，而會將重點置於倫理環境的建立，以使每位員工都處於良好的倫理決策情境，而不會太過倚重人員篩選以及道德教育等手段。這兩種觀點雖然南轅北轍，但在實際情況下，企業所採行的手段，大都是介於兩者間的連續帶上，由於每家公司的情況不完全相同，在取捨上雖會傾向某一個極端，但原則上是不會毫無保留的只選擇某一種觀點，而仍是會尋求兩者間的平衡。以下即就員工個人因素及決策環境因素較具體的改善辦法，作更詳細的說明。

二、員工個人因素之改善

（一）員工道德問題本質的釐清

　　員工道德標準既是影響倫理決策的重要因素，決策品質的改善，亦與員工道德息息相關。論及員工的道德問題，有不少的觀點認為，員工之所以有不道德行為的發生，主要是因為員工無法判斷事情的是非對錯，若能改善其道德判斷力，則不道德行為就可以避免。以此一觀點為基礎，對於員工道德教育的重點，也就著重在員工道德邏輯推論的強化上。然而，事實上多數成年人的道德水準都在三、四階層之間，而在此一階層中，其實已經具備了判斷一般性議題是非對錯的能力，較欠缺的是抵擋外在環境誘惑，保持其一致性道德標準的能力。所以，除了在某些特定的議題上，是非對錯的本質不易評斷之外（例如在某些超越法律、傳統企業活動、科技等範疇的議題，諸如生化、遺傳工程等），其他一般領域上，員工道德問題的根源，應在於道德一致性的維持上。釐清了這點，就可以很清楚的看出，員工道德教育的重點，應該著重在倫理困境的解決（即兩件事情的是非對錯本質是清楚的，但兩者的立場或利益卻是衝突的），而非道德邏輯推論方面。

（二）員工道德教育的可行性與執行

　　對於員工的道德教育，較大的質疑是「倫理是可以教的嗎？」不過從國內外的企業以及學校，在企業倫理教育執行上的熱絡情況來看，此一問題的答案應該是肯定的。

　　在道德教育課程的設計與執行方面，徐木蘭在其論著當中（註8），曾經介紹了哈佛商學研究所「決策及倫理價值」（DMEV）的倫理教育課程。「其主要目的在協助學生了解企業的多元社會責任，同時在探索像公平、誠實與尊重等倫理價值，如何影響到經理人的決

策行為？其次討論個人的廉潔與管理工作如何搭配？即經理人如何將他們生命中的價值與承諾，與工作上的責任、企圖搭配妥當得近乎理想？」「為了使DMEV課程不淪於形式化、教條化與口號化的陷阱，哈佛商學院的教授利用來自行銷、生產、人力資源與財務領域內的個案，引導學生熱烈參與課程上的討論，鼓勵學生在課堂上建立一種坦誠、尊重與合作的氣氛，並強調欣賞別人的觀點，反思自己的偏見，彼此互相學習共享不同的經驗。」從這些描述當中，道德教育課程的核心精神，在於「將生命中的價值與承諾，與工作上的責任作完美搭配」（倫理上的困境），而教學的活潑化也是執行上的重點。

三、群體決策品質之提升

　　企業是一個組織不是人，企業的行動是一連串決策程序之後的結果，不像個人一樣是受到意志的主導，企業對於行動的後果也不會有高興或是悲傷的感覺，所以將企業比擬為一個個人，似乎在層次上並不一致。然而，這並不意味著企業的行動可以是沒有意圖的，企業的角色也不像人類所使用的工具（如刀子）一般，完全沒有道德意涵的。由於企業行動是經由公司政策、決策程序，以及正式的組織分工所形成，這些要素基本上可以視為企業的意圖。既然企業行動有所謂意圖的成分，即使屬性上不能算是一個完整的個人，至少也是一個「道德行為個體」（moral agent）。理論上，一個道德行為個體至少應包括：提出行動方案的能力、選擇行動方案的能力、以適當的道德標準評估行動方案的能力。所以，雖然企業與個人在某些屬性上不同，個人層次的道德價值觀、行為意圖等概念，無法完全應對到企業的活動中，但企業也不是像一般的工具一樣，毫無自己的意志，任由使用工具的人為善或為惡，企業仍然是一個由人所組合而成的道德社群，有行動意圖的道德行為個體，所以仍必須為其決策行動的後果負責，也有持續不斷提升其決策之道德層次的責任與義務。由於組織中群體

決策的本質，如何促進群體決策的品質，也是提高倫理決策品質很重要的一環。

企業中的行動方案，往往都是屬於群體決策的產物，在既定的目標下，經由個體的互動，得到一個較佳的行動方案。因此，如何確保群體決策的道德品質，其重要性不亞於個體決策品質的提升。

個人決策的形成往往取決於直覺、經驗、外部訊息、感覺等等，然而在群體決策過程中，每個人有不同的直覺與經驗，彼此互相牽制，因此有必要建立一套機制，作為評斷各種不同意見的依據。Brown認為（註9），群體成員所提出任何一種行動方案的評估，都可以依據以下幾個不同層次的準則來作考量：

（一）提案層次（應該怎麼做？）

（二）提案所根據的事實（基於哪些觀察而提出該提案？）

（三）對該事實的價值判斷（上述之觀察代表什麼意思？）

（四）基本道德價值（為什麼可以如此解讀？）

Brown認為這四個層次猶如棒球比賽的四個壘包，如果在群體決策中，大家對於所提出的行動方案都沒有道德上的質疑，則該行動方案可立即執行（本壘），是最沒有爭議的情形。反過來說，如果對於行動方案有不同的質疑，則必須檢視行動方案的提出，是基於何種的現象觀察所得出，並且進一步了解該現象是否屬實（一壘），如果爭議點在於對現象的觀察錯誤，則在此層次中就可以提出較一致性的決議，如果此一層次仍然無化解爭議，則可能要進一步探究對於各種觀察現象的價值判斷（二壘），而最後訴諸於基本道德價值觀來解決（三壘）。

以下進一步以投資減少空氣汙染設備決策為例，說明此一決策的過程。在類似的決策中，由於每個人的立場、經驗、資訊不同，對於評估的結果就會有不同的影響。假設目前只有投資與否的爭議，則根據四個層次所發展出來的決策準則，可以彙整如表10-2所示。

表10-2　道德行動方案的群體決策準則

準則	不同的行動方案		說明
提案層次	投資	不投資	如果大家對於行動方案沒有不同意見，則直接執行不必進入下一層次
提案所根據的事實	空氣汙染對人類生活造成危害	1.一個公司汙染的程度有限 2.其他公司如果繼續汙染，仍然無法解決此一問題	評斷不同方案所提出的事實是否真實，如果可以判斷部分事實的不真實，就可以判斷各行動方案的適當性。
對該事實的價值判斷	對於受汙染的人不公平	相關投資不符合最多數人的利益（股東、消費者……）	1.研判各行動方案背後的價值邏輯，惟是非對錯並無絕對，而是看何種行動方案符合公司的道德價值。
基本道德價值			2.由於經過仔細的評估過程，企業的行動方案都將會符合公司的道德價值。 3.公司的道德價值是否合理，由社會大眾公評，不符合社會需要的道德價值觀將會被揚棄。

　　由於群體決策中涉及各種不同經驗、背景的認知，所以基本道德價值也不相同，決策時如果可以在較低層次（提案層次、事實背景層次）將問題解決，相關的爭議較小，以表10-2的事例而言，如果討論過程中，認為不投資防止汙染設備所根據的事實（一個公司汙染的程度有限、其他公司如果繼續汙染仍然無法解決此一問題）並不客觀，則可以化解相關的分歧。一般說來提案解決的層次愈高，分歧的化解愈不容易，也愈涉及個人價值觀的差異，所以公司必須建立一套道德價值體系，當上述情況發生時，可以作為最後仲裁的機制。

四、結構性之不道德行為誘因的消除

　　除了前述以社會資訊的觀點，來誘導員工正面的倫理決策（或避免員工負面的倫理決策）之外，企業倫理決策品質不佳的部分原因，乃是由於公司在有意無意間，訂定了不利於倫理決策品質的制度規章。例如：過度重視競爭的升遷或敘薪制度，在零和的情況下，員工之間白熱化的競爭，必然導致倫理決策品質的降低。又如過度注重忠誠與服從的組織文化，可能會迫使下屬服從上司不當的職權指揮。當然，公司制度的建立有其多方面的考量，不可能只考慮到單一的因素而取消或修正，但是若某一因素對於公司的長期利益很重要（如企業倫理），則其立場在公司制度中適度的反映，應該是必要的。

註1：參考Schlenker, B.R. & Forsyth, D.R. (1977), On the Ethics of Psychological Research, Journal of Experiment Social Psychology, 13, pp.369-396.

註2：參考Forsyth, D.R. (1980), A Taxonomy of Ethical Ideologies, Journal of Personality and Social Psychology, 39, 1, pp.175-184.

註3：參考Kohlberg, L. & Kramer, R. (1969), Continuities and Discontinuities in Childhood and Adult Moral Development, Human Development, 12, pp.93-120.

註4：參考Hegarty, W.H. & Sims, H.P. (1978), Some Determinants of Unethical Decision Behavior: An Experiment, Journal of Applied Psychology, 63, 4, pp.451-457., Hegarty, W.H. & Sims, H.P. (1979), Organizational Philosophy, Policies, and Objectives Related to Unethical Decision Behavior: A Laboratory Experiment, Journal of Applied Psychology, 64, 3, pp.331-338.

註5：參考 Trevino, L.K. (1986), Ethical Decision Making in Organizations: A Person-Situation Interactionist Model, Academy of Management Review, 11,3 pp.601-617.

註6：Ferrell, O.C. & Greshman, L.G. (1985), A Contingncy Framework for Understanding Ethic Decision Making in Marketing, Journal of Marketing, 49(Summer), pp.87-96.

註7：Bommer, M., Gratto, C., Gravander, J. & Tuttle, M. (1987), A Behavior Model of Ethic and Unethical Decision Making, Journal of Business Ethics, 6, pp.265-280.

註8：引自徐木蘭（民83），「倫理教育如何開步走」，共創企業淨土，161-165頁，臺北：天下文化出版社。

註9：參考Brown, M. T. (1990), Working Ethics Strategy for Decision

Making and Organizational Responsibility, CA:San Francisco, Jossey-Bass Inc.

關鍵詞彙

倫理決策　倫理意圖　道德意識型態　情境主義　主觀主義
絕對主義　例外主義　道德成熟度　資訊處理門檻

自我評量題目

一、請說明倫理決策模式的內容與意涵。

二、如何降低不道德意圖與真正行動的門檻？

三、從社會資訊處理的觀點，倫理決策的品質要如何提升？

四、可能影響倫理決策的情境因素有哪些？

五、為什麼多數企業決策，本質上都不全是倫理決策？

六、道德特質對倫理決策的可能影響為何？

七、群體決策中，群體成員所提出的行動方案，都可根據哪些不同層
　　次的準則來作評估，以符合倫理的原則？

Chapter **11**

企業倫理政策

學習目標

——研讀本章內容之後，學習者應能達成下列目標：

1. 了解企業倫理政策的意涵及重要性。
2. 了解企業倫理政策在整個企業倫理推動體系的定位。
3. 了解企業倫理政策的落實手段。
4. 了解企業倫理願景的本質與作用。
5. 了解管理制度如何與企業倫理政策配合，達到落實企業倫理的效果。
6. 了解影響企業倫理政策形成的因素及限制。

摘　要

　　在整個企業倫理體系架構下，企業倫理政策介於個人層次與社會層次之間，其主要目的也在於反映社會對企業的期望，進而落實在企業的日常運作上。

　　由於企業倫理政策的層次介於社會與組織內部之間，所以企業倫理政策的形成，基本上也會受到企業內外部因素的影響，其中文化背景、組織的道德成熟度、經營者的道德特質、企業外各種利益群體的互動，以及社會大眾的需求等因素，都會對企業倫理政策的形成，產生一定程度的影響。

　　企業倫理政策的落實方面，除了經由倫理規約、道德教育的推動、舉發制度、各種倫理促進單位等倫理相關制度的建立，來落實企業的倫理政策外，與現行管理制度的配合，包括與人力資源管理措施的配合，以及塑造企業倫理氣候與文化等，也都是落實企業倫理政策的重要手段。

01 企業倫理政策的意涵

　　在第九章中我們介紹了倫理決策，也了解到個別員工的倫理決策，與組織環境息息相關。另一方面，企業整體的日常運作當中，倫理議題一向較不被重視，以至於運作的結果往往不符合社會的期望。就這兩部分而言，企業有必要制定其倫理政策，以作為企業運作上或員工倫理決策上的依循參考。

　　企業倫理的促進，除了從個別員工之決策品質的提升外，由於企業所掌握的資源眾多，因此以整體企業為考量，針對企業不道德行為進行規範，並且誘發其善盡社會責任，也是解決企業倫理問題的重要途徑。前者是為個體層面的觀點，後者則是企業整體層次的觀點，當然，整體層次問題之改善，亦有助於個體層次問題的解決，在整體層次之問題中，企業倫理政策又是最重要的解決對策，本節的主要目的，在於釐清企業倫理政策之意涵及其重要內容。

一、企業倫理政策的意涵

　　隨著企業社會責任的愈來愈明確，社會對企業善盡社會責任的要求也愈來愈高。在企業運作稍有不慎，即可能因為危及社會大眾權益，而導致無可計數損失的今日，不論實務上或學術研究上，都開始重視如何運用管理的各項技術，將社會期望與經營者的管理哲學，融入企業的運作體系中，使企業能更符合社會期許，同時也因共識的凝聚，而進一步提升企業的競爭力。而此一觀念，即是目前頗為盛行之

企業倫理政策的雛形。

　　不論何種類型的企業，為了日常運作的遂行，基本上都會定出一些有形或無形的規範，以作為協調員工及管理控制的用途。而在此一規範（或制度）中，若經營者能將一些關於道德倫理的議題，落實在其中，則企業運作時，就自然會反映出對於這類道德議題的重視。亦即，若經營者能夠在其管理系統當中，將倫理道德議題根植於其中，則企業的運作也會反映出對於道德議題的重視。根據以上的說明，企業倫理政策可以是獨立於原先的管理系統之外的一套運作規範，也可以是植入管理系統的一套運作制度，當然也可以是兩者皆有的。

　　對於企業倫理政策的意義有所了解之後，我們可以將企業倫理政策作一更明確的定義：「企業倫理政策是一套常態性的管理制度，其目的在規範組織內整體性的倫理運作方向，並作為個別員工日常活動中，道德層面議題的指引」。由於企業倫理政策本質上不僅是方針（指引企業運作在道德層面上所應著重的方向），亦是一系列之手段（落實企業倫理運作的辦法），故可以說此一系統至少具備了目的與手段兩個構面。在手段方面，由於企業倫理系統的落實涉及了頗多管理技巧，因此，企業中任何有助於其企業倫理品質提升的制度、規章，甚至於領導風格等，都可以視為企業倫理政策的落實手段。

　　就企業倫理政策的基本目的，當然是在指引企業運作上的倫理方向。但更具體來看，企業倫理的構面眾多（如環保、勞資關係、行銷倫理等等），企業倫理政策的目的更在於眾多倫理議題之間的抉擇。亦即，在眾多企業倫理構面中，指出該企業所著重的倫理目標為何。基本上，此一方向的選擇乃是反映出經營者的經營哲學，以及企業資源分配、競爭優劣勢的考量，並無一定的法則。以下即就企業倫理政策的目的與手段，再作更進一步的說明。

二、企業倫理政策之目的

若從宏觀角度對於企業倫理政策進行探討，即可以更清楚了解企業倫理政策的基本精神。對於企業倫理政策的目的與基本精神，不同學者提出了類似但各有特色的觀點（註1）。

有學者認為，企業倫理政策並非只是條列式的把相關道德準則列出來，要求所屬執行而已，相反地，管理者必須建立起推導式的倫理道德標準（imperative code），使下屬在涉及倫理議題的思考時，能有一個可依循、活用的準則，依據此一準則，建立起全組織的共同價值觀，亦即「倫理規範體系」，使下屬在執行時，能受此一共同價值體系的規範，而表現出所期待的道德行為。因此，建立企業倫理政策的第一要務，在於「倫理規範體系」的辨識、建立、更新及管理，才能有效規範組織中不道德行為的發生，同時亦能時時反映社會需求的變化。

另有學者則指出，企業倫理政策最重要的精神在於建立一個道德自律的公司（self-moralizing corporation），而此一公司的特色包括：員工的道德行為與組織目標的緊密契合、建立「道德即資產」的理念、員工的道德培養是公司集體合作下的產物、道德的維持較組織結構的維持更為重要等理念。

在此一精神下，企業倫理政策的目的在於，以民主自由的方式，培養出公司共同的倫理價值觀，而重要的倫理價值觀包括：尊重差異、權力分享、民主式的領導風格、整體性的倫理共識、永續經營等。

其他相關的看法，也提出類似全面品管的「全面倫理管理」觀念（total ethics management），認為在此一全面倫理管理系統中的要素，包括：企業的倫理目標方針及策略、倫理政策及施行程序、評估準則的建立、員工道德行為的酬賞、倫理決策之指引原則的建立。

三、企業倫理政策的手段

上述關於企業倫理政策的觀點，基本上都是以宏觀的角度，探討企業倫理政策所應具備的精神，內容上多數僅止於原則性的提示，對於眞正在落實上的具體作法，則多未提及。而企業倫理政策的手段所著重的，則在於改善或解決企業所面臨的倫理問題。基本上又可以分成兩大方向，一爲組織內企業倫理的增進問題（諸如：如何建立企業倫理決策體系、企業內不道德行爲的防範、企業倫理訓練……等）。另一個方向則爲如何將企業倫理理念制度化、機構化的問題，由於前面所提及的防制措施，在本質上都屬「治標」的工作，且不同防制措施之間多各自獨立，並不能提供一整合性的效果。因此，在手段上，若能從整體面考慮企業倫理問題之解決方式，將企業倫理的基本精神，經由組織變革或其他管理措施制度化、機構化，使其成爲組織文化或組織氣候的一部分，應該是較有效而長遠的解決之道，而此一觀點也正受到愈來愈多的重視。

四、企業倫理政策的必要性

雖然從企業倫理政策的目的與手段等構面的說明，有助於對企業倫理政策的了解，但是從這些內涵中亦發現，基本上企業倫理政策的觀點，仍多傾向在現有的管理制度下，再另行建構一套企業倫理政策。亦即在同一企業中，可能爲了企業倫理政策的推動，在組織結構上、在運作體系上，都必須作若干的增添，而這也意味著經營管理成本的增加。就這一角度而言，企業倫理政策的價值與成本效益又要如何評估。關於此一問題，基本上可以從兩個不同的角度來思考。

（一）防禦性功能

首先，經營者必須體認到，現今企業的經營環境是一個高度動態的環境，由於環境的快速變化，經營者必須在組織結構上、營運作業

上作調整，才能有效的達成其營運目標。在此一思維下，企業建構了營運策略、政策等等的系統，策略或政策存在的目的，即是作為環境與企業互動的媒介，隨時觀測環境的變化，以便於從策略或政策面的修正，來指引整個組織運作的方向。當然，在策略或政策形成的過程中，經營者的經營哲學，亦或多或少反映在其策略或政策的選擇與偏好上。

依循此一思維，由於環境對企業而言，是一個相當籠統的名詞，更具體的說，企業所面對的環境，其實包括了許多目標、立場各不相同的利害相關群體（消費者、員工及勞動供給市場、政府、一般社會大眾、合作夥伴等），由於這些群體對於企業的重要性程度不同，所以從企業對於不同群體需求的回應，基本上也反映了這些群體在企業的相對重要性。例如：消費者對於企業的營運目標有絕對性的影響，所以企業亦有行銷管理功能來因應，如果員工對於企業是重要的，企業亦會形成人力資源管理的功能來因應，從剛才的觀點來看，行銷管理、人力資源管理的實踐，或多或少都會對原先的管理系統進行修正，必須增加新的部門及營運成本，但因為它的必要性，所以幾乎成為每一個企業所必備的企業功能。

因此，對於企業倫理政策的評估，基本上也是基於要不要把「倫理管理」如同行銷管理、人事管理、研發管理一樣，變成企業重要的功能之一？從最近的事件中可以發現，倫理管理或許不能夠像行銷管理、生產管理一樣對企業的利潤有所貢獻，但是鑑於近年來企業不道德事件的發生，不論是企業故意放任或是員工個別行為，其對於企業的巨大衝擊（賠償、破產、法律責任等），都不是任一個企業所能輕易承擔的，因此，就此一防禦性的觀點而言，企業倫理政策的必要性也就十分明確。

（二）積極性的功能

另一方面，企業倫理政策並非只是無法創造利潤的消極性企業功能。近年來頗為風行的綠色行銷（先不論其動機為何），就是將行銷管理與倫理管理結合而獲利的實例。可以說，企業倫理政策也是一種創造企業無形資產的手段。由於社會對於企業有一定的期望，當企業的表現無法滿足社會的期望時，企業之所以存在的正當性就會遭到相當的質疑（註2）。當企業的正當性不足時，企業形象也會受到一定程度的損害，而群眾與企業之間的紛爭事件亦會增加，所以企業倫理政策在某個角度，也是企業積極性的公關活動。

從以上的觀點中，企業倫理政策的成本效益已經愈來愈划算，另一方面，從企業是否負擔得起的觀點來看，雖然如同前面的說明，企業倫理政策是包含了目的與手段，甚至於還需要其他管理措施作為配套的完整體系，但在落實上，卻是要由自己企業內部「慢慢長出來」，而非全盤從其他企業中移植過來。因此，企業倫理政策的建立應該是循序漸進，一步一步慢慢推動的。這個道理亦與企業建立其他管理功能一樣。例如：人事管理功能的建立，在完整的人力資源管理策略還未形成之前，一些基本的員工招募、薪資管理等活動，可能先依附在其他功能中（如薪資的計算可能先放在會計部門），再慢慢的積聚擴充，終於完成完整的系統。企業倫理政策的建立，也應該是依循此一模式，起初可能先從員工倫理決策品質、不道德行為的防範等較有實效或急切性的領域著手，最後再擴大到完整企業倫理政策的制定。所以能不能建立一套完善的企業倫理政策，不是有沒有必要或能否負擔的問題，而在於願不願意的考量。但以目前社會與企業的互動情況來看，企業倫理政策的發展恐怕是必然的趨勢。

五、企業倫理政策與企業倫理風格

對任一企業而言，不論其是否已經制定倫理政策，每一家企業內都有其特有的倫理風格。企業倫理風格與企業倫理政策，兩者間最大的不同在於，企業倫理政策乃是經營者主動創造出來的系統，其目標、手段都十分的明確。而企業倫理風格則是自然運作下的產物，亦即不論經營者有意或無意，經由其言行、用人、獎懲等管理作風，有意無意間均會向員工透露出經營者特定的倫理偏好，久而久之員工亦會依循經營者的偏好，而形成組織特定的倫理風格。

因此，除非是經營者刻意的塑造，企業倫理風格基本上是在相當自然的情況下所形成，它基本上反映出經營者的道德價值觀，對於員工的倫理行為亦有相當程度的影響。對於中小企業而言，企業倫理風格是在無形下所形成，在規範員工倫理行為時，是相當有效而不花費成本的手段。然而，隨著公司經營規模的擴大，員工人數的擴充，企業倫理風格也會逐漸變得不明顯，其影響力也隨之下降，這時以較主動積極的企業倫理政策來取代，對於大企業員工倫理行為的規範，也會有較好效果。此外，經由組織文化、氣候等手段，來塑造特定的倫理風格，也是倫理政策推動上，值得借鏡之處。

02 企業倫理政策的落實

對於企業倫理政策的本質與意涵有所了解之後，進一步要探討的是，企業倫理政策是如何建立的？其又是經由何種手段來落實？在本節中，將首先就整個企業倫理政策的大架構作一說明，隨後在此一架構下，對於各種企業倫理政策的落實手段，再作進一步的探討。

一、企業倫理政策的架構

由於企業是處於社會系絡之下，而每一個國家的社會系絡，又是整個國際社會系絡的一部分。所以企業倫理政策的建立，基本上也是與這些不同社會系絡的倫理規範環環相扣。就此一特性來看，一個完整的企業倫理體系，基本上應該是由五個層次不同的倫理規範所構成，這五個層次由內而外分別是：個人層次、組織層次、公會或協會層次、社會層次及國際層次（註3）。在個人層次裡，倫理決策品質的提升是其最重要的目的，個人層次也是企業倫理規範體系下，最基礎的組成。但是，倫理決策品質的提升與否，基本上有賴於上一個組織層次的完備，若組織層次的倫理體系完備，個人層次的倫理決策品質亦較有保障。至於組織層次倫理體系又是如何建構的，基本上可以將其視為承上啓下的體制，承上主要是指組織層次的倫理體系，是在公會或協會層次的倫理體系下發展出來的，啓下則是指其要有效作為個人層次倫理體系的規範。其他層次的倫理體系，基本上都是具備了此一承上啓下的特質，環環相扣形成一個完整而周延的整體性倫理體

系。而本章中所提的企業倫理政策，即是整體體系中組織層次的部分，第十章的倫理決策則屬於個人層次部分，而第十二章則是就組織層次以外的各個層次，作一併的介紹。因此，在整個倫理體系的架構下，企業倫理政策（組織層次）在意涵上可以視爲承轉產業、社會，乃至於國際對於個別企業之倫理行爲的期望，將其落實到公司運作以及個人行爲規範的一個體系，其源自於社會大眾、同業對於倫理行爲的需求，而以公司及員工倫理行爲的規範爲目的。

在倫理政策的建立上，可以從正式的組織與非正式組織兩部分來著手，正式組織部分包括：公司倫理準則（code of ethics）的建立與維持、相關委員會或推動組織（或會議）的形成、組織內部道德稽核工作的進行等。在非正式組織方面，主要則是以組織文化的塑造爲核心，一個「倫理的」企業文化的塑造，至少應該包括：組織內開放而坦誠的人際關係，以及主管負責任的管理角色等特質，在這兩個特質下，對於倫理議題才能夠坦然的面對，合理的解決。而以上之企業倫理政策的執行，則仍須以傳統的管理活動爲基礎，亦須經由領導、授權、溝通、激勵等手段，才能使倫理政策發揮其效果。

二、倫理政策相關制度的建立

（一）倫理規約

倫理規約主要是把道德的標準條文化，作爲員工作業上、精神上的道德規範。倫理規約有許多不同的型態，例如：有的倫理規約是整個產業的共同規約（如會計師、醫師等），亦有倫理規約是企業自己訂定，供員工奉行之用。基本上一般人對於倫理規約的態度，總是以聊勝於無的心態視之，最主要的原因在於，學者專家對於倫理規約之成效質疑的聲浪不斷，他們多認爲倫理規約條文若無其他獎懲措施的配合，將會淪爲只是一種窗飾作用而已，不會對員工之不道德行爲產

生規範效果。當然，倫理規範的存在還是值得肯定的，而且其所能發揮之效果的大小，仍然操之於公司高層是否重視，以及規約條文產生的過程。若公司高層主管重視此一規約，對於奉行或違反的員工給予立即獎懲，則倫理規約的影響力就大，反之，若經營階層自己都不重視倫理規約，亦很難期望員工當眞。其次，倫理規約制定的過程，對於其約束力大小也會有所影響，如果該規範條文產生的過程愈民主、其考量的重點與傳統價值觀愈吻合，此一條文的規範效力也愈大。最後，在內容方面，內容愈明確，甚至若可以把不道德行爲依其嚴重性逐一條列或是附有罰則，該倫理規範條文的影響力也愈強（註4）。

（二）道德教育

邏輯思考等方式提升，因此倫理訓練也是建立與落實倫理政策的方式之一。基本上，職場倫理訓練與學校教育應該有所區分，作者認爲職場倫理道德訓練的價值，在於提供一個公開而正式的討論機制，當員工面對倫理困境時，不但可以有助於員工釐清是非，同時透過時常的公開討論，亦可使組織的價值觀更廣爲人知，藉此也可澄清不必要的誤解。甚至於可以利用此一機制，鼓勵員工將其工作上所面對的倫理困境公開講出來，經過大家的討論，即可成爲一致性、可執行的結論，如此不僅決策的過程較周延，員工也不必單獨面對倫理困境的抉擇與後果，對於公司或員工都有好處。至於訓練計畫的安排，原則上應該是以個案討論的方式進行，而避免佈道式的單向傳導。

（三）舉發制度（whistleblowing）

舉發制度是指企業員工發現公司內的不道德行爲時，經由特定管道或向上級回報的檢舉制度。通常舉發制度代表公司對於企業倫理議題所設定之內部溝通管道，讓員工可以經由舉發的管道，將不道德行爲下情上達。舉發制度對於不道德行爲的防制，確實有不小的遏阻效果，但由於舉發過程中，舉發者往往會承受到內外不小的壓力，以

及工作上的不便，如何鼓勵員工勇於舉發，將是此一制度實行上最大的考驗。另一方面，若員工所舉發的事情，為整個公司結構性的不道德行為，則舉發制度就無法發揮預期的成效。當然，除了內部舉發之外，員工亦可以透過各種方式，向外界舉發公司的不道德行為，但是外部舉發涉及了員工對公司的忠誠問題，除非內部舉發無效，否則不應輕率嘗試外部舉發。

（四）相關倫理促進單位的建立

由於倫理議題已經是公司面臨的重大問題之一，倫理政策推動上，可以仿效其他議題的推動方式（如工場安全、工作機密等議題），成立正式或非正式的推動組織。到目前為止，已經被提出的構想包括：

1. 倫理倡導者角色的設立：由公司的高級主管扮演倫理倡導者角色，推動各種促進活動。

2. 道德促進委員會之成立：由各部門推派代表所組成之暫時性或正式組織，其任務功能與倫理倡導者角色大致相同，惟因為是委員會組織，較能集思廣益，而且所作的決策亦較具代表性。

3. 倫理諮商單位：類似張老師之類的協助單位，當員工面臨倫理困境議題時，可以隨時求助。

4. 主管的言行：不論從社會資訊的角度或是從主管領導風格的觀點，主管言行對於員工的行為確實有其影響力。但是根據一項對美國企業主管的調查發現（註5），多數主管不論在正式或非正式場合的談話中，都很少觸及企業倫理的議題，調查指出，主要原因是，多數經理人會為了同事間的和諧，不願意指正員工個人輕微的不道德行為，或是怕這類談話使員工以為上司重視道德倫理而忽視績效，變成員工逃避責任的藉口，因而很少公開鼓吹道德倫理的重要性。

三、企業倫理環境的塑造

（一）倫理願景的建立

　　一個企業在經營方向上要有願景，而在規範或是追求道德方向的行動上，也需要倫理願景的指引。由於企業是一個追求利潤與生存的系統，本質上與個人不同，一般認爲無法把企業比擬爲一個人，將一些個人層次的道德規範、修身養性等加諸在企業。然而，由於企業的資源豐富，企業行動也無法完全脫離道德上的爭議，即使無法視同一個完整的個人，至少企業也應該是一個道德社群、道德行爲個體，所以便有必要爲企業建立倫理願景，作爲行動上道德議題的指引。當一個企業發展出有用的倫理願景時，應該都具有以下的功能或特色：

1. 企業倫理願景可以指引行動

　　由於企業倫理願景的發展，基本上是建立在員工的訓練、價值觀的塑造方面，當發展出明確的願景時，代表員工可以主動的採取一些合乎道德價值的活動，而不是被動的因應環境的變化。

2. 企業倫理願景可以告訴員工何種道德標準較有價值

　　一些管理上的規約，大致上只能告訴員工哪些事情應該做，哪些事情不應該做，但是並不能與員工溝通應該或不應該背後的價值邏輯是什麼，倫理願景的發展並不是建立一個響亮的口號，而是從一般的作業活動中，凝聚出關於「我們的基本價值是什麼？」、「事情應該怎麼做？」等問題的共識，所以員工不僅知道應不應該做，還知道應不應該做的背後的理由。

3. 企業倫理願景可以提供行動的動能

　　許多關於道德的議題，大致上都存在著理想（應該）與現實（實際上）差距的問題，在以營利爲目的的企業組織中，道德理想往往因爲現實的考量而延誤，而企業倫理願景的建立，有助於讓企業員工了解理想與現實之間的差距，並且進一步將此一理解轉換成爲行動的鞭

策力，隨時注意行動上不足的地方。

（二）建立有效的溝通習慣

企業的決策或行動，都是由群體所形成與主導，既然群體是由個人所組成，要確保企業的行動符合正確的道德法則，就必須讓決策或行動的成員們，有足夠的時間與空間，可以充分溝通交換意見或化解爭議，以便不會違反組織的基本道德價值。組織的溝通習慣，除了取決於組織結構以及組織內部的權力分配外，倫理溝通若要順暢，必須要有倫理議題的提出，經由具體倫理議題的討論，才能夠形成一致性的共識，因此，促進組織內部的倫理溝通，必須從倫理溝通議題的界定做起。

由於人在不同的溝通情境中，所願意分享或表達意見的見解不相同，倫理議題又是涉及價值觀的判斷，如果可以先就組織內部願意討論溝通的議題加以界定，就能夠誘發組織成員提出倫理議題來討論，跨出組織溝通的第一步。而在倫理議題的界定上，可以從：溝通（討論）的目的（只是連絡感情還是交換情報）、議題涵蓋的範圍（多重或單一）、溝通的形式（書面或是口頭討論）等等，界定出符合組織需要的倫理溝通模式。

（三）建立倫理的行動環境

企業倫理的落實，並不是文字或口號，倫理行為本質上也不是一種久經訓練之後的反射動作，而是一種經過道德價值研判之後，理性而有意識的行動。所以在組織中，企業倫理行動的誘導，並不是密集式的訓練，也不是新的議題，僅是要塑造一個倫理行動環境，讓員工可以從個體道德層次、群體互動層次，發展出適合的倫理行為。在此一原則之下，組織必須提供給員工一些倫理分析的技巧、概念性的工具、鼓勵互動與交流的討論環境，在這些前提之下，員工在工作上所面臨的各種倫理困局，都可以被公開的討論，從不同的道德價值進行

評估，不論能不能達成一致性的共識，此一共識下所做出來的決策，就是理性思考過程中的行動，而不是毫無意識的反射動作，也就是說，倫理行動環境應該是要鑲嵌在組織活動中的一個環節，而不是獨立於組織日常運作之外的倫理教育訓練或是其他的行為改造活動。

（四）人事制度的配合

上述各項企業倫理推動政策，固然都有其一定的成效，但除了單獨的倫理政策外，若能加入一些配合的強化措施，對企業倫理行為的落實，將會有更好的效果。而在各項管理制度中，人力資源管理制度中的各項人事功能（獎酬、薪資、任用、拔擢等），最能對倫理行為的落實產生強化作用。例如：品德與績效並重的拔擢標準、考慮團隊績效而非個人績效的計薪方式、薪資結構中不對個人績效的過度重視（尤其是業務人員）等，這些措施在消極方面，至少不會誘發員工不道德行為的產生，積極面則更有助於倫理行為之促進。另外，在情況許可下，將倫理行為與公司的獎酬制度作適當的連結，或是將不道德行為與懲處、晉用等人事決策作適當的連結，使之與倫理行為的發生有正向的關聯，都可以避免員工的不道德行為被鼓勵，而遵守道德規範者卻被壓抑之不公平現象。

（五）組織氣候與文化

前面所提及的各項企業倫理政策落實方案，在本質上都屬「有形」的制度，而且不同措施之間多各自獨立，並不能創造出整合性的效果。近來，從整體面考慮企業倫理問題之解決方式，將企業倫理的基本精神，經由組織變革或其他管理措施，「機構化」使其成為組織文化或組織氣候的一部分，被認為是較有效而長遠的解決之道。關於企業文化或組織氣候塑造的問題，雖然已經不是新鮮的問題，但是其答案仍然莫衷一是。基本上，組織的結構、運作的方式及制度（尤其是人事管理制度）、創辦人或經營者的言行等因素，都會對組織氣候

或文化的形成，造成相當程度的影響。事實上，企業倫理氣候（或文化）與企業倫理政策兩者之間，也存在著互為因果、相輔相成的關聯。企業倫理政策的執行與落實因為有企業倫理氣候的配合而事半功倍；但另一方面，企業倫理政策中各項措施的推動，也是塑造企業倫理氣候的重要因素。而且，組織氣候或文化的形成，基本上也需要相當的時間，而非一朝一夕就可以看見結果的。

03 企業倫理政策的形成與效果

　　由於企業倫理本身即具有多構面的特質，所以每一家企業，企業倫理的建構與落實，往往都有其偏好，也因此每一家企業所制定的倫理政策、無形的倫理風格，乃至於行動上重點的選擇都有所不同。在本節中，首先就影響企業倫理政策形成的原因作一探討，隨後進一步討論，是否企業倫理政策的執行，達到了預期的成果，而不同的企業倫理政策是否會有不同的成效，此一影響執行成果的因素又為何，最後探討企業倫理政策的執行與經營績效間的關聯。

一、影響企業倫理政策的因素

（一）文化背景

　　企業倫理政策的形成過程中，由於不同企業之文化背景的差異，往往是造成企業倫理政策不同的原因。例如：有學者採行文化四構面（註6），來解釋企業倫理政策的差異，並且發現在重視個人主義的文化族群中，企業倫理政策的重點較偏重在個人道德標準之提升等議題上。而在權力距離（power distance）較小的族群中，其企業倫理政策的重點，則著重於同儕的關係、群體規範等決策情境因素的改善方面；反之，在權力距離較大的族群中，由於主管的態度對決策者的倫理決策則較有影響，故政策的重點則在於主管道德水準、決策品質的改善等層面。此外，在風險偏好的構面中，不喜歡承擔風險、不確定因素的群族，其倫理政策制定上，較傾向於依賴成文的規範（例

如：獎酬制度、倫理規範條文等），而不會依賴個人道德水準提升、情境的改善等因素，來落實企業倫理政策。換言之，在不同的文化背景下，由於各族群對於組織中的權力距離、風險、處理事情的方式等偏好都不一樣，因此，反映在其所制定的企業倫理政策上，亦有顯著的不同。同樣的，如果國家層次的文化，對於企業倫理政策的形成有所影響，則不同的社會文化，甚至於企業內部自然形成的組織文化特質，對於企業倫理政策，應該也會有一定程度的影響。不論文化差異在實質上如何影響企業倫理政策的型態，由於文化的構面眾多，不可能歸納出兩者間很明確的關係，然而，上述研究對於經營者最大的啟發，在於在制定企業倫理政策之時，考量客觀存在的文化環境（國家、社會、企業文化等），制定出與文化環境相容的倫理政策，才是倫理政策能否落實的重要關鍵。

（二）組織成熟度

每個人有不同的道德成熟度，同樣的，企業組織也各有其不同的道德成熟度，而企業道德成熟度，當然也會影響企業的倫理政策。根據企業道德成熟度的論點，隨著企業的成熟、演進，企業活動將由只以決策者的道德標準為考量依據的利己決策觀點，逐漸趨於考慮社會責任、企業倫理等方面的因素。故在企業倫理政策的制定上，隨著企業的成熟，將漸由個人道德標準主導，走向決策情境主導，甚至於樹立若干成文的規章，以規範企業的倫理行為（註7）。此一觀點意味著，隨著企業經營上的逐漸成熟，企業倫理政策亦將從「人治化」蛻變成「法治化」。事實上，此一現象不僅在企業倫理政策這一議題中才發生，企業的用人、行銷或是其他的管理制度，基本上也都是依循著此一方向在演變。在此一演變過程中，企業倫理政策的形式，也是隨著企業的成熟，而由自利走向負責。

（三）利益群體的互動

由於企業政策的制定，主要在反映社會對於企業倫理行為的期待，但社會是由很多利益衝突的群體所構成（客戶、上下游廠商、股東、員工、政府、一般的社會大眾等群體），事實上這些群體對於企業倫理行為的期望，也都因其立場而有所不同。因此，企業倫理政策的制定，基本上也是這些「利害相關群體」互動下，所產生之較為「合適」的結果。

然而，由於「利害相關群體」之間的立場不一，對於企業倫理的期望亦難有完全一致性的看法。至於企業倫理政策，又是如何在不同利益群體互動下決定，有學者提出了「主導群體」（dominant coalition）的論點（註8）。亦即儘管對於企業倫理期望的看法分歧，但這些不同立場的群體之間，或由於談判協商、或由於利益交換、或由於某一群體掌握重要資源，而形成其他群體對其依賴關係。因此，上述活動的結果將造成一個「主導群體」的產生，而此一「主導群體」有能力貫徹其主張，迫使其他群體接受其立場。因而，在「主導群體」的思維架構下，雖然有眾多的群體，對於企業倫理政策有不同的期望，但在「主導群體」的運作下，仍會以其期望作為主流的社會責任規範。

值得注意的是，上述之企業倫理期望的形成，並非是「一次完成」（one shot）的過程，從權力分配的觀點來看，由於「利害相關群體」之間具有相互依賴性，因此很難有穩定之「主導群體」的產生，群體間的權力分配過程，自然而然地影響其主導性的強弱，因此「主導群體」權力的大小，以及誰是主導群體，都時時在變化。也正因為權力分配的高度動態性，所以此一社會責任規範的內容，亦將時時因不同群體間的權力消長而變動，而企業倫理政策的內容，亦隨時因這些「利害相關群體」的互動而變化。例如：在工業化初期，政府對企業而言可以算是「主導群體」，企業責任的內容就以國家利益為

主流，近年來，隨著消費意識的覺醒，對商品的責任又成爲新的企業社會責任。而未來以社會大眾爲主流的主導群體，已經儼然在形成之中，可以預期社會責任的主流內涵，又將有新的界定。

（四）社會的需求

近年來，一般社會大眾在企業「利害相關群體」的架構中，已經形成相當主導性的地位，亦即在長短期觀點下，企業倫理政策的制定，一般社會大眾的期望都是無可忽略的觀點。然而，即使是社會大眾本身，其需求也並不一致，而會隨時間或環境而改變。至於社會大眾對於企業的期望，從較抽象的觀點來看，社會大眾對於企業的期望大致上包括了四個部分：經濟責任、法律責任、倫理責任、以及自發性責任。發展上，社會對於企業的期望，似有從經濟責任演變爲自發性責任的趨勢。至於這些抽象的責任如何落實到具體的執行，一方面是依靠企業倫理政策制定者對於責任的詮釋，另一方面，這些期望亦反映在對政府立法、社會輿論等層面上，對於企業造成另一種規範效果。

（五）經營者的道德特質

在前面所提及影響企業倫理政策的因素中，大致上可以發現，影響企業倫理政策差異的因素，主要可以歸納成大環境（社會規範、文化等）、組織的營運系統（組織成熟度以及所衍生的組織型態、溝通連繫、控制、人事制度等因素）兩大部分，但如同前面的探討，經營者道德特質對於企業倫理政策的形成，也有相當關鍵的影響。事實上，經營者特質不僅直接影響企業倫理政策的形成，更經由對大環境、組織環境的影響，間接對企業倫理政策的形成，發揮更大的影響力。

以大環境而言，大環境對於企業倫理政策的影響，基本上是建立在經營者與環境的互動關係上，由於經營者對於環境的認知不同，與

環境因素的互動方式及程度不同，因此形成其倫理決策的差異，也進一步影響其企業倫理政策。在組織環境方面，組織營運系統是員工最直接感受到的工作環境，因此也是影響企業倫理政策的重要因素，然而由於經營者在組織內所扮演的重要角色，其對於事物的偏好、支持程度、日常的言行、用人、獎懲等行事風格，基本上都會對組織營運系統形成深遠的影響。因此，可以推論，在企業倫理政策的形成中，經營者的特質應該是最有影響力的因素。

經營者的道德特質不同，透過對組織環境的塑造，所形成的企業倫理政策也會有所差異。例如：道德理想性較高的經營者，在企業倫理政策的落實上，較傾向採取教化導向的落實手段，而道德理想性較低的經營者，則傾向於制度導向之企業倫理政策。在道德一致性方面，一致性較高的經營者，偏好制度層面的建立，而一致性低的經營者，則偏好於教化手段的影響力。造成此一差異的原因，或由於道德理想性高的經營者，對於制度規範的效果仍嫌不足，因此偏愛以身教的方式，確實落實企業倫理行為，而道德一致性高的經營者，則以建立永久一致的制度為目標，故偏好制度面的建立。

二、企業倫理政策效果之探討

（一）影響企業倫理政策效果之因素

從管理的觀點來看，由於情境的複雜多變，目前在管理理論的發展上，已經揚棄了「最佳管理理論、最佳管理系統」的論點，取而代之的是權變（contingency）或配套（configuration）的觀點。亦即，在管理理論或系統的發展上，並無一定最好的管理系統，而是要看情境因素的配合，在某些情境因素下，某些系統優於其他系統，但在不同的情境下，優劣的情況則會發生變化。

在企業倫理政策的效果方面，管理理論的觀點亦頗為適用。亦即並不存在一套完美的企業倫理政策，其是否有效，乃是要看情境因素

以及其他配合條件而定。例如：在對於國內企業之人力資源管理系統與其企業倫理氣候的研究中發現（註9），不同的企業倫理政策，對於企業倫理氣候的形成，會有不同的影響效果。但是更值得注意的是，在不同的組織規模情境下，不同類型之人力資源管理制度，會與組織規模發生「配合」的情形。亦即，在組織規模不同的情境下，也必須調整人力資源管理制度的類型，才能塑造出較一致性的企業倫理氣候。

（二）企業倫理政策的有效推動

雖然實際上並無規範性的企業倫理政策，但這並不代表，在執行層次上，認真與否、不利條件的排除等因素，都不會影響企業倫理政策的執行成果。事實上，企業倫理政策在落實上若要有效，一定要有不斷強化的機制，其中三項重要原則或觀念，更必須不斷地提出來，以強化企業倫理政策的效果（註10）。

1. 首先，必須破除員工「不違法就是對的」之消極心態。由於法律是最低的道德標準，若僅以此一標準為依循，則企業倫理政策的必要性，就會發生根本上的動搖，所以公司必須隨時提醒員工，以更高的標準來面對企業營運上的問題，員工才會以認真的心態，來看待企業倫理政策。

2. 高階主管的全力支持與積極推動。包括隨時注意倫理政策的時效性，隨時賦予其新的意義，以及持續不斷的強化措施（正式的獎懲，或是口頭上的重視等）。

3. 倫理稽核制度的建立。雖然倫理氣候的塑造、員工自發的倫理行為，是制定企業倫理政策的最終目標，但是在推動上不宜太好高騖遠，開始推動時，仍然是要以控制、強制規範等方式來進行，久而久之才會形成一種無形的規範氣候。

三、企業倫理政策與經營績效

多年來，對於企業善盡社會責任（包括企業倫理政策的制定），究竟對企業經營績效的影響如何，看法上一向見仁見智。一般說來看法大致可以分成三種：一種認為盡社會責任，本質上即與企業追求經營績效的目標衝突，因此認定社會責任是一種賠錢的投資；持對立看法的學者則以為，盡社會責任所付出的成本，與企業從中獲得之企業形象、員工士氣之提升等效益相比，仍微不足道，因此該投資是值得的；而持中庸看法的人，或以為影響經營績效之因素眾多，經營績效好壞與企業是否制定企業倫理政策、盡社會責任並無直接關聯，或以為兩者之成本與效益大致相等，而使得兩者表面上無顯著關係。

對於這些問題，恐怕永遠也不會有明確的答案，主要的原因，除了什麼是經營績效不易界定外，企業是否善盡社會責任也不易衡量。不過目前的研究結果指出，如果以財務指標作為衡量經營績效的標準，則企業經營績效與社會責任付出之間呈顯著正相關，亦即善盡企業社會責任的公司，其財務指標上的表現，較未盡社會責任者（相對的）為佳。但是如果以股價或財務風險作為績效的指標，兩者之間的關聯就頗為分歧，無法推導出一致性的結論。然而，即使研究上印證，善盡社會責任與企業財務績效指標有一定程度的正向關聯，亦無法說明兩者之間的因果。亦即究竟是績效好的企業，較有餘力善盡社會責任，或真的是企業績效會因為善盡社會責任而獲得提升，兩者間的關係仍不明確。所以，對於現代企業經營者而言，其企業倫理行為的動機，出於善意與自願，可能較出於自利者更有合法性，也更心安理得。

註1：整合自Adam, R. (1991), Laws for the Lawless: Ethics in Science, Journal of Information Science Principles & Practice, 17, 6, pp.357-372.; Werner, S.B. (1992), The Movement for Reforming American Business Ethics: A Twenty-Year Perspective, Journal of Business Ethics, V.11, No.1, pp. 61-70.; Pinchot, G. & Pinchot, E. (1992), Can We Afford ethics? Executive Excellence, V.9, No.3, pp.3-4.; Navran, F.J. (1992), Develop an ethics Policy Now, Transportation & Distribution, V.33, No.2, pp.27-30等學者的觀點。

註2：翁望回（民76），企業正當性之實證研究──社會責任的觀點，國立政治大學企業管理研究所博士論文。

註3：Carroll, A.B. (1978), Linking business Ethics to Behavior in Organizations, S.A.M. Advanced Management Journal, Summer, pp.4-11.

註4：引自 Weller, S.(1988), The Effectiveness of Corporate Codes of Ethics, Journal of Business Ethics, 7, pp.389-395.

註5：Bird, F.B. & Waters, J.A. (1989), The Moral Muteness of Managers, California Management Review, 31, 1, Fall, pp.73-88.

註6：指由Hofsted所提出的文化四構面，包括：個人主義或群體協商、陰性或陽性文化、權力距離的大小、及不確定性之偏好等四個構面。相關的研究發現乃引自Vitell, S.J., Nwachukwu, S. L. & Barnes, J. H. (1993), The Effects of Culture on Ethical Decision-Making: An Aplication of Hofstede綴 Typology, Journal of Business Ethic, 12, pp.753-760.

註7：Jayaraman, L. L. & Min, B. K. (1993), Business Ethics-A Developmental Perspective: The Evolution of the Free and Mature Corporation, Journal of Business Ethics, 12, pp.665-675.

註8：「主導群體」的觀點，引自Connolly, T., Conlon, E. J. & Deutsch,

S. J. (1988), Organiizational Effectiveness: A Multiple-Constituency Approach, Academy of Management Review, 5, 2, pp.211-217.

註9：引自余坤東（民84），企業倫理之研究，臺大商學研究所未出版之博士論文。

註10：Bowie, N. E. (1990), Business Code of Ethics: Window Dressing or Legitimate Alternative to Government Regulation? In Hoffman, W. M. & Moore, J. M. (Eds.), Business Ethics, Reading and Cases in Corporate Morality, 2nd Ed., NY: McGraw Hill.

關鍵詞彙

企業倫理政策　企業倫理風格　倫理規約　舉發制度
道德促進委員會　倫理倡導者　文化四構面　組織道德成熟度
利害相關群體　企業倫理氣候　倫理願景

自我評量題目

一、企業倫理政策與企業倫理風格有何異同？

二、企業倫理政策的主要目的與功能為何？

三、企業倫理政策可以經由哪些手段來落實？

四、企業的人力資源管理活動如何協助落實其倫理政策？

五、文化背景的差異，會對企業倫理政策形成何種影響？

六、社會中不同利益群體如何影響企業倫理政策的形成？

七、一般說來，一個有用的倫理願景，應該具有哪些功能或特色？

八、為什麼人事管理制度有助於組織中企業倫理的落實？

Chapter 12

外部監督與企業倫理

學習目標

——研讀本章內容之後，學習者應能達成下列目標：

1. 了解國際規範的形成、運作以及對企業的影響。
2. 了解政府管制對於企業的衝擊及其必要性。
3. 了解產業規約對於落實企業倫理的助益。
4. 了解如何強化產業規約對企業的約束力。

摘　要

在第十一章所提出的整體企業倫理架構中，企業倫理的落實，不單是企業、社會、或是個別員工的責任，而是大家共同的責任。因此，架構中企業倫理行為的規範，由內而外可分成五個層次：個人層次、組織層次、公會或協會層次、社會層次及國際層次，從這一架構出發，在架構的每一個層次中，可以分別發展出最有效的防制措施，而形成完善的企業倫理體系。例如：在國際層次上，可以制定國際公約，並且結合經貿手段，以強力的貿易制裁措施來規範不道德的活動；社會層次可以建立倫理促進及規範單位，以監督不道德行為；公會層次包括產業（職業）倫理規約的制定、自發性監督單位的設立、常設性的仲裁懲處機構等；組織層次則可以落實在企業倫理政策的制定，以及相關的倫理推動活動方面；個人層次則是以個人道德水準的提升，以及倫理決策品質的改善為重點。經由這些環環相扣的規範體系，企業不道德行為的規範，或是倫理行為的促進，應該會有一定程度的改進。

在此一倫理體系架構中，個人層次以及組織層次之倫理體系，已經分別在倫理決策（第十章）以及企業倫理政策（第十一章）兩章中作過說明。其餘公會或協會層次、社會層次及國際層次之倫理體系，基本上都是屬於企業外部的倫理促進（規範）體系，由於在倫理體系中，主要是以「自發性之規範體系」為倫理架構的核心，因此並未包括屬於強迫管制性質的國家或政府的法令體系。然而，在實際的運作中，不論是自發性的規範或是強制性的管制，對於企業倫理行為都有一定程度的影響。因此，在本章中，即針對屬於企業外部各種不同性質的倫理體系作一說明，其中，由外而內分別為：國際規範、國家管制，以及社會規範三大部分。由於社會層次與公會層次的倫理規範體系在本質上不易完全區分，故併入同一節討論。

01 國際規範

　　近年來透過國際規範或國際組織之間合作的方式來防範不道德行為的發生，似有愈來愈普遍的趨勢。各種不同的企業倫理議題，也紛紛在不同的國際組織中，被制定或提出討論。可以預期，在未來的企業經營環境中，國際層級的倫理規範體系，將會成為一個舉足輕重的影響力來源，企業運作時，也將會受到愈來愈多國際性規約直接或間接的影響。

一、基本理念

　　基本上，國際層級之倫理規範體系在整個倫理架構下，之所以能扮演愈來愈重要的角色，最根本的原因就在於，它較其他層次的倫理體系（尤其是社會倫理體系），更能有效規範企業的不道德行為。由於在全球化的今天，企業或國家走向國際化已經是一個明顯的潮流，任何國家都無法孤立於國際政經體系下，而單獨運作。所以以不道德行為的規範為目的，結合經貿措施為手段的國際規約，在外交、經濟貿易與政治三管齊下的交互作用下，往往所向披靡，成為最有效的規範工具。然而，有效固然是國際規約盛行的原因之一，大環境以及不道德行為的特質，也都是助長此一趨勢形成的重要原因，說明如下。

（一）全球化的政經趨勢

　　由於全球化是21世紀的重要趨勢，不論是在政治或經貿議題上，

全球各國的互動都將普遍增加，而互動增加，就使得國與國之間差異化的問題更為凸顯。就如同國家必須建立法律，來統一其國內各群體與個人，不同的道德規範標準一樣，就全球化的眼光來看，全世界在道德議題上，也有建立共同依循標準的必要，如此才能解決各國之倫理差異現象所造成的問題。不僅在倫理議題上如此，其他經貿的議題上，在全球化的潮流下，統合也都成為必然的發展趨勢。較明顯的事例包括：各地區經貿體系的形成（局部性的統合）、歐元的統合、全球關稅貿易自由化等，這些都是因應全球化趨勢下，源自於各國異中求同之需要的回應。在倫理議題上，此一需求亦同樣存在，各種國際規約的制定也是回應這些需求的必然趨勢。

（二）地球村的觀念形成

除了在行動上，消除各國間的差異有助於國際化的推動外。在倫理議題中，許多問題所造成的危害，往往都是跨國性、甚至於全球性的，因而這些問題的解決，往往也不是單一國家或區域的能力所及，而必須全球各國通力合作，才能夠將問題解決。以環境保護議題為例，臭氧層的破壞、二氧化碳排放所造成的溫室效應、酸雨等，這些問題的形成及其後果，已經不是像濫墾、噪音等傳統環保問題，屬於「自作自受」型的議題，而須由全球共同來承擔。在此一地球村的觀念下，國際規約的形成，是防制「個別不道德行為卻要全體共同承擔」現象的自然發展趨勢。

（三）倫理議題的本質

形成國際規約普遍化的另一個原因，亦在於企業倫理的問題本質。由於倫理道德是規範性的，亦無相對的罰則作為強化的基礎，因此倫理道德的規範效力，取決於兩個因素，一為不道德行為被舉發的可能性，另一則是不道德行為被舉發後，能否逃避社會譴責壓力（註1）。從這兩個因素來看，古代倫理道德規範之所以較現代有效，主要

的原因在於當時社會封閉，不道德行為者不易逃避社會的道德譴責。而現代則是在高度工業化、都市化之下，人際間的關係陌生，不道德行為發生後，可以很容易逃避社會上的道德譴責。

若由此一發展趨勢來看，國際化後企業或個人的流動範圍更廣，其不道德行為後，逃避相關制裁的可行性更高，相對的，即會降低一般倫理道德規範的效果。但是，若經由國際公約的締造，全球各國以相同的道德標準來規範不道德行為，則將使不道德企業逃避社會譴責的機會大為降低。以類似的道德議題來看，不論動機為何，劫機行為本身的不道德本質，已經逐漸在全球社會中形成共識，在此一共識下，劫機行為者就很難逃避應有的譴責（包括法律上的制裁），如此「劫機行為是不對的」之道德規範，也就可以有效的發揮其約束力。由於倫理議題具有此一性質，所以在相關的倫理議題上，經由國際公約的締造，來強化倫理道德規範的效力，就成為國際公約的目的之一。

二、發展趨勢

九〇年代初期，前蘇聯陣營解體以及東西方冷戰結束，全球國際化腳步加快，無形中也促成了以全球合作的方式，來解決重要議題的共識，而國際公約的締定，不但成為重要的解決方案，各國對於國際公約的參與亦轉趨積極。以1992年在巴西里約熱內盧所舉行的聯合國地球高峰會議為例，共計有104個國家參與，創下了聯合國成立以來，與會國家領袖最多的一次盛會。就國際公約的數量上來說，單就環保議題而言，目前世界上已經有超過180個國際環保協定，從這一數字，亦顯示出各國對於國際公約的期望與興趣。

在國際公約的推動機構方面，目前國際公約的推動，主要仍是由國際政治或經濟組織來主導，以最熱門的環保議題為例，目前推動上較有影響力的環保公約，除了聯合國所主導的《環境保護條約協定》

之外，世界貿易組織（WTO）亦成立了「貿易與環境委員會」，主要在於討論與解決環境保護措施及全球貿易衝突的問題。其他機機構諸如國際標準組織（ISO）所制定的ISO 14000標準、經濟合作發展組織（OECD）、亞太經合會（APEC）等區域性組織，對於國際公約的推動與締定，也都有一定程度的貢獻。這些公約締約的方式，多半是由國際組織的成員國以自由參加的方式，加入各種公約成為締約國，成為締約國之後，考量每個國家的差異，本著「有共同之義務，但有不同之責任」的原則，每個國家有其應該遵守的規範與義務，而對不願意加入的國家，則予以貿易上或是會員權利行使上的限制，以迫使其加入該公約成為締約國。

根據上述之國際公約的運作機制，國際公約的約束力，主要來自於幾個部分。首先，對於加入國際公約的締約國，就必須嚴格遵守締約國的義務，這些義務的範圍很廣，但往往會要求締約國制定相關的法令、規範或標準，以確實管制締約國內之企業，使其不會違反該國際公約的宗旨。因此，國際公約約束力的大小，最重要的決定因素，就在於締約國的多寡，而其約束力的來源，則是建立在締約國自行立法或設定管制標準上，因此，國際公約對於個別企業的規範，可以說是一種間接的約束力。當然，國際公約為了強化其約束力，所以原則上希望參與的國家愈多愈好，為了達到此一目的，於是部分國際公約乃結合了貿易手段，對於非締約國在貿易上加以限制，以迫使其及早加入該國際公約。例如：目前180多個國際環保協定中，其中有18個協定內涵貿易條款，係為達到環保之目的，例如：《華盛頓公約》、《蒙特婁議定書》、《巴爾賽公約》、《氣候變化綱要公約》、《生物多樣化公約》等，都是相當具有約束力的國際公約，而這也是國際公約第二重影響力的來源。最後，有些國際公約獲得政治或經濟大國的支持，而把是否加入公約，或是否違反公約規範，作為該國貿易制裁的考量條件之一，這也無形中強化了該國際公約的影響力。最著名

的例子，即為美國的《培利修正案》，該修正案與《華盛頓公約》相互呼應，主要目的即在於制裁違反《華盛頓公約》的國家，對於違反該公約的國家，美國政府可以限制該國相關產品的輸入。

　　雖然企業倫理的議題層面很廣，但是就目前國際公約發展的情況來看，多數與企業倫理相關的國際公約，仍都是以環保議題為重點。此一現象除了顯示出環保議題的急迫性之外，相對於其他企業倫理問題，由於環境汙染最容易造成全球性的傷害，所以也較受到各國的重視與支持，相關協定的締約，亦較其他議題來得順利。在其他倫理議題上，由於各國的差異仍大，此一共識仍在形成當中。當然，如果環保倫理的問題可以經由國際倫理體系的規範架構獲得解決，相信在其他倫理議題上（如全球性國際企業倫理的制定、勞資關係、行銷或財務等功能性的倫理議題），也可以依循相同的模式來解決。

三、國際公約的檢討

（一）國際公約的貢獻

　　國際公約以經貿制裁為手段的推動方式，在不道德行為的規範上，確實發揮了相當大的影響力。除了其可觀的成效外，國際公約所造就之最重要的成就，也在於以全球企業為規範對象，在全球相同的規範標準下（註2），各國企業的競爭力，將不會因各國倫理議題規範標準的不同而受到影響，乃至於形成不公平競爭現象。事實上，不少國家對於倫理議題的規範早已形成共識，但是因為擔心單一國家貿然實施，若其他國家不跟進，則會降低本國企業的競爭力。而國際公約的運作，恰為這些國家掃除了該項疑慮，這也是國家管制或社會規範較無法達到的。

（二）問題檢討

1. 國際公約未考慮各國差異問題

國際公約固然有其明顯的成效，但是在執行上，也並非全無可議之處。其中，國際公約之所以有其規範效果，與其結合經貿制裁為落實手段，有著極大的關係。但另一方面，這也是國際公約最引發爭議之處。由於全球各國的經營環境並不相同，對於各項倫理議題之規範、立法及管制，在能力上也有所差別，如果未能完全考慮到這些差異，而貿然以貿易制裁為手段，往往會對經濟落後國家造成相當大的衝擊。

2. 以經貿為制裁手段的適當性

前面所提，國際公約未能完全考慮各國的差異問題，基本上若我們同意，全球應該有一個較為一致的倫理規範，則此一差異問題，就不應視為國際規約的缺點，而對於執行上的困難，就要給予更多的寬容與鼓勵。但是除了未考慮各國的差異問題之外，以經貿制裁作為落實手段，在本質上卻是可議的。由於自由貿易本身也是21世紀重要的道德價值之一，如果為了某些企業倫理議題的落實，卻是以另一種道德價值為代價，則此一手段就會有其爭議。當然，就實用主義者而言，如果犧牲的代價低於其所得的話，此一行為仍是合乎道德的，但是若從權利主義或公平原則的觀點，這一作法在道德上則是無法接受的。另一方面，即使國際公約真要以經貿為手段，來強化其約束力，在執行上就更要考慮到程序公平問題，畢竟在21世紀的價值觀裡，每個國家都有自由貿易的權利，其他國家亦有尊重此一自由貿易權的道德責任，因此，不可任意以倫理議題為藉口，將國際公約作為非關稅貿易的障礙，更不可以任意以非倫理議題的原因（如政治原因，臺灣即是最好的例子），剝奪其他國家自由貿易的權利。總而言之，國際公約之貿易制裁權的使用，不僅應該相當謹慎小心，而且須注意到程

序公平原則，才能避免其他道德上的指責。

　　在倫理體系架構中，企業倫理問題的解決，有賴於五個不同層次且環環相扣的倫理系統，相互配合、互為表裡，才能發揮其綜效。由於企業問題的本質不同，差異或分歧的程度也不一樣，或許在環保議題上，國際層次的規範體系較能發揮功效，但是在其他議題上，從社會層次甚至於組織或個人層次，更會有良好的效果，因此在企業倫理推動上，不論是從企業或國家的觀點，都不可只期望外在國際規範的建立，而忽略了企業倫理的落實，其責任仍在於最基礎的個人、組織，乃至於社會層次上。

Chapter 12
外部監督與企業倫理

02 國家政府的管制

　　就如同從農業社會進入工業社會之後，改變了人與人之間的關係型態與倫理規範一樣，工業化的結果，也帶來了企業與政府間關係的調整與改變。從早期英國殖民政府，企業利益即政府的利益，到工業化初期的自由放任主義，再到今天政府對企業的管制，都可以看出企業與政府間互動關係的微妙。然而，處於多元化社會的今天，企業只是政府施政的對象之一，在各種不同利益衝突及協調下，政府對於企業的管制活動，似有數量愈來愈多、範圍也愈來愈廣的趨勢，此一現象同時也引發了企業的疑慮，究竟管制在政府與企業關係中，應該扮演何種角色，以及取得哪一個平衡點？

　　再從企業倫理的觀點來看，倫理議題是道德層次的問題，而政府法令管制則是法律層面的問題，就「法律是最低的道德規範」來看，政府管制在企業倫理議題中，顯然不應該是落實企業倫理的主要手段。在一般性的倫理體系架構中，就偏重於自發性倫理規範的建立，而不將政府管制措施納入其倫理體系內，這也反映出倫理學者對於企業的期許，以及對政府管制的評價。就理想的情況而言，企業如果可以自律其行為，政府管制當然可以避免，但是在追求利潤的本質下，理想的狀況並未發生，反而社會大眾對於政府管制企業不道德行為的呼聲卻日益高漲。究竟政府管制在企業倫理推動體系中，應該扮演何種角色，政府該不該管？管制對於企業乃至於社會大眾帶來何種衝擊？政府管制措施在實行上是否有值得檢討之處？則是本節所要討論

的議題。

一、政府管制對企業的衝擊

　　就企業的立場而言，對於政府管制措施的態度是十分矛盾的。一方面企業都很清楚，一個符合最低道德標準的法治環境（包括：法律體系的訂定、執行與維持），是企業生存的根本條件，在無政府狀態下，或是政府效能不佳的情形下，企業的運作機制將大受限制，因此，過去政府對於反托拉斯、獨占，以及稀有資源使用管制等議題上，都能獲得企業的支持。

　　然而，隨著其他議題的考量（環保、消費者、安全、福利等），使得政府管制的範圍擴大，不僅各種管制法案呈幾何級數快速增加，執行公權力的政府部門、公務員、行政作業等，也因實際上的需要，而倍數成長。當政府對現代企業的影響力愈來愈大時，其所造成的正負面衝擊，也就更為明顯。一般說來，對於政府管制的負面觀點，可以歸納為以下幾點：

（一）破壞了自由經濟的市場機能

　　傳統的觀念裡，政府管制措施的主要目的，在於維護自由市場的運作機制，化解企業之間的不公平競爭。雖然此一目標仍然存在，但是許多政府的管制措施，無意間卻也干擾了自由經濟的市場機能。在自由經濟體系下，市場運作乃是由供需雙方決定，而廠商根據供需，決定其產出以及進入或退出市場，理想中在進入與退出之際，是沒有人為障礙的。但隨著政府管制法規的增加，在勞力供需市場上，為了保護勞工的利益；在產品市場上，為了保護消費者的利益；在進入或退出市場的決策裡，為了環境保護或其他原因，都使得自由市場中的供需法則無法正常運作，削弱了自由經濟的功能。

（二）限制了企業的創意與自由

由於在各方面的限制增加，使得企業的活動力也大受影響。政府在各種企業功能上的限制（如行銷、人力資源、財務、生產、研發等），主要目的在於保護社會大眾的利益，但是當一個企業多數功能都受限制而無法發揮時，企業之創意所能創造的超額利潤，亦可能因各種限制而消失，久而久之，將使自由經濟體系中所注重的資本家精神，也消失無蹤。另一方面，政府積極介入企業運作的管制，將使得企業經理人除了股東以外，還須對政府負責，形成了政府有權無責的情況，對於企業而言並不十分公平。

（三）政府管制往往增加企業的成本

管制必然造成企業營運成本的增加，而隨著管制越來越嚴格，企業為了達到政府管制標準，所付出的代價也愈來愈可觀。由於企業本質上仍為一經濟導向的組織，若在其營運成本中對於社會責任的支付，因為政府的介入，而與經濟利益的追求之間喪失了應有的平衡，則企業即失去其存在的價值。而管制的增加，即有可能造成此一平衡點的破壞，較明顯的衝擊，則會表現在社會中的模範生企業，由於遵守政府法令，其獲利逐漸衰退乃至凋零。

（四）對於股東財產權的侵犯

在環保倫理一章中曾經探討到，政府管制對於私有財產的侵犯問題。先不論管制的目的與本質，對於企業經營者及股東而言，管制措施的增加，同樣也意味著其對於財產使用權的限制，這也是管制對企業所帶來的衝擊之一。

二、政府管制對社會大眾的衝擊

觀念上，政府的法令只要是其程序合法，應該都是基於保護社會

大眾利益的立場所訂定的。在眾多的法律規範下，社會大眾的利益確實較以往被尊重與保障，但是，社會是一個多元化群體相互運作的體系，當企業經營者抱怨政府管制太多時，這種以管制企業而保障的大眾利益，同樣也會受到一些副作用的衝擊，說明如下：

（一）過度管制造成產業外移或關廠，將改變產業及就業結構

在開發中國家，政府基於經濟上的目的，對於企業的管制往往較少，但是在已開發國家，經濟目的之追求逐漸被生活品質的改善所取代，管制措施亦相對增加。如同前面的分析，由於管制對於企業的自尊、財產權、自主性，乃至於成本都造成一定程度的衝擊，當管制措施增加，企業的衝擊加大，所以可能會造成不適應的企業關廠或外移。不論是關廠或外移，都將對社會造成一定程度的影響，當然影響的程度要看社會及產業結構的調適情形而定，但不論如何，在轉型過程中，失業、勞力市場供需不均衡等問題，都會對社會造成衝擊。

（二）過度管制將會改造社會價值體系

政府的管制措施，一定程度上對於自由經濟體系造成衝擊，而自由經濟體系下的公平、效率、自由競爭等價值觀，也會受到程度上的改變。長久下來，當社會中個人的努力、創新無法獲得適當的回饋時，將使個人努力的誘因降低，而凡事靠政府的心態，也會使社會的活力衰退。另一方面，就倫理層面來看，政府管制原則上只是倫理道德的最低規範，若政府介入太深，容易使人以政府法規為倫理道德標準，而喪失自我提升、求上進的原動力。

（三）過度管制造成官僚體系龐大及效率問題

當政府管制措施因應社會大眾的需求而產生時，為了支應各種管制活動的落實，政府部門在組織上、在人力上，都必須進一步擴編。因此，隨著管制措施的不斷增加，整個官僚體系也將隨之膨脹。可能

帶來的衝擊，一方面是隨著官僚體系的膨脹，亦將造成各種管制成本的成長，這也將加重政府財政或民眾稅賦的負擔。另一方面，政府部門過於龐大，不僅有擴權的疑慮，在政府組織運作效率上，也會有規模不經濟現象的發生。

（四）對成本及價格的影響

管制措施會增加企業的成本負擔，此一負擔將部分轉嫁到消費者採購的產品上，因此，極有可能因為政府的過度管制，造成物價上漲的問題。另一方面，管制的結果也將使市場、商品多元化的現象發生變化，而減少了消費上選擇的彈性。

（五）管制措施的公平性問題

政府管制措施在落實上最大的問題之一，就在於公平問題。例如：在反對政府管制的陣營中，有些學者認為政府管制造成了小企業的進入障礙，等於是變相的保護富者，形成富者愈富、貧者愈貧的現象；另一方面，卻也有學者指出，政府管制是一種反商的行為，只顧及一般小老百姓，但卻未照顧企業家的利益（註3）。不論這兩種論點誰是誰非，政府管制措施的落實，似乎已經成為「零和」遊戲，一方的利得就是另一方的損失。只是對於同樣的管制措施，不同的人卻有不同的觀點，這也反映出政府管制議題的複雜性。

三、政府管制的檢討改進

（一）政府管制的正當性

政府的管制措施，確實對企業及社會都帶來某些衝擊，也因此招致若干企業及學者的批評。然而，就如同我們以道德議題批評國際公約一樣，雖然國際公約的產生對整個地球村也有其衝擊，但我們不會因為這些問題，就否定其存在的價值與合法性。同樣的，對於政府管

制議題亦然。

　　一般說來，不論企業或是社會大眾，對於政府管制雖有所批評，但大致上仍都抱持肯定的態度。而事實上政府的管制措施，確實也帶來一些正面的效益，而足以支持其正當性。

1. 政府管制措施，乃是源自於社會大眾的需求

　　政府管制在數量上或範圍上都較過去為廣，某種程度上，也反映出社會對於管制的需要。若把政府、企業、社會大眾視為一種三角關係，則管制措施對於三角關係的形成與維持，都有其必要性。就政府與企業的關係而言，一個有效能的政府最基本的功能，就在於維持一個起碼的道德標準環境，使企業可以在此一環境下運作，此一需求本身就必須經由政府法令管制來達成。對於社會大眾與企業而言，企業使用了社會眾多有形、無形的資源，為了回饋社會的支持，企業對社會有一定的責任，企業營運決策與行為，似乎不應將社會的利益排除，這一關係除了反映在企業的社會責任外，一般大眾認為政府應該對企業採取一些措施，以維持企業與社會的關係。在政府與社會大眾的關係方面，眾人認為政府應該保護大眾，使其免於企業不當行為的傷害，而這也要經由管制措施來落實。所以，就此三角關係的觀點而言，管制措施的存在，是有其價值與必要的。

2. 政府管制帶來某些無形的效益

　　從成本效益分析的觀點，政府管制措施不僅增加了企業運作的成本，也使得政府部門的支出大為膨脹，與所獲得的效益似不符合。但若從另一個角度來思考，政府管制所達成的效益，很多是無法量化的，例如：生活品質的提高、更清潔的空氣等，若將這些無形的效益列入考慮，政府管制並非全然弊多於利。

3. 政府管制對企業權利的限制，是為了防止其傷害別人

　　政府管制措施對於企業財產權、經營權的行使，一定會有程度上的限制，但當企業權利的行使，損及他人的權利，而企業自己又無法

自律時，外力管制的介入，就有其正當性。惟要考量的是，在執行技術層面是否有太寬或太嚴的問題，而非有無必要的問題。

4. 政府管制有經濟以外的考量因素

由於政府管制措施是出於多元化利益的評量，所以若僅從經濟利益的角度，可能並不符合企業的期望，但是若考慮到其他社會、環境等不同的因素，其正當性仍是值得肯定的。相反的，企業完全以經濟人的邏輯來運作，其亦假設社會中每個人也是理性的經濟人，但事實上，社會體系中存在著弱勢群體，這些人若在理性經濟人的邏輯下，並不能生存，故從企業與社會良性互動的觀點，企業之經濟人的邏輯，有修改的必要。

（二）政府管制的改進

從以上的探討中，可以得到一個很明確的結論，即政府管制所面臨或必須解決的問題，不是應不應該有管制，而是如何做好管制，以使其效果最大、副作用最小。了解了問題的本質後，可以進一步探討問題的解決，基本上應符合兩個原則。

1. 系統性的思考

在前面的衝擊分析中，政府管制措施部分源自於社會大眾之需要，但落實上卻反而對社會造成衝擊，最大的原因即在於其「頭痛醫頭、腳痛醫腳」的處理方式。由於並未對問題作系統性、全盤性的分析，以至於某一問題的解決對策，可能又是另一個新問題發生的原因。例如：以能源的開發為例，目前政府管制措施的重點大都置於供給層面上，然而就此一問題而言，供給面的管制在目前並無法完全解決問題，甚至於還可能製造新問題。政府若因為考量核能發電的安全、核廢料的處理，而管制核能發電廠的興建或擴充，則必然造成替代性之火力電廠的興建，但火力電廠的二氧化碳排放，同樣造成另一種問題。系統性的思考，即強調不能只就單一問題的表面提出對策，

而必須就所有相關部分的因果關聯納入考慮，才能提出較周延的對策。以上述問題為例，解決之道應該將供給面（不同的發電方式）及需求面（不同的用電需求）之間的因果關聯釐清後，才能提出一個完整的配套政策（例如：除了供給面的管制外，需求面也要規範企業採行更節省能源的設備），而非單一的管制措施。

2. 多元化利益群體的平衡

政府的管制措施是透過立法程序來建立，這更加造成管制問題的複雜性。由於立法的目的在於保障大眾的利益，但是大眾利益本質上就是相當模糊而無法界定，除了大眾利益中另有各種不同的「分眾」外，大眾利益與企業利益的衝突，都是管制立法上的問題。而在一般民主國家的立法程序中，在不同勢力的運作下，立法結果往往必須有所妥協，所以如何在不同利益群體間取得一個平衡點，也是改進政府管制的重要手段。

03 社會及產業的規範

　　社會或產業的規範，就某種程度上來說，可以算是企業自發性的自律活動，與企業倫理政策最大的差異在於，企業倫理政策的自律是以公司內部的法規、制度、群際互動為重點，而社會或產業規範，本質上雖然也是企業自發的自律活動，其落實則是要依靠企業外部的產業規約、企業倫理公約等類似的條文，作為規範的基礎，所以在手段的本質上，其與企業倫理政策是有所區分的。事實上，除了落實手段有所差異外，作者認為社會及產業的規範在動機上，也與企業倫理政策有很大的不同。對個別企業而言，社會及產業的規範是屬於外來的壓力，在此一壓力下，使得企業必須遵守相關的產業規範，所以就產業整體而言，產業規範可能是一項產業自律行動，但是就個別企業而言，社會及產業規範性質上，與國家管制、國際公約等規範的性質更為接近，都是一種外來的壓力，其目的都在規範企業的不道德行為。

　　本節一開頭之所以要釐清社會及產業規範，是為「自律」或「他律」，最主要的目的，就在於兩者在落實成效上有很大的差異。若將社會及產業規範視為企業的自律行為，從很多的事例中都顯示，僅僅制定產業規約或企業公約等條文，往往只是一種窗飾，對於真正不道德行為的規範效果不大，但是若將社會及產業規範界定為「他律」，則探討的重點將轉移到如何使這些規範真正發揮其效力，這對企業倫理行為的提倡，將會有較大的助益。

一、社會或產業規範的存在價值

不論是從自律或他律的觀點來看待社會或產業規範，基本上此一規範之所以存在，確實有其必要性與重要性。

（一）降低交易成本

產業規範之所以存在，主要的理由之一，即在消除交易過程中所發生的不必要成本。由於在頗多產業中，生產者（或提供者）與消費者對於所交易之商品或勞務的資訊，並不完全相同，往往生產或銷售的廠商，對於產品的資訊較消費者了解（此一現象即為資訊不對稱現象），在此一情況下，廠商就可以利用資訊不對稱現象，在交易中欺瞞消費者而謀取不當利益。若此一狀況很普遍，則消費者在交易過程中就必須採取自保活動（包括：蒐集更多的資訊、稽核廠商的信用等等），無形中將增加交易雙方的不便與負擔。因此，如果能從產業規範方面著手，將利用資訊不對稱來牟利的行為加以規範，就可以提高消費者的信心，消除交易過程中不必要的交易成本，其結果對買賣雙方都有好處。較典型的例子，可以從醫生與病人的交易來看，若醫生不自律，利用病人醫學知識的不足而不當牟利，則將造成病人對於醫生的不信任，他可能尋求其他管道多方驗證醫生的行為，不與醫生合作，進而造成醫病關係的緊張。但是若醫生有一定的職業規範，病人知道醫生不會有不誠信行為，上述信任的問題就可以順利化解。

（二）表達善意贏得正當性

除了降低交易成本的目的外，特定產業在社會大眾心目中，亦有一定的地位與形象，當某個產業常有不道德行為發生時，其在社會的合法性或形象亦會被質疑。因此，不論形式上或實質上，產業規範的產生，對於該產業合法性的取得，以及產業形象的提升，都有正面的貢獻。例如：臺灣的計程車業在過去幾年一連串計程車司機犯罪的陰

影下，使得民眾對於計程車的形象有一定程度的疑慮，但隨著計程車司機工會對於社會公益的參與，少部分車行自己訂定規約等，對於計程車業的形象提升不少。

（三）產業競爭手段

產業規範的建立，從策略的觀點而言，也是一種競爭的手段。當一個新興的產業在新技術（或新產品）還未被社會熟知時，一般消費大眾可能因對該產業不了解，而與其保持一定的距離，產業規範的建立，就有助於一般民眾對於該產業的了解與信任，無形中可以增加產業的競爭力。例如：過去十多年來，房屋仲介業對臺灣的民眾仍是屬於較新興的行業，由於民眾對於該產業不了解，往往不願意將房屋委託由仲介業者處理，但隨著仲介業者的推廣，以及產業公約的訂定，對於該項新觀念的擴散就有一定程度的幫助，無形中也就增加了仲介業對房屋掮客的競爭力。

基於以上的動機，社會或產業規範雖然在某些活動上限制了個別企業的行為，但不論就產業經濟效率或競爭力的觀點來看，一套良好社會或產業規範的存在，都有其正面的貢獻。然而，在大家高度期望下，產業或社會規範能否如預期，發揮其應有的效果，就目前實行的情況來看，則是頗有疑問的。因此，在企業的觀點，產業或社會規範與國家管制兩者所存在的問題，本質上稍有不同，國家管制所面對最大的質疑，在於其該不該存在，而非有沒有效果，而產業或社會規範所面對最大的質疑，則在於其有沒有效果，卻不在其該不該存在。因此，以下即就產業或社會規範的效力問題，以及其在落實上如何強化的問題，作進一步說明。

二、自律性產業規範效力之檢討

在企業倫理議題中，對於產業或社會規範的必要性，並無太多的

爭議，而目前產業規範最常見的落實手段，則是產業規約（或公約）條文的制定。然而，在眾多的產業規約當中，真正能夠發揮不道德行為規範效果，或是促進企業倫理行為者，仍然是少之又少。產業規約無法發揮其應有的效果，檢討原因，有以下幾點：

（一）規約條文過於抽象

由於產業規約乃是屬於道德落實層次的議題，其主要目的不在於解釋或釐清抽象的道德觀念，而在於提供一套具體可依循的法則。因此，產業規約中，不應該是抽象道德觀念的陳述（如公平、誠意等），而是具體條文的研議。太過抽象化的產業公約，固然有助於道德目標的釐清，但在執行層次上，往往造成解釋上的爭議，而使得該產業公約「怎麼解釋都對」，如此，就使其在執行層面上的效果大打折扣。如果產業規約無法擺脫抽象的道德陳述，較為可行的作法則是除了產業規約之外，應該要有更詳細的實行條文以作為補充。另一方面，亦可以經由解釋、修改條文之機制的制定，使得產業規約條文與現實情境有更緊密的連接。但是這些在目前多數的產業規約中仍都未具備。

（二）企業遵守的誠意不足

對於多數自律性的倫理規約而言，其規範的效力，主要取決於企業遵守的誠意，若多數企業都能遵守，就能發揮其影響力。但從一些學者的觀點，企業不願意遵守倫理規約，是經濟活動下理性的反應（註4）。企業不願意遵守產業倫理規約，最主要的原因，不在於其不願意遵守，而是基於「自我防衛」的考量，使其即使願意亦無法遵守。整體而言，雖然產業倫理規約有其必要性，對於產業運作的經濟效率亦有助益，但是就個別企業的立場，除非能確知產業內的同業都能遵守此一規約，否則若只有少數企業遵守，就會造成遵守的企業競爭力削弱，偷跑者反而獲利的情形。若再以一些基本的決策工具來分

析，在我方及對方都有遵守或不遵守兩種選擇的情況下，理性決策的平衡點是，不遵守規約對自己的損害最小。如果每一家企業都依循相同的推論邏輯，則可以預見，無強制約束力之企業倫理規約的效果是十分值得懷疑的。

三、產業規範約束力的強化

從前述的觀點，自律性的產業規約，在落實上有其不易之處，而要克服此一問題，就必須強化倫理規約，強化的作法之一，則是將倫理規約的本質由「自律」轉化為「他律」。由於企業身處於產業的大環境中，在許多議題上，產業環境都會對企業的運作造成影響，所以「他律」現象原本就存在產業環境中。以近來管理上的一些流行觀念為例，不論是組織扁平化、全面品管制度、ISO 9000（甚至於ISO 14000）認證的推動，在在都在產業中形成一股風潮，其所向披靡地對個別企業造成極大的影響，而此一股影響力就是「他律」的來源。既然在ISO 9000認證的推動上，個別企業都會受到影響，行動一致地去推動ISO 9000認證，則與企業倫理有關的倫理規約，是否也可能在產業內形成一股風潮，使每一家企業都樂意去接受及推動？此一股影響力又是來自於何處？則是解決倫理規約強化問題，必須先探討的。

（一）機構化（institutionalization）的觀點

關於企業推動ISO認證的風潮，或其他管理活動一窩蜂的現象，可以從機構化的觀點來解釋。所謂機構化在組織理論中有許多不同的意涵，其中的一個觀點認為，由於企業所處的環境中，存在著強制（coercive）、規範（normative）、模仿（mimetic）等三種機構化力量，所以會形成一股影響力，而使得企業的行為或型態趨於一致（註5）。在此一機構化的過程中，環境對於個體之影響力的大小，就取決於環境中強制、規範、模仿三種力量的大小。所謂強制機制，主要

是指一些來自外部環境的影響機制，這些強制機制本質上差異頗大，有正式的機制（法律、政府、組織結構、經濟上的利益、依存關係等），亦有非正式的機制（信仰、正當性），有些機制明確，亦有些機制籠統。相對於強制機制，模仿機制是屬於發自企業內部的一種機制，此一機制一則源自於企業本身見賢思齊的心態，希望自己亦能有像其他企業一般的企圖心；再者也是一種自我的心理防衛，希望經由模仿其他企業而減少認知上的衝突（別人有我們也有）。規範機制本質上介於外部的強制機制與內部的模仿機制之間，涵義上此一機制是使成員共同依附於某一個常模的一種作用。規範機制的促成並不容易，通常其建立於專業的素養上，亦即在專業的組織中較易產生此一機制，而長時間的培養以及嚴格的訓練，也有助於此一機制的產生。

所以對於產業內的任一家企業而言，由於這些來自企業內外部的機制，而使得其互相影響、互相模仿，長時間下來，彼此間的差異就會愈來愈小。同樣的道理，在產業倫理公約的強化上，如果產業環境中具有這三種機制，則倫理公約成為一種潮流，每一家企業也都會確實遵循。在這三種機制中，規範及模仿機制，本質上都屬發自企業本身的機制，在倫理公約還未形成風潮前，不易對個別企業有所影響，因此，在強化倫理公約的階段，強制機制應該是扮演著舉足輕重的角色。如果產業環境中，存在很強的強化機制，則倫理規約的推動就較容易。以ISO認證推動為例，電子業中未取得認證的廠家，就會影響其接單（經濟上的強制機制），而且在政府及國際環境的催化下（合法性的強制機制），使企業積極推動相關認證，而隨著此一風潮形成，規範與模仿機制更扮演推波助瀾的功效，ISO認證的推動也就成為臺灣產業的主流。

（二）產業規範之機構化影響力來源

依循機構化理論的觀點，產業規範的強化，就必須界定出企業

所處的環境中，有哪些強制性的機制，可以強化產業或社會的倫理規範。而此一強制機制，大致上可以從社會大眾、產業以及個別企業的協力網路三方面來建立。

1. 社會大眾的規範

社會大眾的規範，是企業最常面對的強制機制，但由於一般大眾人數眾多，力量分散，若無適當的組織，往往無法對企業造成強制性的影響力，近年來，開始有些組織的產生，在社會大眾的支持下，發揮了較佳的強制效力，其中如消基會、以及若干環保聯盟等，都是代表社會大眾強制機制的組織。

2. 產業的規範

產業環境中的強制機制，基本上仍須建立在「有公權力組織」之上。亦即除了倫理規約之外，產業還應該建立一個專門稽核、懲處不當行為的規範性組織，而這一組織即代表了產業中強制機制的來源。事實上，由於多數產業目前都有公會組織，而此一「公權力行使的責任」，事實上可以由公會來行使，而不必另外成立組織。該組織除了不道德行為的稽核與懲處外，可以賦予更多的責任，如倫理公約的解釋與修訂、倫理議題的研討等，使其除了強制機制外，還能夠發揮規範、模仿等機制。在目前某些專業的行業中（如會計師），就有類似機制的設計，也能發揮一定的強制效力。

3. 協力網路廠商的規範

除了社會大眾及產業所能發揮的強制機制外，由於企業並非單獨存在，其往往有固定的買賣主，甚至於與其上下游廠商，形成某種型式的協力合作關係。由於利益上的相依程度高，在此一協力廠商的關係網路中，中心工廠對衛星工廠即有一定程度的強制力，因此，整個協力網路中，強制機制亦較容易發揮。例如：正隆紙業除了自己獲得 ISO 14000認證外，更積極推動其協力廠商的資源回收，就有相當的成效（註6），而環保署所推動的「工業減廢中衛體系」，基本上就是利

用協力廠商之間的網路關係,來發揮倫理上的強制約束力。

最後,值得注意的是,雖然以產業或協力廠商組織,來強化產業倫理規約是頗有潛力的作法,但是在推動上,卻也有其副作用。尤其是賦予產業公會太大的權限時,是否會造成產業力量太大而無法制衡的問題,也是企業倫理規約推動時,應該同時考慮的問題。

注 釋

註1：參考自葉匡時、周德光（民84），「企業倫理之形成與維持─回顧與探究」，臺大管理論叢，6, 1, 1-24頁。

註2：在環保議題上，某些標準的制定仍考量到各國情況不同，而制定不同的規範標準，如二氧化碳排放量的管制標準，依各國經濟發展狀況不同而異，即是其中一例。

註3：引自Uebelhoer, J. (1995), Government Regulation: The Vision Thing, In Micheal, B. (Eds), Ethical Issues in Business, pp.449-455, Fort Worth: Harcourt Brace College Publishers.

註4：Maitland, I. (1990), The Limits of Business Self-Reguration, In Hoffman, W. M. & Moore, J. M. (Eds.), Business Ethics, Reading and Cases in Corporate Morality, 2nd Ed., NY: McGraw Hill.

註5：參考自DiMaggio, P. & Powell, W.. W. (1983), The iron cage revisited: institutional isomorphism and collective rationality in organizational fields. American Sociological Review, 48, pp.147-160的觀點。

註6：參考自（民86年12月），「正隆以環保創造利潤」，天下雜誌，144頁。

關鍵詞彙

國際公約　政府管制　產業規範　交易成本　機構化影響力　協力網路

一、國際規範的形成，基本上受到哪些因素的影響？

二、以國際公約來落實及規範企業倫理，在執行上可能會面臨哪些爭議？

三、國際公約對各國約束力的基礎來自於哪裡？

四、政府管制對企業可能產生的負面影響有哪些？

五、政府管制是否有其存在的必要？如何在執行上作改進，以減少可能的副作用？

六、產業規範在企業倫理的落實中，具有何種價值？

七、產業規範之約束力效果不彰，主要的原因為何？

八、產業規範之機構化影響力的可能來源有哪些？

職場專門店

圖解式 成功撰寫行銷企劃案
非看不可的理由！

國際商展完全手冊

打造No.1 大商場

超強 房地產行銷術 第3版

培養你的 職場超能力
104資深顧問經理

優質秘書 養成術

Not the Salary But the Opportunity
薪水算甚麼？ 機會才重要！

成功經理人 下班後默默學的事

面試學

從便利貼女孩 到職場女達人

看電影學管理

系統思考的 即戰力

圖解 彼得杜拉克 管理的哲學

圖解 經濟學 最重要概念
朱延智 著

圖解 山田流の 生產革新

圖解 會計學 精華

圖解 第一品牌 行銷對談

五南文化事業機構
WU-NAN CULTURE ENTERPRISE

書泉出版社
SHU-CHUAN PUBLISHING HOUSE

國家圖書館出版品預行編目資料

企業倫理：精華理論及本土個案分析／吳永
猛, 陳松柏, 林長瑞著. －－初版. －－臺北
市：五南, 2016.10
　面；　公分
ISBN 978-957-11-8797-6（平裝）

1.商業倫理

198.49　　　　　　　　　　105015975

1F0C

企業倫理：精華理論及本土個案分

作　　　者 ― 吳永猛　陳松柏　林長瑞

發 行 人 ― 楊榮川

總 編 輯 ― 王翠華

主　　　編 ― 侯家嵐

責任編輯 ― 劉祐融

文字校對 ― 王媢家　石曉蓉

封面設計 ― 盧盈良

出 版 者 ― 五南圖書出版股份有限公司

地　　　址：106台北市大安區和平東路二段339號4樓

電　　　話：(02)2705-5066　　傳　　　真：(02)2706-6100

網　　　址：http://www.wunan.com.tw

電子郵件：wunan@wunan.com.tw

劃撥帳號：01068953

戶　　　名：五南圖書出版股份有限公司

法律顧問　林勝安律師事務所　林勝安律師

出版日期　2016年10月初版一刷

定　　　價　新臺幣450元